中国社会企业与社会投资行业调研报告

No.1

CHINA SOCIAL ENTERPRISE AND
SOCIAL INVESTMENT SECTOR RESEARCH REPORT No.1

北京社启社会组织建设促进中心
南都公益基金会 /编

社会科学文献出版社
SOCIAL SCIENCES ACADEMIC PRESS (CHINA)

鸣　谢

　　行业扫描调研报告有幸得到了福特基金会（美国）北京代表处和佛山市顺德区创新创业公益基金会的大力资助，同时获得了 Social Enterprise UK（英国社会企业联盟）的技术支持。

　　我们的调研团队非常多元，本土的执行机构包括：北京师范大学社会发展与公共政策学院企业社会责任与社会企业研究中心、北京商道纵横信息科技有限责任公司、电子科技大学经济与管理学院慈善与社会企业研究中心、恩派公益组织发展中心、Impact Hub Shanghai、上海复恩社会组织法律研究与服务中心以及 SZC 山寨城市。

　　参与调研、数据分析和报告撰写的专家和团队成员包括（按姓氏拼音顺序）：邓东宁、邓国胜（总报告撰写者）、冯天丽、伏欣、古若愚、关珊珊、贾孟媛、鞠晴江（社会投资子课题负责人）、李琴、李琼、林达、林茜、林喆、刘艳霞、陆璇、罗灿、吕秀娟、吕朝、邵剑旸、盛少岚、宋天琪、王冰洁、王珺（支持型机构子课题负责人）、王茜、韦炳成、许卉、于晓静（政策环境子课题负责人）、余晓敏（社会企业子课题负责人）、钟毅、朱熠凝等。

　　同时，感谢在调研过程中为我们推荐样本机构的单位：英国文化教育协会（BC）、深圳市社创星社会企业发展促进中心、北京社会企业发展促进会、佛山市顺德区社会创新中心、云南连心社区照顾服务中心、山东省社会创新发展与研究中心、海南创新促进会、深圳市创新企业社会责任促进中心、亚洲公益创投网络（AVPN）、深圳国际公益学院等。

　　最后，我们还要特别感谢所有曾给予我们各种宝贵的调研意见，以及接受我们问卷调查或者访谈的机构和个人。

北京社启社会组织建设促进中心

南都公益基金会

2019 年 7 月

序 言

徐永光

《中国社会企业与社会投资行业调研报告 No.1》正式出版发行，我对这部行业调研的研究成果表示肯定。

首先，全国 7 家机构将近 30 名调研人员用 15 个月时间打造了这部报告，调研团队多元化，投入力量很大。其次，研究成果本土化，没有照抄国外的东西，这很难得，也很重要。同时，研究涉及的方面也比较广泛，尤其是过去的研究很少涉及投资端，这次报告对投资端做了详细的调研。而且投资端包括了基金会、政府和商业机构，它们都是影响力投资不可或缺的力量，并在社企发展的不同阶段扮演好各自的角色。当然，报告也缺少一些东西，譬如中国社会企业界已经出现公益企业认证热，报告还没有涉及。当然，这也是社会创新领域的特点：研究没有变化快。

"社会企业与影响力投资将成为中国市场主流"，这个判断最先在 2017 年香港第十届社企民间高峰会上提出，并得到了中国公益金融和影响力投资领军者马蔚华先生的首肯。结合《中国社会企业与社会投资行业调研报告 No.1》，我通过社会企业与影响力投资领域的中外异同角度，从中国土壤、中国环境、中国传统和中国优势四个方面来谈社会企业和影响力投资的中国特色和中国使命。

第一是土壤。社会企业在中国大陆发展的土壤和欧美国家以及其他发展中国家不一样，甚至与中国的香港、台湾地区也有差异。不了解这一点，很容易陷入困惑而难以自拔。欧美和其他不发达国家可能对不分配利润存在迷信，有的还把不分配利润作为社会企业的一条认证标准。这样的社会企业可以类比于中国改革开放前的公有制小企业，而这类公有制小企业在中国市场经济发展中已经完全消失，其间经历了国企改制、职工下岗的痛苦过程，因为它毫无竞争力。从另一个角度讲，不分配利润的社会企业实际上就是非营利组织，为何还叫他社会企业呢？定位非营利组织模式，既可以从服务和产品供应中获得财务收入，还能接受捐赠支持。所以，社会企业的商业定性和市场化定位，是中国社会企业的天然选择。否则，就是作茧自缚，自废武功。

第二是中国环境。强劲的市场需求和政府政策支持，为中国社会企业与影响力投资发展提供了利好环境。在世界各国，社会企业服务人群多指向弱势群体。而在中国，存在诸多社会问题，乃至社会痛点。民以食为天，食品安全是"天大"的问题；保护生态环境是"地大"的问题；健康养老关系每一个人的生命，是"命大"的问题。我们在公共服务领域还存在诸多供给不足的问题，这是一个社会企业和影响力投资的蓝海，有几十万亿的市场规模。单是养老产业，据国家老龄委预测，到 2030 年，市场规模大约为 22 万亿，将占到 GDP 的 8%。

另外，中国在互联网运用方面走在全球前列，许多互联网企业都具有共享经济（分享经济）的品性，里面就有大量的社会企业。2018 年度社会企业奖获得者水滴公司就是其中的出色代表。

同时，报告里也明确提出，一些地方政府已经率先行动，出台具体政策和管理规则，推动社会企业与社会投资。北京、深圳、成都、佛山顺德是其中的典范，他们对社会企业这一创新模式有明确意识；虽无明文规定但实际支持社会企业的地方政府则更多。

还有，马蔚华先生经常说，影响力投资就是贯彻落实党中央提出的"创新、协调、绿色、开放、共享"五大发展理念。从国家产业发展政策看，凡是国家鼓励发展的教育、医疗、养老、环保、扶贫、农业、社区服务、残疾人就业等产业，都能享受税收优惠。社会企业所涉领域与国家鼓励发展的产业有高度重合性，与党的十九大提出的解决"人民日益增长的美好生活需要和不平衡不充分的发展之间的矛盾"的目标十分契合。

可以说，中国的社会需求和大政策环境，都是有利于社会企业和影响力投资发展的。联合国影响力投资亚太区办公室负责人李楠说："中国的影响力投资应引领世界，而不是跟在别人后边亦步亦趋"。善哉斯言。

第三是中国传统。中国的商道文化，强调义利并重，崇尚儒商，讲究君子爱财、取之有道。中国改革开放以后，在市场领域出现了一些唯利是图、急功近利的反商道行为，这些并非商业本质。今天，中国商界、投资界正在谋求商业文明的回归。企业社会责任（CSR），环境、社会、治理（ESG），联合国可持续发展目标（SDGs），社会企业，影响力投资现在成了企业界、投资界热词。无论你做或没做，都在竞相了解、讨论这个话题。这是社会压力、政府监管和企业自身发展压力的综合作用。

第四是中国优势。所有上述中国特点的综合，构成了社会企业和影响力投资发展的中国优势。2019 年社企论坛轮值主席是红杉资本沈南鹏先生，他在 2018 年、2019 年连续获得福布斯全球优秀投资人第一名。中国的另一个优势还在于市场需求大、体量大，一个社企项目做好了，在全国进行覆盖，就是独角兽。这部行业调研报告也表明，"社会投资的财务回报大多数与预期一致或高于预期，只有少数受访机构是低于预期的"。

我们最近在沟通洛克菲勒影响力投资基金、福特 10 亿美元影响力基金到中国来投资，还包括大学基金会。拥有 20 亿美元影响力投资基金的 TPG 中国代表孙强和马蔚华，正在规划该基金在中国的落地。当下中国，有了好的投资平台，吸引海外影响力投资基金的空间很大。

社企论坛应该把行业调研继续做下去，逐渐形成行业生态变化发展的趋势指示标，让大家通过第一手数据信息对中国的社会企业和社会投资保持信心，不断前行。最后，我们有信心说：中国社会企业和影响力投资正呈现主流化发展趋势；中国的影响力投资，应该并且有能力引领世界潮流。

目　录

中国社会企业与社会行业调研总报告

邓国胜[*]

一 引言

改革开放以来，伴随中国经济的快速发展和城市化、工业化水平的不断提升，中国面临的社会问题、环境问题也日益突出。在解决这些复杂问题的过程中，不仅存在政府失灵，而且原本被寄予厚望的社会组织同样存在失灵。在这一背景下，世纪之交兴起于发达国家的社会企业（简称社企）概念于2006年前后被引入中国并开始受到业内关注。

社会企业由于用商业模式解决社会和环境问题，其部分收入来源于市场经营，对社会捐赠与政府补贴的依赖程度较低，财务自主性较强，发展的潜力较大。再加上越来越多的人倾向于不以社会企业的利润分配比例作为衡量社会企业的标准，因此，社会企业为那些有志于解决社会问题的人们提供了多元化的选择路径。正因为以上特征，社会企业概念引入中国后，便受到公益行业的热捧。在国际机构、国内基金会和社会投资基金的推动下，业内组织开展了一系列社会企业的培训与考察活动，还设立了社会企业奖、社会企业支持基金。2014年，南都公益基金会联合国内16家知名基金会和公益创投机构发起了中国社会企业与影响力投资论坛（China Social Enterprise and Impact Investment Forum，以下简称"社企论坛"）。特别值得一提的是，一些地方政府，如成都市还出台了培育和扶持社会企业发展的政策。受此影响，中国的社会企业在短短的十余年时间取得了快速发展。

---

[*] 邓国胜，清华大学公共管理学院教授。

然而，到目前为止，中国到底有多少社会企业？中国的社会企业具有哪些特征？发挥了哪些作用？中国的社会企业又面临怎样的发展环境？

由于中国并没有实施社会企业的登记注册制度，因此缺乏官方的统计数据，而民间也鲜有对中国社会企业生态系统的全面调查。这限制了政府、社会、媒体、社会投资者、受益群体对这个新兴行业的整体了解，也不利于社会企业的发展壮大。为此，社企论坛与南都公益基金会联合启动了本次"中国社会企业与社会投资行业扫描"调研，旨在形成一份反映行业发展现状的报告，并基于调研数据对行业趋势做出科学的分析。本次调研分为四个子课题，不同子课题采取的调研方法也不尽相同。社会企业子课题以问卷调查为主，社会投资子课题以问卷调查和文献资料为主，支持型机构①调研以问卷和访谈为主，政策子课题以文献资料和访谈为主。总报告的数据主要来源于各个子课题提供的资料与报告②。

二　中国社会企业的发展现状

关于中国社会企业的发展现状，人们通常最想了解的便是中国社会企业的规模、特征及其作用。然而，对这些基础性问题的回答并不容易。它涉及一个核心问题，即到底什么是社会企业？定义是什么？如何衡量？

社会企业是一个见仁见智的概念，不仅各国的法律对此的规定存在很大差异，即便在同一个国家，不同专家的看法也存在分歧。根据衡量标准的不同，社会企业存在狭义与广义之别。通常，狭义的定义不仅要求社会企业具有社会或环境目标，收入主要来源于市场运营，而且要求其大部分利润必须用于再投资，实行资产锁定，甚至要求社会企业必须符合创新性的标准。广义的定义通常只要求社会企业具有社会或环境目标，并能够采用商业手法实

---

① 本报告中的"支持型机构"，专指为社会企业提供专业服务的中介服务机构，而并非泛指社会企业行业生态体系中的所有提供支持的机构。

② 特此鸣谢各个子课题的辛勤付出。关于子课题的具体研究方法与数据，详见本书各个子课题报告。

现目标，而对社会企业的利润分配比例、创新性等没有严格的规定。

本次社企调研采用的定义是指用商业模式解决社会和环境问题的组织，其中，组织要在通过产品和服务为顾客提供价值的过程中，在其价值链的一个或多个环节嫁接社会/环境价值，使其产品或服务同时具备商品价值和社会/环境价值。也就是说采用的是广义的社会企业概念。报告调查的371家社会企业首先是依据各种社企名录进行遴选，然后采用滚雪球的办法扩大调研对象，即实际调查的是"自觉意识"的社会企业，而不是"无意识"的社会企业。所谓"自觉意识"的社会企业，是指通过参与业内活动，认同自己的社会企业身份，同时同行也接纳并认同其社会企业身份的社会企业。而"无意识"的社会企业是指这类组织尚未认识到自己社会企业的身份，并不被业内所了解或接纳的社会企业。无论"自觉意识"的社会企业，还是"无意识"的社会企业，都具有社会或环境目标，并能够采用商业手法实现目标。

根据不同的定义与标准，对中国社会企业发展现状的判断可能会出现很大的差异。因此，为了客观、全面地反映中国社会企业发展现状，本报告采用低方案和高方案对社会企业规模与贡献进行粗略的估算。

（一）中国社会企业的数量

关于中国社会企业的数量，一种简单、保守的估算办法就是直接采用社企认证的数量。到2018年为止，中国公益慈善项目交流展示会（以下简称中国慈展会）共认证了234家社会企业①。而早在2016年，认证项目的负

---

① 中国慈展会网站，http://www.cncf.org.cn/cms/node/171。经过与社创星社会企业发展促进中心核实，历年认证的社企数量总数累计239家，但由于认证有2年的时效，因此存在重复认证的情况，扣除重复认证的机构，实际认证机构总数为234家。根据中国慈展会社会企业认证项目的定义，社会企业是指在中国（含港澳台地区）经合法登记注册成立一年及以上，全职受薪团队不少于3人，具有健全财务制度、实行独立核算的企业或社会组织。该机构以解决社会问题、改善社会治理、服务于弱势和特殊群体或社区利益、开展环境保护等为宗旨或首要目标，并有机制保证其社会目标稳定。同时通过市场化运作创新地解决社会问题，其社会影响力与市场成果是清晰的、可测量的。

责人之一袁瑞军就认为，"全行业真正意义上的社会企业不超过 500 家"①。考虑到很多社会企业并不了解或者认同中国慈展会的社企认证，因此，可以判断这一数据大大低估了中国社会企业的数量。

另外一种办法就是借鉴中国草根 NGO 的估算方法。鉴于早年大多数草根 NGO 没有登记注册，没有人知道其规模，Shieh 和 Brown 采用的是名录收集的办法，这也是业界比较认可的方式之一。其标准之一是该 NGO 除了在自己的业内朋友圈之外，外界其他机构在一定程度上知道并且认可该 NGO 的活动②。也就是说，该机构通过参与 NGO 业内的活动，认同自己的 NGO 身份；同时，还得同行接纳并认可该机构的 NGO 身份，属于有自觉意识的 NGO。按照这一办法，我们收集了各种社会企业的名录，这些名录意味着他们认同自己作为社企的身份，并通过参与业内活动，被外界认可。我们收集的名录包括社企论坛本次采集的所有 1374 家社企名单③、中国慈展会社企认证名录、友成企业家扶贫基金会的社创案例、公益慈善学园提供的社企名录等。在汇总这些名录之后，我们剔除了部分可能已经注销的机构，并剔除了重复名单，最终统计的"自觉意识"社会企业数量是 1684 家。这属于低方案的估算。

李健认为，按照宽口径，中国的农民合作社、民办非企业单位（简称民非）、社会福利企业都算作社企的话，中国社会企业数量已逾百万家④。根据国家工商行政管理总局的统计，2017 年全国农民专业合作社高达 193.3 万家⑤。

---

① 中国公益研究院：《社会企业是一种"精神状态"》，http://www.chinadevelopmentbrief.org.cn/news-18677.html。
② Shawn Shieh, Amanda Brown：《中国公益 NGO 概览》，见中国发展简报《中国公益组织名录》（内部资料），2013。
③ 该名录又包括南都公益基金会的社会企业合作伙伴名录、2017~2018 年社企论坛社企奖及入围名录、历年 BC 奖及 BC 奖入围名录、恩派推荐的社企名录等。
④ 李健：《社会企业政策：国际经验与中国选择》，社会科学文献出版社，2018，第 5 页。
⑤ 新华网：《全国农民专业合作社数量达 193 万多家》，http://www.xinhuanet.com/2017-09/04/c_129695890.htm。

根据民政部的统计，2017 年全国民办非企业单位已经达到 40 万家①。徐永光认为中国 80% 以上民非都是教育、医疗、养老领域，它们是潜在的社会企业②。而中国的农民合作社，由于成立门槛较低且缺少有效的监管手段，异化现象严重，以合作社形式套取补贴的做法屡见不鲜，需要剔除"空壳合作社"和"僵尸合作社"等。根据中联卓越调查报告，农民专业合作社中遵循企业注册方式、正常开业存续、有联系电话等指标，实际符合条件的合作社比率大约为 74%③。据此估算，中国社企数量高达175 万家④。当然，这些社会企业，绝大多数属于"无意识"的社会企业，他们对于自己社会企业的身份可能并不认同，也不被外界了解或接纳。

总之，如果按照低方案估算，2017 年，中国"自觉意识"的社企数量为 1684 家；按照高方案估算，"无意识"的社企数量大约为 175 万家。"自觉意识"社会企业由于数量太少，几乎可以忽略不计。按照四舍五入的办法，包括"自觉意识"和"无意识"的社企规模仍然为 175 万家。可见，根据不同的口径，我国社企数量的估算存在天壤之别。不过，这与当年中国草根 NGO 数量的估算非常相似。王名采用广义的概念，估计中国草根 NGO 的数量大约是 270 万⑤，而依据名录方式进行估算，中国草根 NGO 的数量仅

① 《2017 年社会服务发展统计公报》，http://www.mca.gov.cn/article/sj/tjgb/2017/201708021607.pdf。
② 徐永光：《为何中国是社会企业第一大国?》，https://www.sohu.com/a/249656932_616757。
③ 中联卓越：《全国农民专业合作社数据分析（概要总量）》，2018，http://www.aminoacid-jirong.com/news/9j2jqz9jcs963s9.html。
④ "无意识"的社会企业的规模 = 193.3 万家合作社 × 74% + 40 万家民非 × 80% ≈ 143 万家合作社 + 32 万家民非 ≈ 175 万家。这一估算还没有将中国大约 3000 万的中小企业纳入估算范围，其原因在于中国的中小企业数量庞大，具有公益目标的中小企业难以甄别，所以，本次高方案估算暂未将具有公益目标的中小企业纳入。而在英国、日本，具有社会目标属性的中小企业是社会企业的主力军。
⑤ Andrew Watson, "Civil Society in Transitory State: The Associations in China", *China Nonprofit Review* 2007 (1), p.54.

数千家①。而邻国日本的社企数量估算也同样存在巨大差异。日本政府的调查报告显示，截至 2014 年，日本社会企业数量已突破 20 万家，其附加产值高达 16 万亿日元（占 GDP 的 3.3%），全职领薪人员多达 577.6 万人②。然而，在访谈中，日本专家认为日本严格意义的社会企业，即"自觉意识"的社会企业大约也就八九百家③。

（二）中国社会企业的基本特征

1. 尚处于起步阶段

尽管社企概念于 2006 年才引入中国，但这类组织形态早已存在。根据本次社企论坛的调研，在被调查的社企中，6.5% 的社企成立于 2006 年之前，93.5% 的社企成立于 2006 年及之后。44% 的社会企业成立于 2015 年、2016 年、2017 年这三年，也就是说大多数社企成立时间不超过 3 年。总体而言，中国"自觉意识"的社会企业尚处于组织生命周期的开创期，绝大多数"自觉意识"的社企均是在 2006 年社企概念引入中国之后成立的，尤其是最近三年。

而广义的"无意识"的社会企业的发展阶段比"自觉意识"的社会企业发展阶段要略早一些，但整体上处于成长期。这是因为，中国的民非是从 1998 年颁布《民办非企业单位登记管理暂行条例》之后才进入快速发展阶段，而农民专业合作社则是从 2006 年《中华人民共和国农民专业合作社法》颁发后才进入快速发展阶段的。到目前为止，大多数"无意识"的社企尚处于组织生命周期的成长期，只有少数成立时间长的民非或合作社进入了成熟期，甚至衰退期。

---

① 2015 年 USDO（自律吧）发布民间公益组织透明度指数，其采集的民间公益组织数量仅为 2000 家左右。Shieh 和 Brown 采集的草根 NGO 名录仅数百家。也有学者依据相关概念估算中国草根 NGO 不超过一万家。

② 俞祖成：《日本社会企业：起源动因、内涵嬗变与行动框架》，《中国行政管理》2017 年第 5 期，第 139～143 页。

③ 作者与日本专家及 NGO 负责人的座谈，东京，2019 年 1 月 23 日。

2. 收入主要来源于市场运营

本次调研数据显示，在被调查的社会企业中，91.6%的机构从事市场经营活动（包括一般性商业活动和政府采购），并从中获得收入，但仍然有8.4%的机构不从事任何市场经营活动，或并未从中获得收入。这意味着，尽管有部分机构认同自己的社企身份，同行也接受其社企身份，但并不是所有"自觉意识"的社企都有市场经营收入。特别是初创期的社会企业，其商业模式尚未成型，或者有市场运营但尚未有收入。这说明，业界在实际操作中，对处于初创期的社企还是采取了非常包容的态度。

调查同时显示，尽管业界对社企概念比较包容，但市场经营收入仍然是"自觉意识"的社会企业的主要收入来源。被调查的社企中，有58.4%的社企最主要的收入来源于市场经营（一般性商业销售收入），18%的社企其主要收入来源于政府采购，16.6%的社企其主要收入来源于社会捐赠或企业捐赠，5.3%的社企其主要收入来源于政府支持（拨款、补贴、奖金等），还有5.1%的社企其主要收入来源于母体组织获得的经费。

至于"无意识"的社会企业，从已有的文献来看，中国民办非企业单位的收入主要来源于服务收费，而来自社会捐赠的资金和政府购买服务的资金占比均非常低①。而合作社由于是工商注册，其收入也主要来自市场经营。

总之，在中国，无论是"自觉意识"的社会企业，还是"无意识"的社会企业，其收入主要来源于市场运营的特征比较明显。

3. 大部分社企利润用于再投资

调查显示，在"自觉意识"的社会企业中，有31.8%的社会企业具有限制利润分配的规定，29.2%的社会企业具有禁止利润分配的规定，39%的社会企业完全不限制利润分配。其中，19.2%的民非具有限制利润分配的规定，61.6%的民非具有禁止利润分配的规定，19.2%的民非完全不限制利润分配；36.7%的合作社具有限制利润分配的规定，10%的合作社具有禁止利

① 邓国胜：《中国非政府部门的价值与比较分析》，《中国非营利评论》2007年第1期。

润分配的规定，53.3%的合作社完全不限制利润分配。

尽管 39% 的社企完全不限制利润分配，但仍然有 84.5% 的社企将其净利润用于"再投资于机构的事业"；只有 8.5% 的社企"向机构的股东分配"；还有 2.8% 的社企"向其他组织捐赠，用于实现某项社会/环境价值"；2.8% 的社企"向创办机构的母体组织分配"；还有 8.5% 的社企选择其他途径分配利润。

至于"无意识"的社会企业，根据《民办非企业单位登记管理暂行条例》的规定，民办非企业单位不得进行利润分配，而农民专业合作社可以依法进行利润分配。不过，本次调研的数据则显示，也有 19.2% 的民非对利润分配不进行限制，有 10% 的合作社对利润分配进行了禁止性规定[1]。

总之，中国"自觉意识"的社会企业，虽然近 40% 完全不限制利润的分配，但 80% 以上社企的净利润均用于再投资。而"无意识"的社会企业，虽然法律上对利润分配有明确的规定，但均有少数社企的实际做法与法律规定并不完全一致。

（三）中国社会企业的价值功能

1. 弘扬公共价值、坚守社会使命

本次调查显示，有 49.9% 的"自觉意识"社会企业的使命属于"主

---

[1] 20 世纪 80、90 年代，我国相继成立了一批民办学校、民办医院，这些机构原本一部分是以营利为目的的。然而，随着 1998 年《民办非企业单位登记管理暂行条例》的出台，很多机构不得不登记为非营利的民办非企业单位。历史与法律制度等方面的原因，导致部分民办非企业单位按照法律要求不得以营利为目的，但实质上仍然存在营利动机与变通的利润分配行为。事实上，2002 年通过的《民办教育促进法》规定民办学校不得以营利为目的，但可以取得合理回报。不过，2016 年新修订的《民办教育促进法》规定，"民办学校的举办者可以自主选择设立非营利性或者营利性民办学校。但是，不得设立实施义务教育的营利性民办学校。非营利性民办学校的举办者不得取得办学收益，学校的办学结余全部用于办学。营利性民办学校的举办者可以取得办学收益，学校的办学结余依照公司法等有关法律、行政法规的规定处理"。然而，由于尚处过渡期，部分学校希望获得办学收益的同时希望获得减免税优惠，仍然选择了民非注册的方式，因此，实践中存在部分民非实质上有利润分配的行为。

要是为了实现某种公共利益或社区利益",有 5.1% 的社企使命是"主要是为了实现某种会员利益",9.4% 的社企使命是"主要是为了支持母体组织(即创办该社企的组织)实现其社会/环境价值",17% 的社企"属于从事养老、环保、创新等产业的营利性商业企业,运营过程中兼顾商业、社会、环境绩效",10.5% 的社企"属于具有战略 CSR 的营利性商业企业,运营过程中兼顾商业、社会、环境绩效",8.1% 的社企属于其他类型。总的来说,"自觉意识"的社会企业,绝大多数均有明确的社会使命。而"无意识"的社会企业中,民非的社会使命可能主要是为了实现某种公共利益或社区利益,而合作社的社会使命可能更多的是为了实现某种会员利益或社区利益。总之,无论是"自觉意识"的社会企业,还是"无意识"的社会企业,均弘扬了公共价值与精神,促进了社会公共利益目标的实现。

2. 服务弱势群体

在所有被调研的"自觉意识"的社会企业中,有 72.2% 的社企将弱势群体(例如残障人士、长期病患者、贫困人群等特定人群)纳入服务范围,为 105051273 个弱势人员提供相应的服务。特别是个别互联网类社企为弱势群体提供信息无障碍服务,其服务的弱势群体人数最多。此外,有 40.4% 的社会企业将弱势群体纳入市场经营的客户群体中,客户中大约有 250 万弱势人员;有 35.3% 的社会企业雇用弱势群体为受薪员工,受薪员工中弱势人员总量为 2109 人。

3. 促进经济增长

根据本次社企论坛的调查结果,2017 年"自觉意识"社会企业平均收入总额为 552.54 万元。其中,工商类别的社会企业平均总收入最高,为 809 万元;其次是合作社类别的社会企业,平均总收入为 683.09 万元;而民办非企业单位类别的社会企业平均总收入比较低,仅为 174.93 万元。据此,可以大致估算低方案的中国社会企业总收入规模,即按照低方案,2017 年中国社会企业的总收入大约为 93 亿元,占 GDP 的比例几乎可以忽略不计。

　　根据 2017 年民政部的统计数据，中国民非平均年收入仅为 37.5 万元①。这可能与近些年中国新增的民非数量多、规模小有关。而全国总体上民非的年平均收入仅相当于本次调研中作为社企的民非平均年收入（174.93 万元）的 21.44%。因此，我们假定宽口径的合作社与民非的平均年收入为本次调研的合作社与民非收入的 21.44%，据此按照高方案估算，中国社会企业年总收入为 22143 亿元左右②，相当于 2017 年中国 GDP 的 2.68%③。而 2014 年，日本广义的社会企业附加产值为 16 万亿日元，占 GDP 的 3.3%④；英国社会企业的经济贡献是 240 亿英镑⑤。

　　4. 提供就业机会

　　根据本次调研，2017 年社企平均受薪员工人数为 47 人。其中，民非受薪员工人数平均为 31 人，合作社为 34 人。据此推测，低方案估算的中国"自觉意识"社会企业员工总数为 79148 人⑥。

　　根据 2017 年民政部的统计数据，中国民非的平均职工人数为 10 人⑦，仅相当于本次社企论坛调研的民非平均受薪员工人数的 32.4%。因此，我们假定宽口径的合作社与民非的受薪员工仅为本次调研的合作社与民非员工数量的 32.4%，据此按照高方案估算，中国社会企业的受薪员工数量为 1923

---

① 民非平均年收入 = 年总收入 13538181 万元/360914 家≈37.5 万元/家。民政部编《2017 中国民政统计年鉴》，中国统计出版社，2017，第 601 页。

② 高方案估算社会企业的年收入 = 143 万家合作社×683.09 万元×21.44% + 32 万家民非×174.93 万元×21.44%≈22143 亿元。

③ 高方案估算社会企业的年收入相当于 GDP 的比例 = 22143 亿元/827121 亿元≈2.68%。2017 年中国 GDP 数据参见国家统计局《中国统计年鉴 2018》，中国统计出版社，2018，第 5 页。

④ 俞祖成：《日本社会企业：起源动因、内涵嬗变与行动框架》，《中国行政管理》2017 年第 5 期，第 139~143 页。

⑤ Social Enterprise UK，*The Future of Business：State of Social Enterprise Survey* 2017，2017.

⑥ 本次调查的各类社会企业的平均员工数量均偏高，可能与个别社企员工规模太大有关，例如被调查的某社企，员工规模高达 4000 多人，将整体平均值拉高了。如果看中位数的话，被调查社企的员工人数中位数为 7~10 人，且受薪员工总量在 10 人以下的社会企业最多（占 53.4%）。

⑦ 民非平均职工人数 = 年末职工总人数 3645754 人/360914 家≈10 人/家。民政部编《2017 中国民政统计年鉴》，中国统计出版社，2017，第 594 页。

万人①，相当于 2017 年全国就业人数的 2.48%②。而 2014 年日本的广义社会企业的全职领薪人员为 577.6 万人③；英国社会企业雇用了近 100 万员工④。

表 1-1　2017 年中国社会企业的规模

	低方案	高方案
数量(个)	1684	1750420
年收入(亿元)	93	22143
受薪员工(万人)	7.9	1923

5. 在教育、社区发展等领域发挥了一定的作用

调查数据显示，"自觉意识"的社企服务领域广泛，在教育、社区发展、就业与技能、环境与能源、医疗与健康、老年服务与产业、扶贫、艺术文化体育等领域均发挥了一定的作用。其中，教育（占 21%）、社区发展（占 13.4%）、就业与技能（占 12.3%）、环境与能源（占 9.8%）等领域的社企比例较高。

不过，"无意识"的社企中，民非主要在教育、社会服务领域发挥巨大的作用，而合作社则主要在农村社区发展与扶贫领域发挥巨大的作用。根据民政部 2017 年社会服务发展统计公报⑤，全国共有民办非企业单位 40.0 万个，其中教育类 21.7 万个，占 54.25%；社会服务类 6.2 万个，占 15.5%；文化体育类 3.9 万个，占 9.75%；卫生类 2.7 万个，占 6.75%。

---

① 高方案估算社会企业的受薪员工数量 = 143 万家合作社 × 34.53 人 × 32.4% + 32 万家民非 × 31.18 人 × 32.4% ≈ 1923 万人。

② 高方案估算社会企业的受薪员工数量占全国就业人数的比例 = 1923 万人/77640 万人 × 100% ≈ 2.48%。2017 年全国就业人数数据参见国家统计局《中国统计年鉴 2018》，中国统计出版社，2018，第 5 页。

③ 俞祖成：《日本社会企业：起源动因、内涵嬗变与行动框架》，《中国行政管理》2017 年第 5 期，第 139～143 页。

④ Social Enterprise UK, *The Future of Business: State of Social Enterprise Survey* 2017, 2017.

⑤ 《2017 年社会服务发展统计公报》，http://www.mca.gov.cn/article/sj/tjgb/2017/201708021607.pdf。

总之，中国"自觉意识"的社企主要在教育、社区发展、就业与技能、环境与能源等领域发挥作用，而"无意识"的社企主要在教育、社会服务、农村社区发展与扶贫等领域发挥作用。

三　中国社会企业的发展环境

自2006年社会企业概念引入中国之后，中国的社会企业取得了长足的发展，无论是社企数量，还是资金规模均呈现增长的趋势。不过，根据调研数据推算，在跨上一个新台阶之后，近4年来，中国每年新成立的"自觉意识"社企数量均维持在245家左右的水平①，面临发展的瓶颈。显然，中国社企的发展与其生态环境有关，特别是与社会投资、支持型机构和政策环境密切相关。

（一）社会投资

1. 基本概念

社会企业的发展离不开资金支持与能力建设，而社会投资行业在中国的兴起为社会企业的发展提供了重要的资金支持与良好的发展环境。社会投资是通过提供和使用资金，产生积极社会影响力和一定财务回报的做法，它具有两个基本特征：一是强调社会影响力优先，这与强调财务回报优先的商业投资具有本质区别；二是在一定程度上具有财务回报的预期，这与只强调社会影响力的慈善捐赠也有所不同。社会投资是介于商业投资和慈善捐赠之间的一种创新方式②。

2. 社会投资的主体与客体

在我国，社会投资的主体类型比较多元，既包括基金会，也包括商业投资机构和开展公益创投的政府部门。基金会中既包括公募基金会，也包括非公募基金会。商业投资机构中既包括专门的社会投资机构，也包括有社会投

---

① 本次调查的371家社企中，近4年平均每年成立54家左右，占总数的14.56%。据此推算，1684家"自觉意识"的社企里，近几年平均每年成立245家左右（245≈1684×14.56%）。
② 资料来源：见本书社会投资调研报告。

资实践的商业投资机构。调查表明，最早进入社会投资行业的是商业投资机构，时间大致在2002年。而基金会与政府部门进入社会投资领域始于2008年、2009年前后。2013年之后，出现了增长的高潮，每年新增社会投资机构4~8家。

从社会投资的目标受益群体来看，儿童和青少年是所有社会投资机构最关注的受益对象。本次调研也显示，儿童和青少年也是社企服务人群比例最高的群体。而政府类机构公益创投的目标群体最为集中，除儿童和青少年外，社会组织、老人、残障人士、社区居民也都受到半数以上政府公益创投的关注。比较而言，基金会和商业投资机构开展社会投资的目标受益群体比较分散，表现出一定的多元性。

3. 社会投资的领域

调查表明，在社会投资的关注领域，受访机构在教育与培训、健康与医疗（包括养老服务等）领域最为集中。无论是基金会、政府类公益创投，还是商业投资机构，46%~55%都在教育与培训、健康与医疗（包括养老服务等）领域进行了社会投资。不过，不同类型机构关注点也有差异。政府类机构公益创投更多在社区发展、行业支持与扶贫领域进行社会投资，而基金会更关注行业支持服务、减少贫困、文创产业和食品与农业领域，商业投资机构则更关注食品与农业领域。

4. 社会投资的资金来源、投资方式与规模

调研表明，基金会的社会投资以自有资金和慈善捐款为主要资金来源；政府类机构以福彩基金和财政拨款为主要资金来源；商业投资机构以自有资金和商业资金为主要资金来源。

基金会的社会投资方式主要以影响力投资或公益创投资助为主。在被调查的12家进行影响力投资的基金会中，有10家进行股权投资，有3家采用无息贷款的方式，还有1家采用提供固定资产的方式；在被调查的政府类机构中，投资方式非常单一，完全以资助方式为主；商业投资机构的社会投资方式主要有影响力投资和公益创投资助两类，但绝大多数为影响力投资方式，且以股权投资为主。个别商业投资机构会采用公益创投资助的方式。

在社会投资规模上，2017年度，六成以上受访基金会和政府类机构的

新增投资额都集中在 100 万 ~ 500 万元和 1000 万 ~ 3000 万元，而商业投资机构的新增投资额则分布较为平均。单个社会投资机构当年新增投资额最小的在 50 万元以下，最大的突破了 3000 万元（为基金会和商业投资机构）。自开展社会投资实践以来，截止到 2017 年底，受访基金会和商业投资机构的社会投资总额都在 100 万元以上，规模分布较为均衡；但也有 6 家机构的投资总规模超过了 5000 万元[①]。

5. 社会投资回报

对于采用影响力投资的基金会和商业投资机构，比较其社会投资的财务绩效可知，受访商业投资机构在影响力投资中大多数实现了与预期一致（50%）或高于预期（20%）的财务回报。然而，在基金会的影响力投资实践中，有 33.3% 的社会投资项目低于财务回报预期。可见，基金会开展影响力投资的效果要远低于商业投资机构，投资回报不容乐观。

调查还显示，商业投资机构取得了最高的影响力绩效，而基金会的影响力绩效最低。63.2% 的受访基金会表示实现了与预期一致的影响力绩效，不过也有高达 15.8% 的基金会表示低于预期影响力绩效，有 15.8% 的基金会表示高于预期，15.8% 的基金会表示无法判断；[②] 而商业投资机构中，有高达 70% 的机构表示取得了高于预期的影响力绩效，30% 的机构表示取得了与预期一致的影响力绩效，没有商业机构表示低于预期影响力绩效；政府类机构表现居中，有 76.9% 的政府类机构实现了与预期一致的影响力绩效，7.7% 的机构表示高于预期，没有政府类机构表示低于预期，有 15.4% 表示无法判断。

（二）支持型机构

1. 基本概念

社会企业的支持型机构是指不直接为公众提供服务，而是通过为社会企业服务间接提供社会服务的机构。虽然我国的支持型机构早已有之，但专门

---

① 资料来源：见本书社会投资调研报告。
② 因部分基金会有多个社会投资项目，对应不同的影响力绩效结果，故此比重之和大于 100%

以社会企业为服务对象的支持型机构却是近 10 年兴起的。现有较为成熟的社会企业支持型机构的服务范围可以定位在以下六个维度：孵化、空间、融资服务、能力建设、传播、认证。为社会企业提供以上一种或多种服务/产品的机构可被界定为社会企业的支持型机构①。

2. 数量与类型

根据本调研报告对社会企业支持型机构的界定，从本次调查收集到的所有样本来看，国内能够为社会企业提供孵化、空间、融资服务、能力建设、传播、认证中的一种或多种服务/产品的机构总数在国内并不多，在30～40家。且大多数注册地在广东、北京和上海等省市。最早注册的支持型机构成立于2006年，成立高峰出现在2016～2018年。社会企业支持型机构的注册形式呈现民政注册与工商注册两类。受访机构中，66.7%是民非注册，23.8%是公司注册，9.5%是民非与公司双重注册。

3. 融资渠道

调查显示，社企支持型机构现阶段的融资渠道仍较为单一，且偏向低风险、低收益的渠道。我国支持型机构现有的主要融资渠道为捐款、公益创投和政府/企业购买。其中，68.8%的支持型机构有捐款渠道的资金来源；31.3%的机构有公益创投渠道的资金来源；31.3%的机构有政府/企业购买渠道的资金来源；仅有6.3%的机构有商业贷款，而影响力投资、商业风投的融资渠道的占比均为0。然而，调查同时表明，71.4%的支持型机构期望的资金支持方式有影响力投资，另外，期望商业风投的占比也多达21.4%。

4. 服务内容

调查显示，85.7%的社企支持型机构能够提供传播倡导的服务，85.7%的机构能够提供能力建设服务，71.4%的机构能够提供孵化服务，各有52.4%的机构能提供空间和融资服务，只有14.3%的机构能提供社企认证服务。支持型机构能提供的其他服务还包括资源对接、社群运营、论坛等。所有接受调研的机构都能够提供 1 种或 1 种以上的支持服务。

① 资料来源：见本书社会企业支持型机构调研报告。

（三）政策环境①

政策环境是社会企业与社会投资行业生态系统的重要一环。尽管目前我国还没有国家层面专门的社会企业法律法规，但从行业政策与地方政策来看，不乏一些创新探索。

1. 行业政策

从国内外经验来看，教育领域是社会企业最集中的领域之一。新修订的《中华人民共和国民办教育促进法》，首次允许教育机构可以登记为营利机构，突破了以往教育类机构只能登记为非营利机构的限制，为教育类机构的多元化发展提供了新的政策环境。显然，未来社会企业在教育领域会有很大的发展空间。

随着中国人口老龄化进程的加速，养老领域将是社会企业大有可为的领域之一。2013年9月，国务院印发的《关于加快发展养老服务业的若干意见》提出要"充分发挥市场在资源配置中的基础性作用，逐步使社会力量成为发展养老服务业的主体，营造平等参与、公平竞争的市场环境"。2015年2月，民政部等十部委联合发布《关于鼓励民间资本参与养老服务业发展的实施意见》，规定"对于举办者没有捐赠而以租赁形式给予组织使用的固定资产，以及以借款方式投入组织运营的流动资金，允许其收取不高于市场公允水平的租金和利息。行业管理部门和登记管理机关应当对其关联交易进行披露并进行必要监管"。2017年2月，工信部、民政部及国家卫计委共同发布《智慧健康养老产业发展行动计划（2017—2020年)》，提出"要运用互联网、物联网、大数据等信息技术手段，推进智慧健康养老应用系统集成，对接各级医疗机构及养老服务资源，建立老年健康动态监测机制，整合信息资源，为老年人提供智慧健康养老服务"。总之，近年来，养老领域出台的政策比较密集，给社会力量在养老领域的发展提供了宽松与支持的政策环境。

在医疗领域，2015年3月，国务院办公厅在《全国医疗卫生服务体系

---

① 资料来源：见本书政策环境调研报告。

规划纲要（2015—2020年）》中提出要"坚持政府主导与市场机制相结合"的原则，分级分类发展医疗机构，强调"放宽举办主体要求，进一步放宽中外合资、合作办医条件，逐步扩大具备条件的境外资本设立独资医疗机构试点。放宽服务领域要求，凡是法律法规没有明令禁入的领域，都要向社会资本开放。优先支持举办非营利性医疗机构"。2017年5月，国务院办公厅又出台了《国务院办公厅关于支持社会力量提供多层次多样化医疗服务的意见》，明确要"促进社会办医加快发展，凡符合规划条件和准入资质的，不得以任何理由限制""要严格按照有关规定全面落实社会办医疗机构各项税收优惠政策，对社会办医疗机构提供的医疗服务按规定免征增值税，进一步落实和完善对社会办非营利性医疗机构企业所得税支持政策"。作为社会力量中的创新主体，医疗领域的社会企业迎来了越来越有利的政策环境。

在扶贫与"三农"领域，2015年11月，中共中央、国务院发布《中共中央　国务院关于打赢脱贫攻坚战的决定》，提出"鼓励支持民营企业、社会组织、个人参与扶贫开发，进一步引导社会扶贫重心下移"。2016年12月，国务院发布《"十三五"脱贫攻坚规划》，发起"万企帮万村"精准扶贫行动，同时"推广政府与社会资本合作、政府购买服务、社会组织和企业合作"等多种模式开展扶贫开发。而在"三农"领域，自2004年以来，中共中央、国务院每年发布以"三农"为主题的中央一号文件，尤其是2018年2月出台的《中共中央　国务院关于实施乡村振兴战略的意见》，鼓励社会力量参与乡村振兴。可以说，随着精准扶贫、乡村振兴提升到国家战略层面，社会组织、社会企业等社会力量在扶贫与"三农"领域迎来了历史性的发展机遇。

在环保领域，2015年9月，中共中央、国务院发布《生态文明体制改革总体方案》，提出鼓励各类投资进入环保市场，能由政府和社会资本合作开展的环境治理和生态保护事务，都可以吸引社会资本参与建设和运营。政府还会加大对环境污染第三方治理服务的购买力度。2016年，国务院发布《"十三五"生态环境保护规划》，提出"探索环境治理项目与经营开发项目组合开发模式，健全社会资本投资环境治理回报机制"。同年，中国人民银行、财政部、国家发改委等七部门联合出台的《关于构建绿色金融体系的指导意见》，提出大力发展绿色信贷、绿色债券、绿色发展基金和绿色股票、绿色保险、碳金融等金融工具支持绿色投资，构建绿色金融体系。毫无疑问，社会企业在环保领域的发展迎来了重要的政策窗口期。

从国际经验看，助残领域是社会企业最活跃的领域之一。2015 年，《国务院关于加快推进残疾人小康进程的意见》提出以残疾人康复、托养、护理等服务为重点，加大政府购买力度。既倡导社会力量兴办公益性医疗、康复、特殊教育、托养照料、社会工作服务等机构和设施，又要发挥市场机制作用，壮大残疾人服务产业，形成多元化的残疾人服务供给模式。按照《残疾人康复服务"十三五"实施方案》，到 2020 年我国有 800 多万残疾人能够享受基本康复服务，政府购买空间巨大。多重利好政策也激发用人单位雇佣残疾人的刚需，残疾人就业创业领域有望成为社企创业的沃土。相应的，残疾人教育培训、就业服务也蕴含了社会企业发展的巨大空间。

另外，在文体领域、科技与"互联网＋"领域等，国家也出台了一系列政策文件，鼓励和支持社会力量发挥积极作用，为社会企业的发展提供了一定的条件与政策空间。

2. 地方政策

尽管行业政策为社会力量的参与提供了条件，但相关行业政策鲜有直接提及社会企业一词。然而，地方的实践则要更积极、更创新、更直接。

早在 2011 年《中共北京市委关于加强和创新社会管理，全面推进社会建设的意见》和《北京市社会建设"十二五"规划》中就提出"积极扶持社会企业发展"，使北京成为全国最早在市委市政府文件中提出鼓励社会企业发展的省份。2016 年《北京市"十三五"时期社会治理规划》更加重视社会企业的作用，将之作为创新社会服务的一支生力军。2017 年下半年，北京市社工委启动社会企业试点工作。2018 年 3 月推动成立北京社会企业发展促进会，同年 8 月支持北京社会企业发展促进会、北京社启社会组织建设促进中心（即社企论坛）共同主办中国社会企业论坛北京峰会，并发布《北京市社会企业认证办法（试行）》。

成都市是国内第一个出台专门的培育社会企业政策的城市。2017 年 9 月成都市委市政府发布《关于深入推进城乡社区发展治理建设高品质和谐宜居生活社区的意见》，首次提出"鼓励社区探索创办服务居民的社会企业"。2018年4月成都市政府办公厅下发《关于培育社会企业促进社区发展治理的意见》，初步构建起社会企业培育、支持、监管政策框架，并将社会企业发展及社会企业项目运行纳入各区（市）县政府年度目标管理体系进行绩效考核。2018年6月，成都市工商局出台《关于发挥工商行政管理职能培育社会企业发展的实施意见》，首创经认定的社会企业可以在企业名称中使用"社会企业"字样。

深圳市福田区把建设社会影响力投资高地提升到区域发展战略高度，从构建生态体系的宽阔视角服务社会企业发展。2017年底，福田区政府出台《福田区关于打造社会影响力投资高地的意见》，这是国内第一份支持社会影响力投资的政府文件。2018年福田区出台《关于打造社会影响力投资高地的扶持办法》及实施细则，为社会影响力投资生态体系中的各类主体给予事后资金扶持。

佛山市顺德区政府是国内最早开展社会企业认证的地方政府。2014年8月顺德区委区政府出台《顺德区深化综合改革规划纲要（2013—2015年)》，提出"加快社会组织和社会企业培育发展"。顺德社会创新中心于2014年9月出台了《顺德社会企业培育孵化支援计划》，明确在企业中开展社会企业认定工作的标准和程序。2016年顺德社会创新中心发布《顺德区社会企业培育孵化支援计划（修订稿)》，调整了准入门槛，采取分级认证，意在鼓励更多的企业参与。截至2018年底，共有20家企业通过认证。目前，顺德区已将推动社会企业发展列入区国民经济和社会发展第十三个五年规划纲要。

总体而言，地方在社会企业的创新探索方面走得更远。特别值得一提的是，2018年，北京、成都、深圳福田区等多个地方政府出台了有关社会企业和社会投资领域的政策，具有较强的示范效应。

四　中国社会企业的发展挑战与机遇

（一）面临的挑战

尽管2006年以来，中国的社会企业取得了长足的发展，但是也面临一系列的挑战。

第一，总体而言，一方面，当前政府、社会对社会企业、社会投资的认知还非常有限，对这种创新性的组织模式不理解甚至持怀疑态度的人很多。另一方面，大多数社会企业也缺乏身份认同。调研表明，有"自觉意识"、认同社企身份并被外界了解或认知的社会企业数量不到 2000 家，大量社会企业还游离在社会企业与社会投资行业之外，属于"无意识"的社会企业。

第二，经过一段时间的快速发展之后，2014 年至 2017 年，有"自觉意识"的社会企业每年新增数量基本停留在 245 家左右，这意味着"自觉意识"的社会企业进入了新的发展瓶颈期。与此同时，新增社会投资机构在 2014 年达到高峰之后，近年来也呈现下降趋势。而从国际的情况来看，近年来社会企业的热潮有所消退。可以说，当前中国社会企业的发展已经进入了瓶颈期，急需寻求新的动力与激励。

第三，一方面社会企业、社会企业支持型机构缺乏资金，融资规模小、融资渠道单一，期望获得社会投资；另一方面，社会投资机构又找不到符合条件的投资对象。其结果是中国社会企业、社会企业支持型机构的融资水平整体偏低，而社会投资机构投资规模也较低。本次调研表明，23.9% 的社企累计的融资总额在 10 万元以下，39.4% 的社会企业累计的融资总额为 11 万~100 万元，28.3% 的社企累计的融资总额在 101 万~1000 万元，只有 6.8% 的融资总额为 1001 万~10000 万元，1.6% 的融资总额达到 10001 万元及以上。而导致这一问题的主要原因在于行业生态建设还不完善。中国社会企业、社会企业支持型机构、社会投资机构均处于起步阶段，相互之间还不了解、不熟悉，缺乏高效的对接平台。

第四，中国的社会企业、社会企业支持型机构的受薪员工规模普遍较低，人才匮乏、能力不足。而我国的社会投资机构起步晚，人才同样非常匮乏，能力也有待提升。例如，本次调研显示，有 63.6% 的商业投资机构设立了专门的社会投资部门，平均一个社会投资部门仅有 4 名员工。

第五，尽管教育、医疗、养老、扶贫与"三农"、环保、助残、文体、科技与"互联网＋"等领域均出台了大量政策，积极鼓励社会力量参与或鼓励社会投资，但所有这些行业领域的政策均没有明确提及社会企业的名称。虽然北京、成都、深圳福田区等地方政府出台了社会企业、社会投资方面的政策，赋予了社会企业或社会投资合法身份，但毕竟只是个别地方的创新探索，尚未得到更大范围的推广。总的来说，一方面社会企业希望获得更多的政策扶持，而另一方面，相关政策的扶持力度有限，政策环境有待进一步完善。

（二）发展的机遇

第一，自20世纪90年代以来，全球兴起了一股社会企业、社会投资发展的浪潮，中国社会企业与社会投资虽然起步晚，但与发达国家的差距远没有传统非营利组织的差距大，因此，中国社会企业赶超发达国家的难度相对更小。如果说社会企业是人类社会探索解决自身面临的社会问题的创新路径，那么，在这个方兴未艾的领域，中国正面临巨大的发展机遇。

第二，社会需求巨大。中国正处于社会矛盾与社会冲突的高发期，教育、医疗健康、养老、留守儿童、残障群体、扶贫与"三农"、环保与能源等各个领域均存在不同程度的政府失灵、市场失灵与志愿失灵，急需探索创新的方式方法以更有效地解决各方面的社会难题，包括社会企业的创新探索等。可以说，中国巨大的社会需求与社会问题是中国社会企业发展的动力源泉。

第三，自2006年社会企业的概念引入中国之后，政府、市场与社会对社会企业、社会投资的认知水平虽然与国外比差距很大，但与过去相比，还是在不断提升，中国的社会企业与社会投资生态圈也在逐步形成。不仅一些地方政府开始重视社会企业的发展，媒体对社会企业的报道与学术界对社企的研究增多，而且，社会企业支持型机构、社会投资机构也在不断成长，这为社会企业的发展提供了良好的机遇。

第四，政策环境逐步完善。不仅教育、医疗、养老、扶贫与"三农"、助残、环保与能源、文体、科技与"互联网＋"等行业出台了一系列鼓励社会力量参与的文件，而且一些地方政府出台了鼓励和发展社会企业或社会投资的文件，加大了政府对社会企业购买服务、减免税的政策扶持，为社会企业的发展提供了良好的条件。

第五，中国拥有庞大的互联网用户规模，在"互联网＋"社会企业领域具有较大的优势。可以说，人工智能、互联网信息技术的快速发展为中国社会企业的发展带来了巨大的机遇。从调研情况看，一些互联网技术利用比较充分的社会企业发展势头良好。

五　结论与展望

（一）主要结论

首先，通过各种社企名录和滚雪球的办法，统计到的我国"自觉意识"的社会企业规模仅 1684 家左右。尽管这个数据可能有所低估，但无论如何，中国浮出水面的、认同社企身份并被外界所了解或接纳的社会企业数量还是非常少。不过，如果包括大量"无意识"的民非和合作社的话，2017 年，中国社会企业的数量高达 175 万家。据此，2017 年，低方案估算的社会企业的受薪员工规模大约 7.9 万人，年度总收入 93 亿元；高方案估算的社会企业受薪员工规模大约 1923 万人，年度总收入 22143 亿元。也就是说，如果按照窄口径的"自觉意识"社会企业的标准，中国的社会企业数量少，在就业、经济方面的贡献还非常小。但如果按照宽口径，包括大量"无意识"的社会企业的话，中国的社会企业数量已近 200 万家，受薪员工数量相当于 2017 年全国就业人数的 2.48%，年度总收入相当于 2017 年中国 GDP 的 2.68%，社会企业对我国就业、经济方面的贡献不容小觑。另外，社会企业在弘扬公共价值、关爱弱势群体、推动教育与社区发展等公共服务领域也扮演了重要的角色。

其次，中国的社会企业还处于起步阶段，在经历了一段时间的快速发展之后，目前正面临瓶颈期。2014～2017 年，每年"自觉意识"社会企业新增数量徘徊在 245 家左右，而社会投资机构的新增数量还出现了下降趋势。这可能与全球和中国社会企业热潮的暂时消退有一定关系，急需寻求新的动力与激励措施。

再次，中国无论是"自觉意识"的社会企业，还是"无意识"的社会企业，其收入主要来源于市场运营的特征明显。而且，中国"自觉意识"的社会企业，虽然高达40%左右完全不限制利润的分配，但80%以上社企的净利润均用于再投资。另外，虽然法律上对民非和合作社的利润分配有明确的规定，但也有19.2%的民非对利润分配不进行限制，也有10%的合作社对利润分配进行了禁止性规定。

最后，当前中国社会企业发展的环境喜忧参半。喜的是，近年来，中国社会企业的支持型机构、社会投资机构逐步发展，一些地方政府也出台了鼓励扶持社会企业或社会投资的政策，社会企业与社会投资的生态正在形成；忧的是社会企业及其支持型机构的融资仍然非常困难，一方面社会企业及其支持型机构需要社会投资，另一方面，社会投资机构又往往找不到合适的社会企业或社会企业支持型机构。另外，迄今为止，政府、社会对社会企业的认知程度有限，而社会企业自身的身份认同度也不高。尽管个别地方政府出台了有关社会企业或社会投资领域的扶持政策，但中央层面的行业政策鲜有提及社会企业一词，社会企业在参与公共事务的过程中还缺乏作为社会企业的合法身份，难以获得相关的政策扶持。绝大多数社会企业都希望政府部门能够采取更多措施促进社会企业发展，包括建立专项政府基金为社会企业提供资金支持；出台相关法律、法规、政策促进社会企业的发展；给予社会企业适当的税收优惠；在政府采购项目中优先考虑社会企业；通过多种形式扩大对社会企业的宣传，提高社会认知度；设立社会企业支持平台，为社会企业提供孵化、投融资等支持服务；等等。

（二）未来发展趋势

第一，社会各界对社会企业的认知程度正在逐步提升，政策环境逐步趋好。特别是2018年，以北京、成都、深圳福田区等多个地方政府出台社会企业或社会投资方面的政策为里程碑，中国社会企业发展的政策环境正在朝积极的方向发展。

第二，从调查情况来看，中国社会企业的发展势头良好。虽然2014～

2017年"自觉意识"社会企业每年新增数量维持在245家左右的水平，遇到瓶颈，但是2018年少数地方政府密集出台有关社会企业或社会投资领域的政策，为中国社会企业的发展提供了非常及时的新动力。而北京市作为首都，深圳市作为改革开放的前沿，成都市作为西部地区的中心城市，政策示范效应非常强，相信未来会有越来越多的地方政府通过学习模仿，鼓励当地社会企业的发展。可以预计，未来若干年我国新增社会企业的数量会有较大幅度的增长，甚至掀起我国社会企业与社会投资发展的新高潮。

第三，调查表明，绝大多数社会企业的社会绩效在2017年度呈现增长趋势，包括服务对象总量增加、提供的产品/服务品质提高，等等。与此同时，多数社会企业的财务绩效在2017年度也呈现增长趋势，其总收入、资产总额、市场经营收入额都出现了明显的增长趋势。这预示着未来社会企业的规模会越来越大，社会经济功能也会越来越显著，政府、社会对社会企业作用的认知程度也会随之提升。

第四，调研结果显示，工商注册的社企无论在数量上，还是在平均年收入、资产总额、受薪员工数量、市场经营收入比例、服务对象规模等方面都要远远高于民非注册的社企。可见，工商注册的社会企业可能是未来社会企业的主要组织形态与主力军。

第五，无论是基金会、政府类公益创投机构，还是商业投资机构，被调查的机构中，大多数未来的社会投资计划都比较积极，未来3年会加大社会投资规模或维持现有水平不变。特别是随着我国民生服务需求的不断增长，以及绿色金融、政府和社会资本合作（PPP）等模式的发展，未来我国社会投资领域的发展空间与潜力巨大。"到2020年，中国在养老产业、医疗健康产业、民办教育、环保产业、普惠金融、扶贫产业、绿色农业、残疾人就业、社区服务业、家政服务业等民生产业领域就需吸纳投资20万亿~30万亿元。这是一片投资蓝海。"①

---

① 徐永光：《序二》，载李健《社会企业政策：国际经验与中国选择》，社会科学文献出版社，2018，第5页。

社会企业调研报告

一 概述

（一）定义术语

社会企业 社会企业是指用商业模式解决社会和环境问题的组织，其中，组织在通过产品和服务为顾客提供价值的过程中，在其价值链的一个或多个环节嫁接社会/环境价值，使其产品或服务同时具备商品价值和社会/环境价值。

弱势人群 本报告中所指的弱势人群包括：残障人士、长期病患者、贫困人群、低收入者、农民工、无家可归者、长期失业者、刑满释放人员、不良嗜好者、弱势儿童（留守儿童、流动儿童、贫困儿童等）等特定社会人群。

（二）主要发现

多数社会企业处于组织发展的初创期。近半数的社会企业成立于2015年及以后（占44%），成立时间不超过3年。从国际比较来看，我国初创期社会企业的占比远远高于英国（2017年为25%①）。

社会企业的组织类型呈现多样化，既有工商注册的营利性企业（占59.5%），也有采取市场化运作的非营利组织（占32.4%），还有相当比例的社会企业属于"混合型组织"（占5.1%），同时注册了工商企业和民办非企业单位等不同性质的机构。

---

① Social Enterprise UK, *The Future of Business: State of Social Enterprise Survey* 2017, 2017, p. 8.

绝大多数的社会企业采取市场化运营模式，91.6%的社会企业从事市场经营活动（包括一般性商业活动和政府采购），并且通过市场经营活动获得收入。

社会企业的市场结构呈现多元状态，社会企业的主要客户群体包括：一般公众（占63.7%）、企业（占48.1%）、社会使命受益人群（占47.2%）、政府机构（占41.3%）。

社会企业的销售渠道充分体现了社会资本和互联网的商业价值。多数社会企业的市场营销活动借助了人际网络、信任、合作经历等社会资本，例如54.4%的社会企业依靠"客户口碑和人际网络"进行销售，43.7%的社会企业通过合作企业的商业渠道销售。此外，互联网平台和工具成为社会企业的重要销售渠道，44.7%的社会企业通过"机构网店/微信公众号/微信朋友圈/微店/APP"进行销售。

绝大多数社会企业的主要收入是自营收入，而非慈善捐赠或政府支持（拨款、补贴、奖金等）。在58.4%的社会企业中，占比最大的收入来源是"市场经营收入"；在18%的社会企业中，占比最大的收入来源是"政府采购收入"。

社会企业在7个方面的商业运营能力评价总体平均得分偏低（5分为能力很强，1分为能力很弱，社会企业各项得分在3.2～3.7分）。各项管理能力得分由低到高依次为：营销与品牌管理（3.22分）、法律税务管理（3.27分）、人力资源管理（3.33分）、财务管理（3.35分）、利益相关方沟通与关系管理（3.48分）、战略管理（3.52分）、生产管理（3.65分）。

社会企业在广泛的社会与环境领域实现其社会使命，包括教育、社区发展、就业与技能、环境与能源、公益/社企行业支持、医疗与健康、老年服务与产业、扶贫、艺术文化体育等众多领域，其中教育领域的社会企业最多，占比高达21%。

相当比例的社会企业直接或间接服务各类社会弱势群体，充分发挥了社会企业的社会价值。在此次调研的社会企业中，弱势群体在其服务对象总量中的占比平均高达33.3%，在其客户总量中的占比平均达到18.2%，在其受薪员工总量中的占比平均达到13%。

多数社会企业具有禁止或限制利润分配的规定（占61%）。其中，31.8%的社会企业具有限制利润分配的规定，29.2%的社会企业具有禁止利润分配的规定。

绝大多数社会企业的净利润分配方式具备明确的"非营利"属性，84.5%的在2017年度实现盈余的社会企业选择将净利润用于"再投资于机构的事业"。

绝大多数社会企业的社会绩效在2017年度呈现增长趋势（占84%），具体表现为："服务对象总量增加"（占79.9%），"提供的产品/服务品质提高"（占67.2%），"提供的产品/服务类型增加"（占67.2%），"客户总量增加"（占63.6%），"员工人数增加"（占50.3%）等。

从年度收入总额、资产总额、融资总额等指标来看，多数社会企业属于中小型组织。收入总额在101万～1000万元的中型社会企业占41.6%，收入总额在11万～100万元的小型社会企业占37.5%。资产总额在11万～100万元的小型社会企业占36.5%，资产总额在101万～1000万元的中型社会企业占31.1%。融资总额在11万～100万元的小型社会企业占39.4%，融资总额在101万～1000万元的中型社会企业占28.3%。

从受薪员工数量来看，多数社会企业属于小微型组织。53.4%的社会企业的受薪员工总数在10人以下，40.1%的社会企业的受薪员工总数为11～100人。

多数社会企业处于健康的财务状况。36.2%的社会企业实现了财务收支平衡，20.5%的社会企业实现盈余。同时，64.6%的社会企业2017年度的收入总额较2016年度呈现增加趋势。

多数社会企业的财务绩效在2017年度呈现增长趋势（占68.5%），具体表现为："总收入增加"（占66.3%），"市场经营收入额增加"（占53.2%），"总资产增加"（占52%），"收入类型多样化"（占51.2%）。

绝大多数社会企业的原始资本主要来自社会企业家个人（占86.1%），

社会企业创立后获得融资的成功概率偏低，仅有 34.8% 的社会企业申请过并成功实现融资。

绝大多数创立后从未申请或未成功实现融资的社会企业是需要外部投资的（占 88.6%）。多重因素导致社会企业无法顺利获得外部投资，主要包括："缺乏获得合适投资的渠道"（占 53.1%），"适合社会企业的外部投资机会太少"（占 46.1%），"缺乏寻求投资的技能"（占 36.7%），"担心引入外部投资会影响机构的运营管理"（占 28.6%），"获得合适的投资时间成本过高"（占 18.4%）。

社会企业成立后的融资规模有限。13.7% 的融资属于 10 万元及以下，41.9% 的融资在 11 万~100 万元，34.2% 的融资在 101 万~1000 万元，10.2% 的融资在 1000 万元以上。

商业创投机构（占 18.5%）、新兴的社会投资机构（占 14.8%）和传统的商业银行（占 3.7%）均未成为我国社会企业的主要融资渠道。目前我国社会企业创立后的融资途径主要有社会组织（占 44.4%）、个人（占 34.6%）、企业（占 30.9%）、政府机构（占 27.2%）。

多数社会企业具备组织治理的基本制度框架。60.9 的社会企业设立了会员大会或股东大会，66.8% 的社会企业设立了理事会或董事会。

绝大多数社会企业采取措施促进组织运营的制度化建设。主要包括："设定组织使命与愿景"（占 84.1%），"制定组织章程"（占 76.3%），"具体业务制订业务计划书"（占 67.1%）。

绝大多数社会企业对组织运营的绩效进行了定期评估（占 76%）。其中，进行财务绩效评估的社会企业占 63.5%，进行社会绩效评估的社会企业占 61.6%，进行环境绩效评估的社会企业占 26.4%。

社会企业支持体系中各类主体的发展状态普遍处于薄弱状态（5 = 非常健全，1 = 缺失），社会企业支持体系各类主体的发展状态得分平均在 2.5 ~ 3.0。各类主体发展状态得分由低到高依次为：政府部门（2.54 分）、支持机构（2.71 分）、投资者（2.72 分）、公众与媒体（2.72 分）、消费者（2.84 分）、员工与志愿者（2.98 分）。

　　绝大多数社会企业希望政府部门未来能够采取更多措施促进社会企业发展（占95.4%）。具体主要包括：建立专项政府基金为社会企业提供资金支持（占83.5%）；出台相关法律、法规、政策促进社会企业的发展（占83%）；给予社会企业适当的税收优惠（占78.6%）；在政府采购项目中优先考虑社会企业（占76.8%）；通过多种形式扩大对社会企业的宣传，提高社会认知度（占74.1%）；设立社会企业支持平台，为社会企业提供孵化、投融资等支持服务（占73.8%）；明确社会企业的政府主管部门（占58.6%）。

　　绝大多数社会企业希望投资机构未来能够采取更多措施促进社会企业发展（占95.7%）。具体主要包括：提供更多符合社会企业需要的投资形式（占89.5%）；投资达成后，协助投资对象提升运营管理能力，改善经济、社会、环境绩效（占78.4%）；提升投资筛选过程的透明度和公平性（占60%）；完善投资信息的发布机制（占58.4%）。

　　绝大多数社会企业希望支持机构未来能够采取更多措施促进社会企业发展（占99.7%）。具体主要包括：在社会企业与投资机构之间搭建信息桥梁，促进合作（占79.6%）；提供专业服务，提升社会企业的运营管理能力（占77.7%）；在社会企业与政府机构之间搭建信息桥梁，促进合作（占73.6%）；进行公众倡导，促进消费者认知与支持社会企业（占73.4%）；进行政策倡导，促进政府采取措施推动社会企业的发展（占68.8%）；提供孵化器服务（占66.8%）；在社会企业之间搭建信息桥梁，促进合作（占64.9%）；提供有关社会企业认证的信息与服务（占59.2%）；定期发布社会企业行业发展现状与趋势的相关信息（占59.2%）。

二　研究方法

（一）调查日程

　　此次社企问卷调查分准备期、实施期、总结期三个阶段完成。每个项目周期的具体工作安排如表2-1所示。

表 2 –1　调查的具体工作安排

时间	项目周期	主要工作事项
2018 年 3 ~6 月	调查准备期	讨论确定调查研究的总体框架 问卷设计 制定问卷调查实施方案
2018 年 7 ~9 月 10 月 11 月 11 月	调查实施期 数据清理 数据分析 报告讨论会	开展问卷调查 清理数据、建立 SPSS 数据库 对问卷数据进行描述分析 汇报调查结果,并广泛征集意见
2018 年 12 月 ~2019 年 1 月	调查总结期 项目报告	修改项目报告 提交项目报告终稿

（二）调查问卷

本次社会企业调查问卷由北京师范大学社会发展与公共政策学院企业社会责任与社会企业研究中心负责设计,问卷设计广泛参考了英国社企联盟（SEUK）以及国内外其他行业组织及学术机构的相关研究与报告。同时,社企论坛及其他三家合作单位参与了问卷内容的修订和完善。

社会企业调查问卷分为组织概况、市场运营、绩效评估、融资情况、组织治理、支持体系等六部分内容,共计 67 个问题。问题类型形式多样,包括单选题、多选题、量表题等。为了尽量保证收集数据的客观性、真实性和全面性,多数问题设计了"其他"项,可供参与调研的社会企业根据组织运营的实际情况填写具体信息。

本问卷中所有问题的数据采集截点为 2017 年 12 月 31 日,其中少数以年度为数据采集周期的问题（例如服务对象总量、收入总额、客户总量、财务状况等问题）,在问卷问题中特别标明了采集数据周期为 2017 年度。

（三）调查方法

本报告的数据主要来自社会企业问卷调查,此次调查是目前国内规模最大、调查内容最全面、样本代表性最强的社会企业问卷调查。问卷调查实施的关键问题与环节，如问卷设计、抽样方法、问卷的发放填答与回收、数据分析等严格遵照社会科学调查研究方法指导，同时借鉴了国内外社会企业行业及学术机构相关问卷调查的经验，力图兼顾调查的科学性、严谨性和现实可操作性。具体细节如表 2-2 所示。

表 2-2　问卷调查方法概要

抽样方法	目前国内并不存在关于社会企业的法律定义以及官方发布的社会企业认证体系,因此社会企业的"总体"无法确认,从而无法实现严格意义上的随机抽样。鉴于此,本次调查采取"便利抽样"(convenience sampling)的抽样方法 为最大限度保证样本的相关性和代表性,抽样时充分挖掘社企论坛和各个参与团队历年来在社会企业和社会投资领域积累的资源,在调研初期形成了 1 份超过 1000 家社会企业的调查备选名单。该名单中的社会企业主要包括获得认证的社会企业、社会企业领域的获奖机构、英国文化教育协会(BC)"社会企业"项目学员及获奖机构、调研团队在社会企业领域的合作机构,等等
问卷发放填答	问卷通过在线数据平台"金数据"进行发放、填答、回收
数据分析	SPSS 软件分析
数据报告	关于本报告中出现的百分比数值,由于在数据清理过程中对原始数据进行了四舍五入的处理,部分数据的总和大于或小于100%。由于很多问题是多选题,因此出现部分数据的总和大于100%

本次调查回收问卷 388 份，最终用于此报告分析的有效样本为 371 份。尽管本次调查无法实现随机抽样意义上的样本代表性，然而该样本已充分显示了与社会企业研究主题的相关性，同时在总体上覆盖了国内社会企业的典型类型。

在本次社企调研的有效样本中，来源比较集中的社会企业主要有 BC 学员及获奖机构、社企论坛成员、社企论坛社企奖获奖及申报机构、中国慈展会社企认证社企、社企领域民间机构推荐的机构，以及北京相关政府部门推荐的机构等。

（四）样本特征

此次社会企业调研采集到有效样本共计 371 家。总体而言，调研样本在经营时间、注册方式、注册所在地等方面均具有多样性，是目前国内规模最大、样本代表性最强的社会企业问卷调查。

在成立时间方面，近半数的社会企业成立于2015年及以后（占44%），成立时间不超过3年。根据英国社企联盟（SEUK）2017年社会企业调查数据来看，我国初创期社会企业的占比远远高于英国（2017年为25%[①]）。经营时间超过10年以上的机构有65家，占总体比例的17.9%。

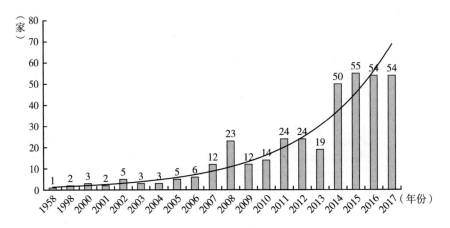

图2-1　社会企业成立时间（N=371）

资料来源：社企论坛（CSEIF）。

从注册方式来看，近六成的社会企业为工商部门注册，其中农民专业合作社占8.6%，小额信贷公司占0.3%，上市公司占0.3%，其余类型的工商注册企业占比高达50.3%；有32.4%的社会企业采用民政部门注册的形式；此外还有5.1%的机构采用了两种及以上的注册方式（如图2-2所示）。在民政部门注册的120家机构中，90.8%的社会企业注册为民办非企业单位，注册为基金会和社会团体的社会企业较少，分别占总体比例的0.8%和8.3%。在19家注册为两种及以上的社会企业中，同时注册为民办非企业单位和工商注册企业的机构为主要的形式，占总体比例84.2%，少数同时注册为基金会和工商注册企业（占10.5%），或者同时注册为社会团体和工商注册企业（占5.3%）。

---

① Social enterprise UK, *The Future of Business：State of Social Enterprise Survey* 2017, 2017, p. 8.

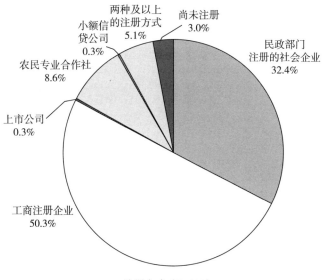

注册方式（N=370）

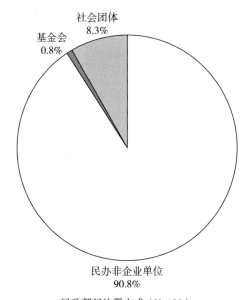

民政部门注册方式（N=120）

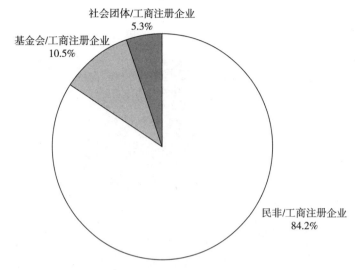

社会团体/工商注册企业
5.3%

基金会/工商注册企业
10.5%

民非/工商注册企业
84.2%

两种及以上的注册方式（N=19）

图 2-2　社会企业注册方式

注："工商注册企业"指上市公司、农民专业合作社和小额信贷公司以外的企业。
资料来源：社企论坛（CSEIF）。

　　从注册所在地来看，参与此次调研的社会企业主要分布在经济水平相对
发达，社会组织发展相对成熟的地区。如图 2-3 所示，相对集中的省市包括
北京（124 个）、广东（61 个）、上海（40 个）、四川（31 个）、江苏（20 个）、

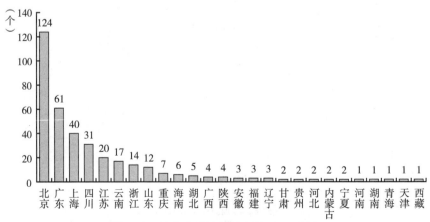

图 2-3　社会企业注册所在地（N=369）

资料来源：社企论坛（CSEIF）。

云南（17 个）、浙江（14 个）以及山东（12 个）。此次调研中没有来自黑龙江、吉林、新疆、江西和山西的社会企业样本。

三 研究发现

（一）市场运营

作为一种运用商业手段追求社会目标的事业体，社会企业需要具备有效的市场运营模式，以获得组织发展所需的各类资源，最终实现其社会使命。[①] 与传统的非营利组织和商业企业不同，社会企业按照"市场、再分配、互惠"三种经济原则开展市场运营活动，由此产生的收入来源具有多样性，既包括政府资助、社会捐赠等来自公共市场的收入，也包括来自私人市场的自营收入。[②]

本次社会企业调研围绕社会企业的市场运营，就社会企业是否开展市场经营活动、市场经营活动的地域范围、行业分布、产品类型、客户群体、销售渠道、收入结构、商业运营能力主观评价等问题收集了数据，主要调查研究发现在本节集中呈现。

在调研的 371 家社会企业中，91.6% 的社会企业从事市场经营活动（包括一般性商业活动和政府采购），并从中获得收入。仍然有 8.4% 的机构不从事任何市场经营活动，或并未从中获得收入。

从市场经营活动的地域范围来看，社会企业的经营范围广泛（见图 2 - 4），其中布局在全国的社会企业数量比较多，占总体比例的 41.5%；仅在本市（包括区县）范围内开展市场经营的社会企业也比较常见，占总体比例的 32.4%；有 3% 的社会企业选择只在本区开展经营活动。此外还有部分社会企业选择在多个地区开展经营活动，例如在本省或邻近省（自治区、直辖市）（占 13.4%），国际领域（占 3.9%），互联网（地域不确定）（占 8.9%）。

---

① 余晓敏、赖佐夫：《社会企业与社会企业家精神》，载王平、何增科主编《社会创新蓝皮书》，中国社会出版社，2012。

② Yu, Xiaomin, "Social Entrepreneurship in China's Nonprofit Sector: The Case of Innovative Participation of Civil Society in Post-Disaster Reconstruction", *China Perspectives*, 2016, 3: 53 - 61.

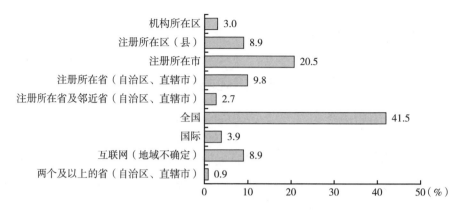

图2-4 社会企业市场经营活动的地域范围（N=337）

资料来源：社企论坛（CSEIF）。

社会企业从事市场经营活动的领域甚为广泛，特别是活跃在第三部门服务业（图2-5），例如教育行业（占22.3%）、健康领域（社会照料、医疗与健康）（占16.8%）、IT与互联网（占12.6%）、创意产业（占6.8%），以及环境与能源（占5.2%），等等。活跃在农业领域的社会企业（特别是农专合作社）数量也比较多，占14.6%。但是来自建筑业和制造业的社会企业比较少，仅占3.2%。这表明，我们社会企业市场经营活动的总体行业

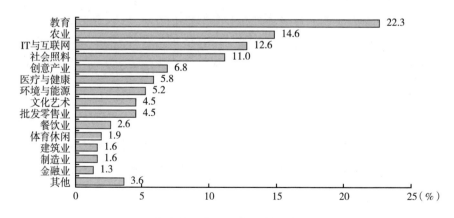

图2-5 社会企业市场经营活动领域（N=309）

资料来源：社企论坛（CSEIF）。

分布优于一般性中小企业的总体行业布局，具有多样性和创新性的特征，而我国一般性中小企业目前主要集中在低端行业，面临利润下滑、去产能、去库存的巨大经营压力[①]。

销售服务（占51.4%）和销售产品（占20.5%）是社会企业市场经营活动的主要类型（见图2-6）。生产用于销售的产品的社会企业占比9.1%。其余的以支持性服务活动为主，例如为本机构会员开展市场经营活动提供服务（如渠道、信息、网络等）（占8.8%），或为生产者（农户、手工业者）开展市场经营活动提供服务（占5.4%）。

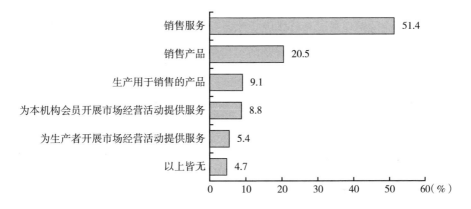

图2-6　社会企业市场经营活动的主要类型（N=317）

资料来源：社企论坛（CSEIF）。

从市场经营活动的对象来看，大部分社会企业以对私部门的经营为主。图2-7表明，社会企业将一般公众（个体消费者）（占63.7%）、企业（占48.1%）、社会使命受益人群（占47.2%）作为主要客户群体。将公共部门作为主要客户群体的社会企业占41.9%（41.3%为政府机构，0.6%为事业单位）。其他的客户群体还有社会组织（占26.3%）和机构自身员工、义工、会员（占10.3%）等。

[①]　李子彬、郑文堂主编《中国中小企业2018蓝皮书——民营企业投资状况分析及对策建议》，经济管理出版社，2018，第3页。

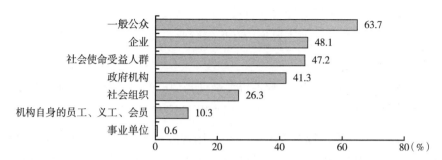

图2-7 社会企业市场经营活动的主要客户群体（N=320）

资料来源：社企论坛（CSEIF）。

社会企业的销售渠道充分体现了社会资本和互联网的商业价值。如图2-8所示，多数社会企业的市场营销活动借助了人际网络、信任、合作经历等社会资本，例如54.4%的社会企业依靠"客户口碑和人际网络"进行销售，43.7%的社会企业通过合作企业的商业渠道销售。此外，互联网平台和工具成为社会企业的重要销售渠道，44.7%的社会企业通过"机构网店/微信公众号/微信朋友圈/微店/APP"进行销售。不同于传统商业经营策略，有39.2%的社会企业还通过机构开展的公益活动销售产品或服务。

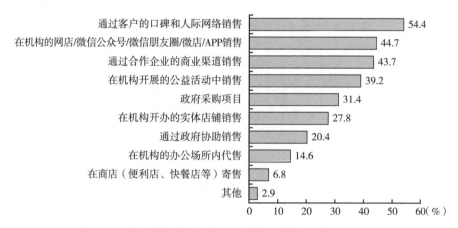

图2-8 社会企业市场经营活动的主要销售渠道（N=309）

资料来源：社企论坛（CSEIF）。

　　社会企业获得收入的来源和渠道非常多元，本次调研考察了不同类型的收入来源在总收入中的占比情况。图2-9表明，社会企业最主要的收入来源于市场经营（一般性商业销售收入）（占58.4%），其次还有政府采购（占18%），社会捐赠或企业捐赠（占16.6%），政府支持（拨款、补贴、奖金等）（占5.3%），以及从母体组织获得的经费（占5.1%）。

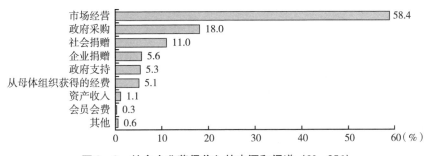

图2-9　社会企业获得收入的来源和渠道（N=356）

资料来源：社企论坛（CSEIF）。

　　本次调研还特别考察了不同类型的社会企业收入来源的差异。如图2-10所示，民政部门注册的社会企业占比最大的收入来源是政府采购，占总体比例的35.6%，其次是市场经营（22.9%）和社会捐赠（22%）。而工

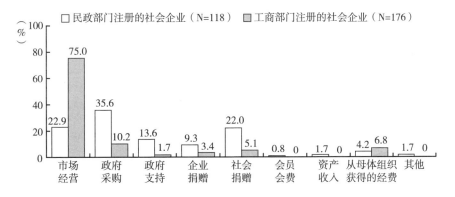

图2-10　不同类型的社会企业收入来源的差异

注："工商部门注册的社会企业"不含"农民专业合作社"和"小额信贷公司"。
资料来源：社企论坛（CSEIF）。

商部门注册的社会企业更多地体现了商业组织的特性，75%的工商部门注册的社会企业表示，占比最大的收入来源于市场经营，仅有10.2%表示政府采购为本机构占比最大的收入来源。

图2-11显示了市场经营收入（不包括政府采购收入）在总收入中的占比情况，51.5%的社会企业表明超过半数的收入均来源于市场经营活动（不包括政府采购项目），其中44.5%的社会企业表明75%以上的收入来源于市场经营活动，这也是社会企业区别于传统慈善组织的主要特点之一。但是仍然有19%的社会企业表示在总收入中没有市场经营收入。

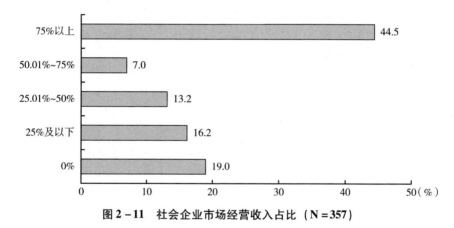

图2-11 社会企业市场经营收入占比（N=357）

资料来源：社企论坛（CSEIF）。

民政部门注册的社会企业和工商部门注册的社会企业在市场经营收入（不包括政府采购收入）占比情况差异明显。如图2-12所示，近半数民政部门注册的社会企业无市场经营收入，有15.9%的市场经营收入占比在50%以上。而68.8%的工商部门注册的社会企业的市场经营收入占总收入一半以上，仅有6.3%无任何市场经营收入。这也体现了不同注册类型的社会企业对于市场和政府的不同的依赖程度。

本次调研针对社会企业多维度的商业运营能力进行评价，图2-13表明，在战略管理、生产管理、营销与品牌管理、人力资源管理、财务管理、利益相关方沟通与关系管理、法律税务管理等7个方面的商业运营能力的评

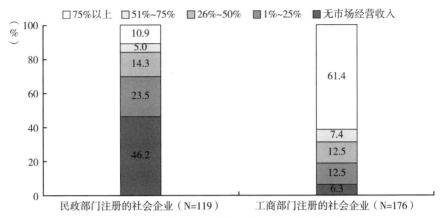

图 2-12 不同类型的社会企业的市场经营收入占比

注："工商部门注册的社会企业"不含"农民专业合作社"和"小额信贷公司"。
资料来源：社企论坛（CSEIF）。

价中，社会企业对自身生产管理能力评价稍高（3.65），但是整体表现比较均衡。调研对象普遍认为自身的商业运营能力一般，特别是营销与品牌管理能力（3.22）和法律税务管理能力（3.27）有所欠缺，亟待进一步提高。

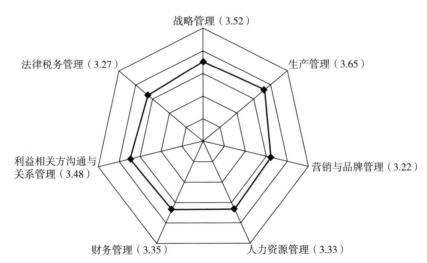

图 2-13 社会企业商业运营能力总体评价（N=363）

注：1=很弱；2=比较弱；3=一般；4=比较强；5=很强。
资料来源：社企论坛（CSEIF）。

（二）使命与价值

在全球范围内，社会企业已经逐步发展成为推动社会、经济、环境可持续发展的强大引擎，广泛活跃于社会服务、医疗卫生、环保、教育、科研、文化、创意等众多行业①，创造了巨大的社会、经济与环境价值。目前我国社会企业活动领域比较广泛。现有研究将我国社会企业的活动领域划分为六个方面，包括：就业促进、消除贫困（包括小额信贷和公平贸易）、社区发展、教育促进、社会服务和合作经济②。2013年，深德公益对英国文化教育协会（BC）"社会企业项目"历届学员机构的调研数据显示，在107家运营社会企业或社会企业项目的被调研机构中，早期的社会企业主要活跃于较为传统的特殊儿童服务、扶贫、老年人和残障人群服务领域，新近成立的社会企业则更多关注青少年成长与就业、妇女发展、社区发展以及为其他公益组织提供服务等领域③。

本次社会企业调研围绕社会企业的使命与价值，就社会企业的工作领域、服务对象、利润分配规定与方式、资产锁定情况、社会绩效增长等问题收集了数据，主要调查研究发现在本节集中呈现。

如图2-14所示，社会企业目前涉及的社会使命所在的领域非常多元，教育领域的社会企业最多（占21.0%），而社区发展领域（占13.4%）及就业与技能领域（12.3%）也相对较多。值得关注的是，为促进公益行业、社会创业和社会创新发展提供专业服务的社会企业大量涌现（占9.3%）。环境与能源（占9.8%）、医疗与健康（占7.4%）、老年服务与产业（占6.5%）、扶贫（占5.7%），以及艺术文化体育（占4.6%）等领域也是比

---

① 余晓敏等著《社会企业与中国社会发展的创新实践》，中国经济出版社，2018。
② Yu, Xiaomin, "Social Enterprise in China: Driving Forces, Development Patterns and Legal framework", *Social Enterprise Journal*, 2011, 7（1）: 9-32；余晓敏、张强、赖佐夫：《国际比较视野下的中国社会企业》，《经济社会体制比较》2011年第1期，第157~165页。
③ 深德公益：《社会企业领域发展新趋势》，2013，http://www.ventureavenue.com/va_insights/zh/2013/11/08/%E7%A4%BE%E4%BC%9A%E4%BC%81%E4%B8%9A%E9%A2%86%E5%9F%9F%E5%8F%91%E5%B1%95%E6%96%B0%E8%B6%8B%E5%8A%BF/。

较普遍的议题。另外，公平贸易、社会照料、农业发展、金融服务以及救灾赈灾等亦有所涉及，但是相对较少。

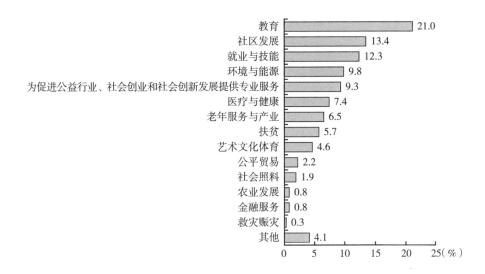

图2-14 社会企业社会使命所在的领域（N=367）

资料来源：社企论坛（CSEIF）。

如表2-3所示，本次调查涉及教育领域的社会企业，业务主要集中在儿童教育领域。其中做"健全儿童/青少年素质教育"的社会企业较多（占38.2%），其次是"残障儿童/读写困难儿童教育"（占19.7%）和"弱势儿童（留守儿童、流动儿童、贫困儿童等）教育"（占18.4%），而"安全教育"、"环境教育"、"幼儿早教"和"心理健康教育"的社企则相对较少，都不足5%。还有10.5%涉及其他教育领域的机构，例如青年职业成长培训与咨询、大众批判性思维教育、家庭教育、生死教育、手语/聋文化传播、性教育、孕产教育等。

在社区发展领域，"社区动员与社区参与"（占37.5%）和"绿色农业（有机农业、社区支持农业）"（占35.4%）成为主流，此外"社区治理"（占16.7%），成为社区发展领域另一主要方向。还有10.4%的社会企业从事其他社区发展工作，包括社区居住环境改善、农村社区发展、青年社会创新孵化、社区教育，以及乡村可持续发展等领域。

在就业与技能领域里的社会企业中，社会使命的目标群体非常多元。关注"残障人士"的社会企业最多（占66.7%）；其次是关注"农民工"的社会企业（占15.6%）；与此同时还有少部分社会企业关注"大学生"（占6.7%）、"边缘人群"（占4.4%）、"全职妈妈"（占4.4%），以及"少数民族"（占2.2%）。

在环境与能源领域，"自然生态与生物多样性保护"（占37.1%）及"垃圾处理及循环利用"（占34.3%）领域的社会企业数量较多，而"动物保护"（占5.7%）、"污染治理"（占5.7%）、"新能源"（占5.7%）等领域则相对较少。另外还有5.7%从事其他环境与能源领域的社会企业，例如绿色制造与绿色产品、气候变化与低碳发展等。

参与本次调研的医疗与健康领域的社会企业中，"残障人士康复与治疗"仍是主要关注的领域（占32.1%），而"慢性病与保健"（占7.1%）、"心理治疗与咨询"（占7.1%）、"罕见病防治"（占7.1%）、"急救与安全防治"（占7.1%），"食品与用品安全"（占7.1%）等热门领域也有所涉及。还有21.4%从事其他医疗与健康领域的社会企业，例如癌症康复、儿童早期发展、视力健康、性生殖健康、助力健康与老龄化等。

老年服务产业领域中，提供"社区/居家养老服务"领域的占比最高（占54.2%），其次是"老年服务信息平台"（占20.8%），数量相对较少的是"机构养老（养老院）"（占8.3%）、"适老化产品"（占8.3%）以及"精神文化服务"（占8.3%）。

在艺术文化与体育领域，"传统文化保护与传播"领域的社会企业相对较多（占29.4%），"少数民族文化保护与传播"（占17.6%）、"休闲、体育与健身"（占17.6%）以及"文化创意产业"（占17.6%）也有一定数量。另外还有17.6%的社会企业从事其他类型的艺术文化与体育活动，例如儿童艺术教育衍生品、社区剧场，以及文化助盲等。

在社会照料领域，针对"残障人士"的社会企业占很大比重（占

85.7%)，"幼儿照料"则相对较少（占14.3%）。

参与本次调研的金融服务领域的社会企业全部以小额信贷为主要业务。

表2-3 社会企业社会使命所在领域的分类

领域	分类	占比（%）
教育 （N=76）	健全儿童/青少年素质教育	38.2
	残障儿童/读写困难儿童教育	19.7
	弱势儿童（留守儿童、流动儿童、贫困儿童等）教育	18.4
	安全教育	3.9
	环境教育	3.9
	幼儿早教	2.6
	心理健康教育	2.6
	其他	10.5
社区发展 （N=48）	社区动员与社区参与	37.5
	绿色农业（有机农业、社区支持农业）	35.4
	社区治理	16.7
	其他	10.4
就业与技能 （N=45）	残障人士	66.7
	农民工	15.6
	大学生	6.7
	边缘人群（刑满释放人员、不良嗜好者、无家可归者、长期失业者、退伍军人等）	4.4
	全职妈妈	4.4
	少数民族	2.2
环境与能源 （N=35）	自然生态与生物多样性保护	37.1
	垃圾处理及循环利用	34.3
	动物保护	5.7
	污染治理	5.7
	新能源	5.7
	资源保护	2.9
	节能改造	2.9
	其他	5.7

续表

领域	具体表现	占比（%）
医疗与健康 （N＝28）	残障人士康复与治疗	32. 1
	慢性病与保健	7. 1
	心理治疗与咨询	7. 1
	罕见病防治	7. 1
	急救与安全防治	7. 1
	食品与用品安全	7. 1
	重大大病医疗救助	7. 1
	艾滋病防治	3. 6
	其他	21. 4
老年服务产业 （N＝24）	社区/居家养老服务	54. 2
	老年服务信息平台	20. 8
	机构养老（养老院）	8. 3
	适老化产品	8. 3
	精神文化服务	8. 3
艺术文化与体育 （N＝17）	传统文化保护与传播	29. 4
	少数民族文化保护与传播	17. 6
	休闲、体育与健身	17. 6
	文化创意产业	17. 6
	其他	17. 6
社会照料 （N＝7）	残障人士	85. 7
	幼儿照料	14. 3
金融服务（N＝3）	小额信贷	100

资料来源：社企论坛（CSEIF）。

本次调查结果显示，目前社会企业的业务范围分布相对多元化。如图 2 - 15 所示，面向全国的社会企业接近半数（占 41.5%）；其次是在注册所在市开展业务的（占 16.2%）；其他的业务范围包括：在注册所在省（自治区、直辖市）（占 10.5%）、在注册所在区（县）开展业务（占 9.4%），以及通过互联网（地域不确定）（占 8.1%）。

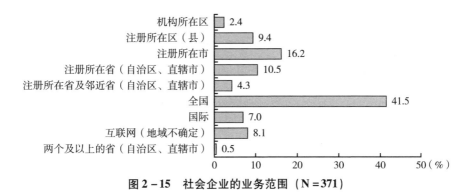

图 2 - 15   社会企业的业务范围（N = 371）

资料来源：社企论坛（CSEIF）。

如图 2 - 16 所示，以"儿童、青少年"为主要服务对象的社会企业最多（占 38.4%）；其次针对"一般公众"（占 36.1%）及"社区居民"（占 33.2%）服务的社会企业也相对较多；关注"残障人士"的社企也比较多（占 29.8%）；以"企业"（占 24.9%）、"政府部门"（占 24.3%）、"社会组织"（占 23.4%）为主要服务对象的社会企业也有不少。除此之外，老人、妇女、贫困人群等特殊群体亦是当前社会企业主要关注的对象。

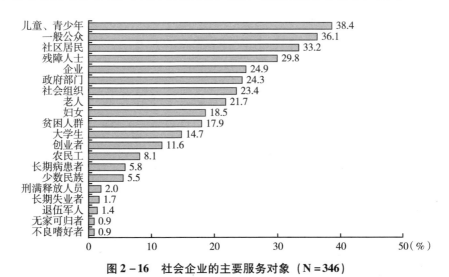

图 2 - 16   社会企业的主要服务对象（N = 346）

资料来源：社企论坛（CSEIF）。

如图2-17所示，367家社会企业的服务对象总量为11.98634063亿人次，其中服务对象人数最多的3家社会企业总和达到11.5亿人，均为互联网类机构。这类机构以网络为依托，为广泛的线上用户提供不同种类的产品或服务，例如网络APP筹款、在线教育、信息服务等，利用网络便捷快速的特点，获取了较大规模的客户数量和服务对象数量。其余的4800万服务对象分布在服务于各个领域的社会企业。例如养老、教育等。

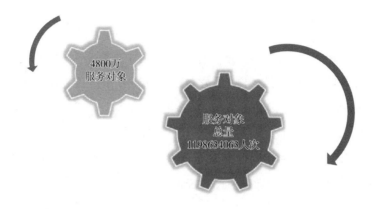

图2-17　社会企业的服务对象总量

资料来源：社企论坛（CSEIF）。

在所有被调研的社会企业中，有72.2%（268家）的社会企业将弱势群体（例如残障人士、长期病患者、贫困人群等特定人群）纳入服务范围，为105051273个弱势人员提供相应的服务（如图2-18所示）。其中有1家互联网类机构为1亿弱势人员提供信息无障碍服务，其余267家社会企业服务弱势群体的规模达5051273人。此外，调研还考察了社会企业市场经营活动客户群体中的弱势人群的规模，其中有40.4%（150家）的社会企业将弱势群体纳入市场经营的客户群体中，客户中大约有250万弱势人员；有35.3%（131家）的社会企业雇用弱势群体为受薪员工，受薪员工中弱势人员总量为2109人。

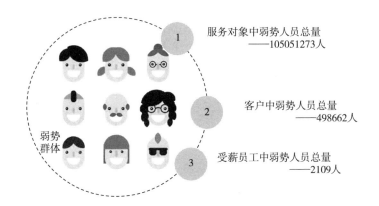

图 2 − 18　社会企业服务弱势群体情况

资料来源：社企论坛（CSEIF）。

总的来看，如图 2 − 19 所示，弱势群体数量在服务对象数量中的占比平均为 33.3%，在客户数量中的占比平均为 18.2%，在受薪员工数量中的占比平均为 13%。

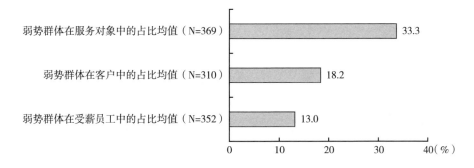

图 2 − 19　弱势群体在社会企业服务对象、客户、受薪员工中的占比均值

资料来源：社企论坛（CSEIF）。

目前社会企业利润分配规定主要有三种方式，"完全不限制利润分配"、"禁止利润分配"以及"限制利润分配"。如图 2 − 20 所示，多数社会企业具有禁止或限制利润分配的规定（占 61%）。其中，31.8% 的社会企业具有限制利润分配的规定，29.2% 的社会企业具有禁止利润分配的规定，完全不限制利润分配的社会企业占总体比例的 39%。

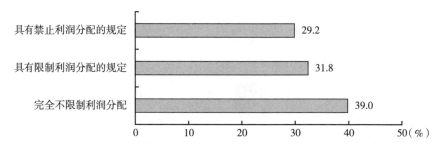

图 2 - 20　社会企业利润分配规定（N = 359）

资料来源：社企论坛（CSEIF）。

不同类型的社会企业在利润分配规定方面差异明显。如图 2 - 21 所示，在民政部门注册的社会企业中，超过半数的社会企业具有禁止利润分配的规定（占 62.1%），另有 20.7% 具有限制利润分配的规定，仅有 17.2% 完全不限制利润分配。在工商部门注册的社会企业中，仅有 12.6% 的社会企业具有禁止利润分配的规定，有 36.3% 具有限制利润分配的规定，半数以上完全不限制利润分配（占 51.1%）。

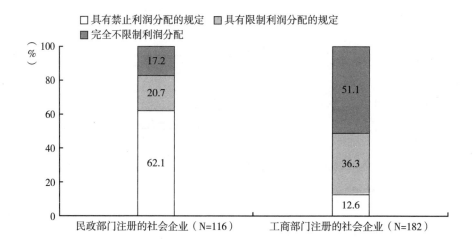

图 2 - 21　不同类型的社会企业关于利润分配的规定

注："工商部门注册的社会企业" 不含 "农民专业合作社" 和 "小额信贷公司"。
资料来源：社企论坛（CSEIF）。

不同成立年限的社会企业关于利润分配的规定各有差异。2007年及以前成立的社会企业利润分配规定分别为:"禁止利润分配"(占42.5%)、"完全不限制利润分配"(占37.5%)、"限制利润分配"(占20%);2008~2010年成立的社会企业利润分配规定分别为:"完全不限制利润分配"(占40.4%)、"限制利润分配"(占36.2%)、"禁止利润分配"(占23.4%);2011~2013年成立的社会企业利润分配规定分别为:"限制利润分配"(占36.5%)、"禁止利润分配"(占31.7%)、"完全不限制利润分配"(占31.7%);2014~2016年成立的社会企业利润分配规定分别为:"完全不限制利润分配"(占41.0%)、"限制利润分配"(占31.4%)、"禁止利润分配"(占27.6%);2017年及以后成立的社会企业利润分配规定分别为:"完全不限制利润分配"(占41.5%)、"限制利润分配"(占32.1%)、"禁止利润分配"(占26.4%)。

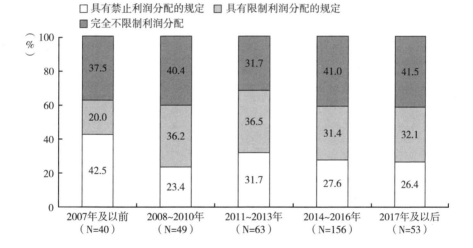

图2-22 不同成立年限的社会企业关于利润分配的规定

资料来源:社企论坛(CSEIF)。

如图2-23所示,社会企业的净利润分配方式比较统一,在2017年度实现盈余的社会企业中,将净利润用于"再投资于机构的事业"的社会企业数量最多,占比高达84.5%;采用"向机构的股东分配"方式的社会企业不多,占8.5%;而选择"向其他组织捐赠,用于实现某项社会/环境价值"以及"向创办机构的母体组织分配"的社会企业则更少，各占2.8%。还有8.5%的社会企业选择其他途径分配利润，例如向社员或会员分红。

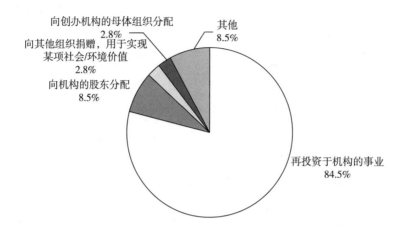

图2-23 2017年度社会企业的净利润分配方式（N=71）

资料来源：社企论坛（CSEIF）。

如图2-24所示，锁定资产（目的在于保障机构的资产用于实现组织使命而非私人利益）的社会企业数量较多（占55%），而没有锁定资产的则相对较少（占45%）。

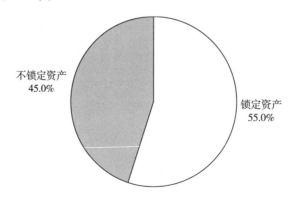

图2-24 社会企业是否锁定资产（N=371）

资料来源：社企论坛（CSEIF）。

如图 2 - 25 所示，参与调研的 84% 的社会企业社会绩效在 2017 年度皆呈增长趋势，16% 的社会企业社会绩效没有增长。

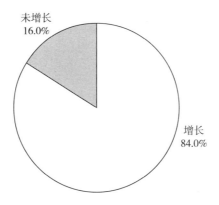

图 2 - 25　2017 年度社会企业社会绩效是否增长（N = 368）

资料来源：社企论坛（CSEIF）。

不同类型的社会企业的社会绩效表现差异不大。如图 2 - 26 所示，在民政部门注册的社会企业中，有 85.7% 在 2017 年度实现社会绩效增长，仅有 14.3% 在 2017 年度未能实现社会绩效增长。在工商部门注册的社会企业中，有 82.2% 在 2017 年度实现社会绩效增长，仅有 17.8% 在 2017 年度未能实现社会绩效增长。

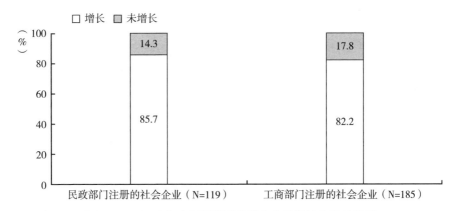

图 2 - 26　2017 年度不同类型的社会企业的社会绩效表现

注："工商部门注册的社会企业"不含"农民专业合作社"和"小额信贷公司"。

资料来源：社企论坛（CSEIF）。

如图 2 - 27 所示，衡量社会企业社会绩效是否增长的方式有很多种，其中，2017 年度最突出的表现是"服务对象总量增加"（占 79.9%）；"提供的产品/服务品质提高"（占 67.2%）以及"提供的产品/服务类型增加"（占 67.2%）两种表现也比较常见；此外，"客户总量增加"（占 63.6%）、"员工人数增加"（占 50.3%）也是显著标志之一；与此同时，属于"弱势人群"的服务对象、员工或客户数量的增长也是社会绩效增长的表现。

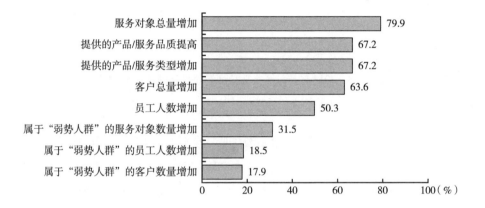

图 2 - 27　2017 年度社会企业社会绩效增长的具体表现（N = 308）

资料来源：社企论坛（CSEIF）。

（三）规模与增长

组织自身具有造血能力从而实现财务可持续性是社会企业区别于传统非营利组织的典型特征之一。社会企业实现持续增长和规模扩张取决于能兼顾商业运营（以效率、竞争力、可赢利性等指标评价）和社会使命（以合法性、参与性、影响力等指标评价）。[1]

---

[1] Yu, Xiaomin, "Social Entrepreneurship in China's Nonprofit Sector: The Case of Innovative Participation of Civil Society in Post-Disaster Reconstruction", *China Perspectives*, 2016, 3: 53 - 61.

本次社会企业调研围绕社会企业的规模与增长，就社会企业的收入总额、客户总量、资产总额、受薪员工总量、融资总额、收入变化趋势、财务状况、财务绩效增长等问题收集了数据，主要调查研究发现在本节中集中呈现。

在英国等社会企业发展活跃的国家，社会企业已经成为中小企业（SMEs）行业的重要组成部分，并且在增收、创新等方面实现了优于主流中小企业的商业业绩。[①] 在我国，党的十八大以来，中小企业迎来发展的"黄金时代"，中小企业数量快速增长，资产规模、收入规模、就业吸纳量持续提升，中小企业早已成为我国经济社会发展的重要力量[②]，在发展经济、促进就业、改善民生、推动创新等方面发挥重要作用，是市场经济主体中数量最大、最具活力的经济组织。[③] 截至 2017 年底，全国实有各类市场主体9814.8 万户，其中企业 3033.7 万户，中小企业占比 99.7%。[④] 本次中国社企调查数据显示，目前我国社会企业正在发展成为中小企业行业的生力军。从年度收入总额、资产总额、融资总额等多重指标来看，多数社会企业属于中小型组织。而从受薪员工数量来看，多数社会企业属于小微型组织。

如图 2-28 所示，社会企业 2017 年度收入总额的差距较大。收入总额在101 万~1000 万元的社会企业数量最多（占 41.6%）；收入总额在 11 万~100 万元的社会企业数量次之（占 37.5%）；收入总额在 10 万元及以下和1001 万~10000 万元的社会企业数量较少（分别占 14.4% 和 6.3%）；收入总额在 10001 万元及以上的社会企业数量最少（仅占 0.3%）。

不同类型的社会企业在收入总额均值方面的差异非常显著。如图 2-

---

① Social enterprise UK, *The Future of Business: State of Social Enterprise Survey 2017*, 2017, pp. 4, 6.
② 李子彬、郑文堂主编《中国中小企业 2018 蓝皮书——民营企业投资状况分析及对策建议》，经济管理出版社，2018，第 4 页。
③ 任兴磊、李献平、吴传勇：《分析与展望：2017—2018 中国中小微企业生存与发展报告》，中国经济出版社，2018，第 58 页。
④ 李子彬、郑文堂主编《中国中小企业 2018 蓝皮书——民营企业投资状况分析及对策建议》，经济管理出版社，2018，第 5 页。

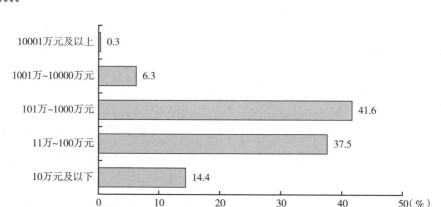

图 2 - 28　2017 年度社会企业收入总额（N = 320）

资料来源：社企论坛（CSEIF）。

29 所示，民政部门注册的社会企业在 2017 年度的收入总额均值仅为 175 万元，但是工商部门注册的社会企业在 2017 年度的收入总额均值高达 809 万元。

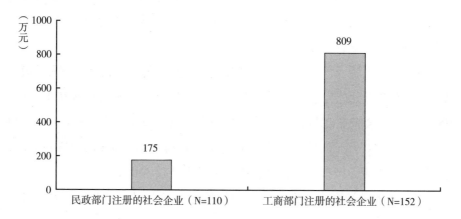

图 2 - 29　2017 年度不同类型的社会企业的收入总额

注："工商部门注册的社会企业"不含"农民专业合作社"和"小额信贷公司"。

资料来源：社企论坛（CSEIF）。

不同成立年限的社会企业的收入总额（中位数）存在显著差异。2007 年及以前、2008 ~ 2010 年、2011 ~ 2013 年、2014 ~ 2016 年、2017 年及以后成立的社会企业的收入总额（中位数）分别为289万元、260万元、150万元、74万元、14万元，整体而言，收入总额和经营时间呈正比（见图2-30）。

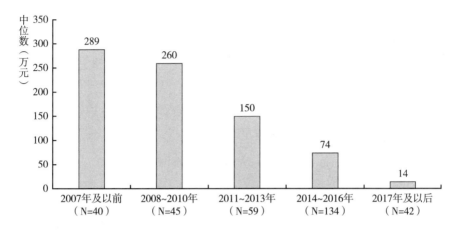

图2-30　不同成立年限的社会企业的收入总额（中位数）

资料来源：社企论坛（CSEIF）。

如图2-31所示，社会企业2017年度的客户总量差异显著。客户总量超过10000人的社会企业占19.7%，客户总量为1001~10000人的社会企业占24.1%，为101~1000人的占25.7%，为11~100人的占17.8%，客户总量仅10人及以下的社会企业占12.7%。

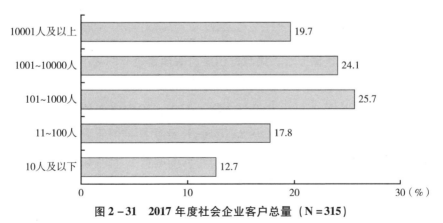

图2-31　2017年度社会企业客户总量（N=315）

资料来源：社企论坛（CSEIF）。

如图 2 - 32 所示，绝大部分的社会企业的资产总额和负债总额都在10000 万元以下。资产方面，资产总额为 11 万~100 万元的最多（占36.5%），为 101 万~1000 万元的次之（占31.1%），资产总额为 10 万元及以下的社会企业占 20.8%，为 1001 万~10000 万元的占 10.7%，超过10000 万元的最少（仅占 0.9%）。负债方面，超过半数的社会企业的负债总额在 10 万元及以下（占 54%），11 万~100 万元的占 24.4%，101 万~1000 万元的占 17.3%，1001 万~10000 万元的占 3.4%，负债额超过10000万元的社会企业数量最少，仅占 0.9%。

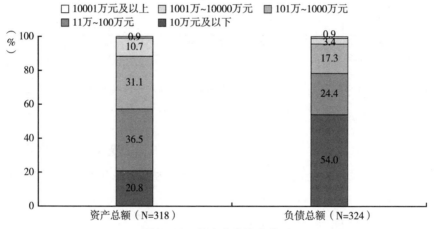

图 2 - 32　社会企业资产状况

资料来源：社企论坛（CSEIF）。

本次社企调研数据显示，民政部门注册的社会企业的资产规模与传统社会组织趋同。民政部《2017 年社会服务发展统计公报》显示，截至 2017 年底，全国共有社会服务机构和设施 182.1 万个，固定资产原价 5434.8 亿，社会服务机构固定资产均值为 29.85 万元。[①] 此次社企调研数据显示，作为社会组织在民政部门注册的社会企业，其资产规模（中位数）为 28 万元，非常接近社会服务机构的平均资产规模。

---

① 民政部：《2017 年社会服务发展统计公报》，2018，http：//www.mca.gov.cn/article/sj/tjgb/201808/20180800010446.shtml。

不同类型的社会企业的资产总额（中位数）存在显著差异。如图 2-33 所示，民政部门注册的社会企业资产总额（中位数）仅为 28 万元，而工商部门注册的社会企业资产总额（中位数）为 107 万元。

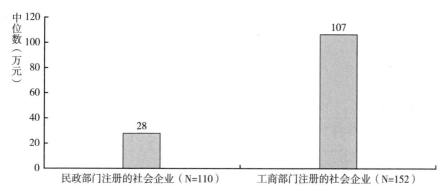

图 2-33　不同类型的社会企业的资产总额（中位数）

注："工商部门注册的社会企业"不含"农民专业合作社"和"小额信贷公司"。
资料来源：社企论坛（CSEIF）。

不同成立年限的社会企业的资产总额（中位数）存在显著差异，但趋势是年限越长，资产总额越高。如图 2-34 所示，2007 年及以前成立的社会企业的资产总额（中位数）高达 248 万元，2008~2010 年成立的社会企业的资产总额（中位数）为 183 万元，2011~2013 年成立的为 100 万元，2014~2016 年成立的为 76 万元，2017 年及以后成立的为 16 万元。

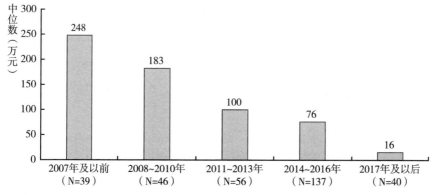

图 2-34　不同成立年限的社会企业的资产总额（中位数）

资料来源：社企论坛（CSEIF）。

社会企业受薪员工总数大多数在 100 人以下，如图 2－35 所示。受薪员工总数在 10 人以下的社会企业最多（占 53.4%）；11～100 人的次之（占 40.1%）；101～1000 人的较少（占 6%）；1001～10000 人的最少（占 0.5%）；没有 1 家社会企业受薪员工总数超过 10000 人。

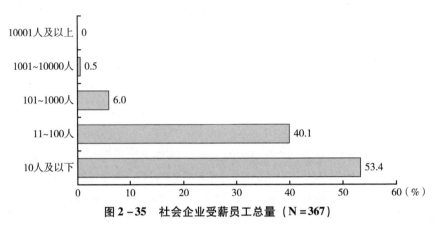

图 2－35 社会企业受薪员工总量（N＝367）

资料来源：社企论坛（CSEIF）。

本次社企调研数据显示，社会企业的受薪员工规模与小微企业和非营利性社会组织趋同。一方面，小微企业作为我国市场经济主体中的主力军，在促进就业方面发挥着重要作用。小微企业已经解决我国 1.5 亿人口的就业，我国新增就业和再就业人口的 70% 以上集中在小微企业。[①] 据国家统计局抽样调查数据表明，平均每户小型企业能带动 8 人就业，每户个体工商户能带动 2.8 人就业。[②] 另一方面，民政部《2017 年社会服务发展统计公报》显示，截至 2017 年底，全国共有社会服务机构和设施 182.1 万个，职工总数 1355.8 万人，社会服务机构人均职员数位 7.45 人。[③] 此次调研数据反映的

[①] 国家工商行政管理总局：《全国小型微型企业发展情况报告（摘要）》，2014，http://home.saic.gov.cn/sj/tjsj/201403/t20140331_215168.html。

[②] 任兴磊、李献平、杲传勇：《分析与展望：2017—2018 中国中小微企业生存与发展报告》，中国经济出版社，2018，第 62 页。

[③] 民政部：《2017 年社会服务发展统计公报》，2018，http://www.mca.gov.cn/article/sj/tjgb/201808/20180800010446.shtml。

社会企业受薪员工规模（中位数）为 7～10 人，接近小微企业和社会服务机构的平均就业规模。

民政部门注册的社会企业与工商部门注册的社会企业在员工规模上也有显著差异。由于调研对象在员工规模上面波动太大，因此本次调研采用中位数来描述员工规模的分布情况。如表 2－4 所示，根据两种不同注册类型的社会企业的受薪员工的中位数来看，民政部门注册的社会企业的受薪员工规模集中分布在 7 人左右，志愿者规模集中分布在 10 人左右。而工商部门注册的社会企业的受薪员工规模集中在 10 人左右，志愿者规模的中位数为 0。工商部门注册的社会企业与民政部门注册的社会企业相比较而言，较少依赖志愿者开展服务或活动，仅有 68 家工商部门注册的社会企业使用志愿者提供服务。根据劳动生产率测算，民政部门注册的社会企业的劳动生产率（中位数）约为 6.83，工商部门注册的社会企业劳动生产率约为 7.69。前者略低，但差异不大。

表 2－4　不同类型的社会企业的员工规模（中位数）及劳动生产率（均值）

单位：人

	受薪员工	志愿者	劳动生产率均值
民政部门注册的社会企业（N = 120）	7	10	6.83
工商部门注册的社会企业（N = 187）	10	0	7.69

注：劳动生产率均值＝收入总额/受薪员工总数。
　　"工商部门注册的社会企业"不含"农民专业合作社"和"小额信贷公司"。
资料来源：社企论坛（CSEIF）。

在融资总额①方面，社会企业多集中于中小额度（如图 2－36 所示）。累计融资总额在 11 万～100 万元的社会企业占 39.4%，101 万～1000 万元的占 28.3%，10 万元及以下的占 23.9%，1001 万～10000 万元的占 6.8%，10001 万元及以上的占 1.6%。

————————

① 这里的融资总额指创立时的原始资本与创立后获得的融资之和。

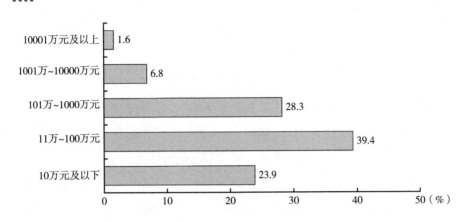

图 2 – 36　社会企业的融资总额（N = 322）

资料来源：社企论坛（CSEIF）。

不同类型的社会企业的融资总额（中位数）存在显著差异。如图 2 – 37 所示，民政部门注册的社会企业融资总额（中位数）仅为 23 万元，而工商部门注册的社会企业融资总额（中位数）为 100 万元。

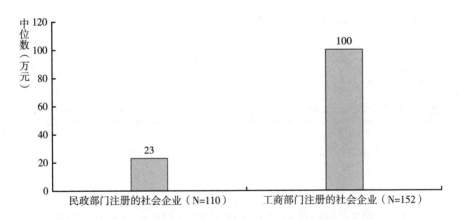

图 2 – 37　不同类型的社会企业的融资总额（中位数）

注："工商部门注册的社会企业"不含"农民专业合作社"和"小额信贷公司"。

资料来源：社企论坛（CSEIF）。

不同成立年限的社会企业的融资总额（中位数）也存在差异。如图 2 – 38 所示，2007 年及以前成立的社会企业和 2008～2010 年成立的社会企业的融资

总额（中位数）都是 100 万元，2011～2013 年成立的为 71 万元，2014～
2016 年成立的为 60 万元，2017 年及以后成立的仅为 20 万元。

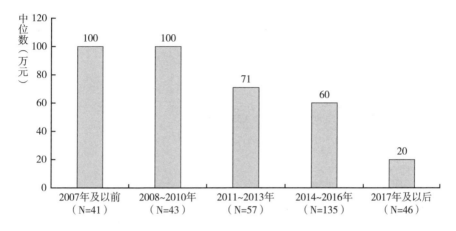

图 2 - 38　不同成立年限的社会企业的融资总额（中位数）

资料来源：社企论坛（CSEIF）。

与 2016 年相比，社会企业 2017 年收入变化的整体情况较为乐观（如图
2 - 39 所示）。64.6% 的社会企业收入增加，20.7% 的社会企业收入与 2016
年持平，仅有 14.7% 的社会企业 2017 年较 2016 年降低。

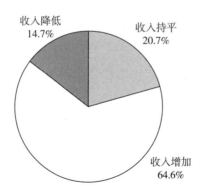

图 2 - 39　社会企业的收入变化趋势（N = 285）

资料来源：社企论坛（CSEIF）。

不同类型的社会企业的收入变化趋势大体相同。如图 2－40 所示，在民政部门注册的社会企业中，超过半数的社会企业在 2017 年实现收入增加（占 53%），有 25% 的在 2017 年收入持平，有 22% 的 2017 年收入相比 2016 年降低。在工商部门注册的社会企业中，超过半数的社会企业在 2017 年实现收入增加（占 68.5%），有 19.2% 的在 2017 年收入持平，仅有 12.3% 的 2017 年收入相比 2016 年降低。

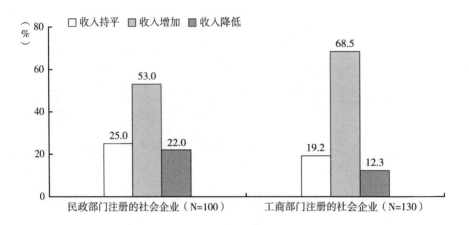

图 2－40　不同类型的社会企业的收入变化趋势

注："工商部门注册的社会企业"不含"农民专业合作社"和"小额信贷公司"。
资料来源：社企论坛（CSEIF）。

图 2－41 反映了社会企业在 2017 年的财务状况。有 43.2% 的社会企业在 2017 年出现财务亏损，36.2% 的社会企业实现了财务收支平衡，20.5% 的社会企业实现了财务盈余。

与我国中小企业相比，社会企业的财务状况有待提高。《分析与展望：2017—2018 中国中小微企业生存与发展报告》中，研究者发现有 1/3 的中小企业利润率为 10% ~ 15%。[①] 此次社企调研数据显示，仅有 20.5%（76家）的社会企业实现了财务盈余，整体而言财务状况有待改善。

----

①　任兴磊、李献平、呆传勇：《分析与展望：2017—2018 中国中小微企业生存与发展报告》，中国经济出版社，2018，第 106 页。

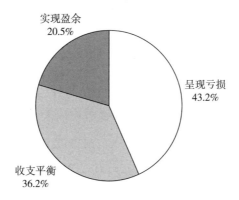

图 2 - 41   2017 年社会企业的财务状况（N = 370）

资料来源：社企论坛（CSEIF）。

不同类型社会企业的财务状况如图 2 - 42 所示，在民政部门注册的社会企业中，超过半数的社会企业达到收支平衡（占 53.3%），30% 的社会企业呈现亏损，仅有 16.7% 的社会企业实现盈余。而在工商部门注册的社会企业中，实现财务收支平衡的社会企业数量占 24.7%，超过半数的社会企业呈现亏损（占 59.1%），仅有 16.1% 的社会企业实现盈余。

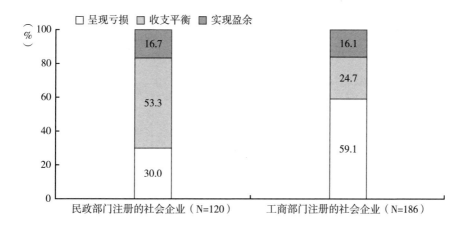

图 2 - 42   不同类型的社会企业的财务状况

注："工商部门注册的社会企业"不含"农民专业合作社"和"小额信贷公司"。

资料来源：社企论坛（CSEIF）。

不同成立年限的社会企业的财务状况不同，但总体趋势是随着企业年限的增加，实现盈余的概率增加，亏损的概率减少。如图 2－43 所示，2007年及以前成立的社会企业中有 31% 呈现亏损，有 35.7% 实现财务收支平衡，有 33.3% 实现了盈余；2008～2010 年成立的社会企业中出现亏损的占30.6%，财务收支平衡的占 34.7%，实现盈余的占 34.7%；2011～2013 年成立的社会企业中出现亏损的占 35.8%，财务收支平衡的占 41.8%，实现盈余的占 22.4%；2014～2016 年成立的社会企业中呈现亏损的占 50.3%，实现财务收支平衡的占 34%，实现盈余的占 15.7%；2017 年及以后成立的社会企业中呈现亏损的占 52.8%，财务收支平衡的占 37.7%，仅 9.4% 的社会企业实现盈余。

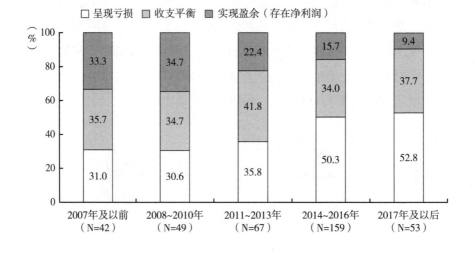

图 2－43　不同成立年限的社会企业的财务状况

资料来源：社企论坛（CSEIF）。

　　如图 2－44 所示，与 2016 年相比，近七成的社会企业在 2017 年财务绩效上升（占比 68.5%）；31.5% 的社会企业在 2017 年的财务绩效没有增长。

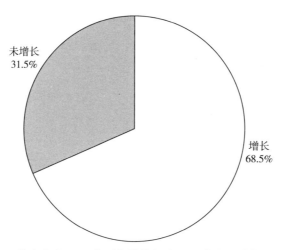

图 2 - 44　社会企业 2017 年财务绩效相比 2016 年是否增长（N = 368）

资料来源：社企论坛（CSEIF）。

不同类型的社会企业在财务绩效上均呈现良好的情况。如图 2 - 45 所示，在民政部门注册的社会企业中，68.9% 的社会企业的财务绩效实现增长，31.1% 未能实现财务绩效增长。在工商部门注册的社会企业中，65.6% 的社会企业的财务绩效实现增长，34.4% 未能实现增长。

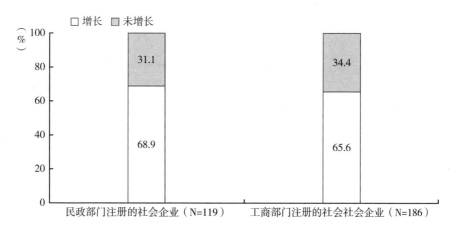

图 2 - 45　不同类型的社会企业的财务绩效情况

注：“工商部门注册的社会企业”不含“农民专业合作社”和“小额信贷公司”。

资料来源：社企论坛（CSEIF）。

深入分析企业财务绩效增长的具体表现（如图 2 - 46 所示）可以发现，企业的财务绩效增长缘于多方面的原因，具体表现为"总收入增加"（占 66.3%），"市场经营收入额增加"（占 53.2%），"总资产增加"（占 52%），"收入类型多样化"（占 51.2%），"总负债降低"（占 13.1%），"总成本降低"（占 9.5%）。

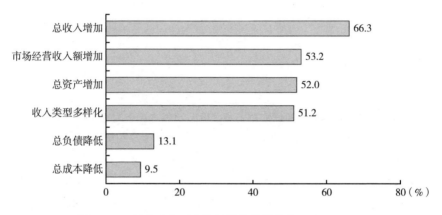

图 2 - 46 社会企业财务绩效增长的具体表现（N = 252）

资料来源：社企论坛（CSEIF）。

（四）融资情况

作为以商业手段实现社会使命的事业体，社会企业的融资需求通常具有以下关注点：组织的能力建设、社会影响力的长期战略以及商业模式的可持续性。尽管上述社会企业的融资需求符合目前主流投资界的投资取向，但是社会企业的主要融资渠道定位于那些愿意牺牲一定财务回报用于实现可持续社会影响力的社会投资者[1]。具体说来，社会企业的融资方式多种多样，包括传统慈善捐赠、社会责任投资基金、风险投资、商业银行贷款的多种形式，其差异主要体现在两个维度上，即投资风险耐受程度（由强及弱渐变）

---

[1] Jessica Shortall and Kim Alter, *Introduction to Understanding and Accessing Social Investment*: *A Brief Guide for Social Entrepreneurs and Development Practitioners*, 2009, p. 4.

和投资目标（由纯粹社会影响力向纯粹财务回报渐变）。①

本次社会企业调研围绕社会企业的融资情况，就社会企业的融资总额、融资形式、融资来源等问题收集了数据，主要调查研究发现在本节集中呈现。

社会企业融资总额总体偏低。如上文所述，39.4%的社会企业累计的融资总额为11万~100万元，28.3%为101万~1000万元，23.9%为10万元及以下投资，6.8%为1001万~10000万元，仅1.6%的融资总额达到10001万元及以上。

从融资形式来看，如图2-47所示，股权投资是占比最大的融资形式，超过半数（占56.4%）；慈善型捐助或拨款仅次于股权投资，成为第二大融资方式（占31.4%）；其次为投资型捐助（投资用于支持组织的成长而非某个项目）（占9.3%），而采用无息贷款（占2%）、有抵押有担保贷款（占1.2%）以及无抵押无担保低息贷款（占0.9%）三种方式的则相对较少。

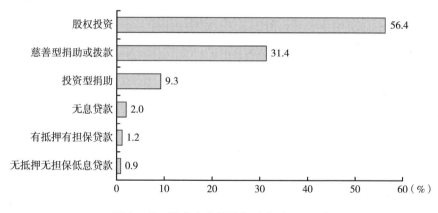

图2-47 社会企业的融资形式（N=344）

资料来源：社企论坛（CSEIF）。

社会企业在创立时或者实现社会企业转型时的原始资本的渠道，如图2-48所示，来自个人的比重最高（占86.1%），其次为企业投资（占23.4%）

---

① Jessica Shortall and Kim Alter, *Introduction to Understanding and Accessing Social Investment：A Brief Guide for Social Entrepreneurs and Development Practitioners*, 2009, p. 5.

和社会组织投资（占22.8%）；来自政府部门（占12.2%）和众筹平台（占8.2%）的渠道比重不高；来源于商业创投机构（占4.9%）、社会投资机构（占5.7%）和商业银行（占3.6%）等途径的原始资本则相对较少。

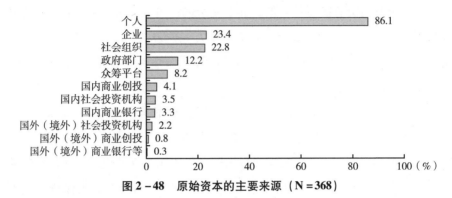

图2-48 原始资本的主要来源（N=368）

资料来源：社企论坛（CSEIF）。

而在社企创立后或者实现社企转型之后，成功获得融资的概率较低。如图2-49所示，45.6%的社会企业从未申请过外部投资，15.6%的社会企业申请过但未获得外部投资，仅有34.8%的社会企业申请过并成功获得外部投资，4%的社会企业正处于申请的过程中。

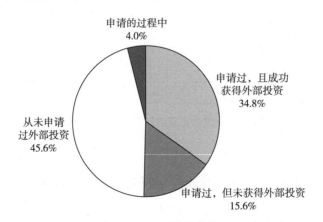

图2-49 社会企业创立后的融资情况（N=371）

资料来源：社企论坛（CSEIF）。

不同类型的社会企业创立后融资情况的比例分布大体相同（如图2-50所示）。在民政部门注册的社会企业中，从未申请过外部投资的社会企业数量最多（占55%），仅20%申请过且获得外部投资，有19.2%申请过但未获得，还有5.8%正处在申请的过程中。在工商部门注册的社会企业中，近半数的社会企业从未申请过外部投资（占46.5%），有26.7%申请且成功获得过外部投资，21.4%申请过但并未成功，5.3%正处在申请的过程中。

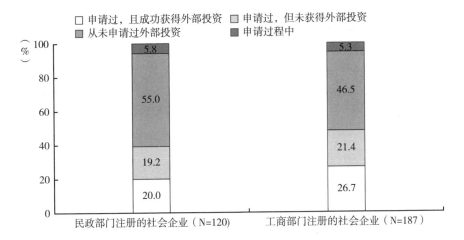

图2-50　不同类型的社会企业创立后的融资情况

注："工商部门注册的社会企业"不含"农民专业合作社"和"小额信贷公司"。
资料来源：社企论坛（CSEIF）。

不同成立年限的社会企业在创立后的融资情况差异不明显，但总体趋势是随着企业年限的增加获得外部投资的概率增加，申请失败的概率降低。如图2-51所示，2017年及以后成立的社会企业中，申请过且成功的占11.1%，申请过但未成功的占25.9%；2014~2016年成立的社会企业中，申请过且成功的占22%，申请过但未成功的占22.6%；2011~2013年成立的社会企业中，申请过且成功的占23.9%，申请过但未成功的占22.4%；2008~2010年成立的社会企业中，申请过且成功的社会企业占22.4%，申请过但未成功的占16.3%；2007年及以前成立的社会企业中，申请过且成功的占31%，申请过但未获得的占11.9%。

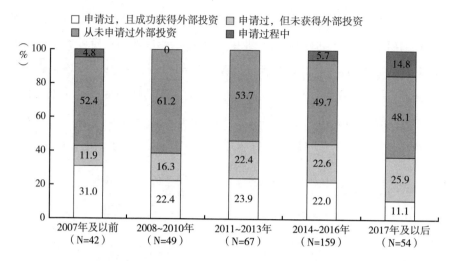

图 2 – 51　不同成立年限的社会企业创立后的融资情况

资料来源：社企论坛（CSEIF）。

如图 2 – 52 显示，本次调查发现，对于"创立后的融资总额"有 117 家社会企业提供了有效数据。其中 41.9% 的社会企业获得的融资为 11 万 ~ 100 万元，获得 101 万 ~ 1000 万元融资的社会企业占 34.2%；获得 10 万元及以下的占 13.7%；获得千万元以上融资的社会企业占 10.2%。

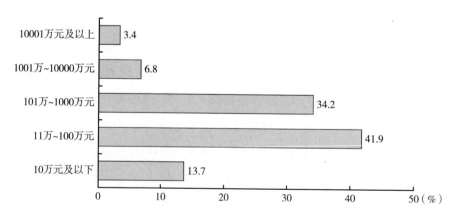

图 2 – 52　社会企业创立后获得的融资总额 （N = 117）

资料来源：社企论坛（CSEIF）。

不同类型社会企业在创立后的融资总额（中位数）存在显著差异。如图 2-53 所示，民政部门注册的社会企业的融资总额（中位数）仅为 43 万元，而工商部门注册的融资总额（中位数）为 179 万元。整体而言，后者撬动资本的能力更强。

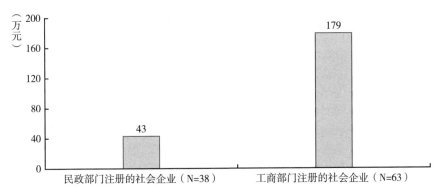

图 2-53　不同类型的社会企业创立后的融资总额（中位数）

注："工商部门注册的社会企业"不含"农民专业合作社"和"小额信贷公司"。
资料来源：社企论坛（CSEIF）。

如图 2-54 所示，社会企业创立后，融资的渠道有社会组织（占 44.4%），其次是个人（占 34.6%）和企业（占 30.9%），政府部门也占相当比例（占 27.2%）；而商业创投机构（占 18.5%）、众筹平台（占 12.3%）、新兴的社会投资机构（占 14.8%）和传统商业银行（占 3.7%）等其他途径则相对较少。

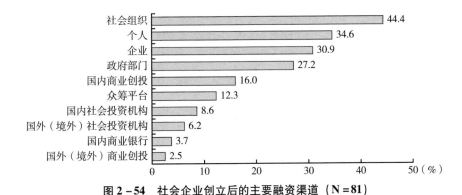

图 2-54　社会企业创立后的主要融资渠道（N=81）

资料来源：社企论坛（CSEIF）。

创立后，绝大多数从未申请或未成功实现融资的社会企业是需要外部投资的（占88.6%）。如图2-55所示，社会企业从未申请或未实现融资是多项原因导致的。其中，"缺乏获得合适投资的渠道"（占53.1%），以及"适合社会企业的外部投资机会太少"（占46.1%），是从未申请或未成功获得融资的主要原因。此外，社会企业"缺乏寻求投资的技能"（占36.7%）、"担心引入外部投资会影响机构的运营管理"（占28.6%）、"获得合适的投资时间成本过高"（占18.4%）等原因也是相对普遍的问题，整体来说，目前社会企业吸引融资仍面对较多困难。

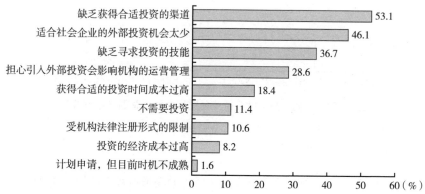

图2-55　社会企业创立后从未申请或从未获得融资的原因（N=245）

资料来源：社企论坛（CSEIF）。

（五）组织治理

在许多国家，尤其是西欧国家，民主治理是社会企业的典型特征。在社会企业的组织治理过程中，多元利益相关方（包括客户、服务对象、雇员、志愿者、投资者等主体）能够通过董事会、理事会等机构对社会企业的组织决策产生影响。这种由多元利益相关方民主参与的治理模式是保障社会企业商业目标与社会目标实现的重要机制。[1]

---

[1]　余晓敏：《社会企业的治理研究：国际比较与中国模式》，《经济社会体制比较》2012 第6期，第137~149页；Yu, Xiaomin, "The Governance of Social Enterprises in China", *Social Enterprise Journal*，2013，9（3）：225-246。

本次社会企业调研围绕社会企业的组织治理情况，就社会企业的会员大会或股东大会设立、理事会或董事会设立、理事会或董事会功能、决策部门、组织运营制度化建设、绩效评估等问题收集了数据，主要调查研究发现在本节集中呈现。

多数社会企业具备组织治理的基本制度框架。如图2-56所示，60.9%的社会企业设立了会员大会或股东大会，其中，37.7%的社会企业设立了股东大会，23.2%的社会企业设立了会员大会；但仍有39.1%的社会企业两种形式均未设立。

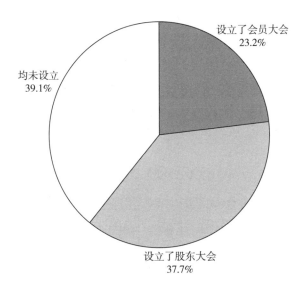

图2-56 社会企业是否设立了会员大会/股东大会（N=371）

资料来源：社企论坛（CSEIF）。

如图2-57所示，66.8%的社会企业设立了理事会或董事会，其中设立理事会的占43.9%，设立董事会的占22.9%；仍有33.2%的社会企业均未设立董事会或理事会。

由图2-58可以看出，在设立理事会或董事会的社会企业中，理事会或董事会实际发挥的功能比较多样化，包括决策重要事务、监督机构运营、获

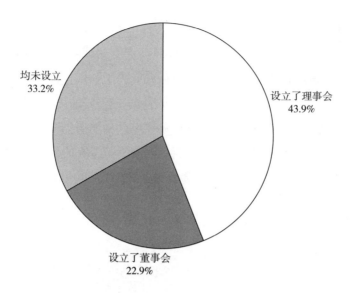

图 2 -57　社会企业是否设立了理事会/董事会 （N =371）

资料来源：社企论坛 （CSEIF）。

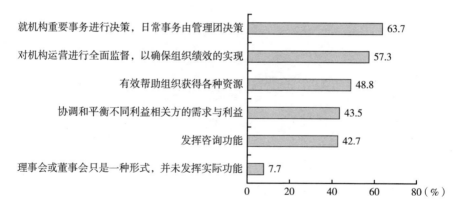

图 2 -58　社会企业理事会或董事会实际发挥的功能 （N =248）

资料来源：社企论坛 （CSEIF）。

取组织资源、协调和平衡各方利益以及咨询等。其中，63.7% 的社会企业的
理事会或董事会能实现 "就机构重要事务 （长期发展规划、人事任命等）
进行决策，日常事务由管理团队决策"；57.3% 的社会企业的理事会或董事

会能实现"对机构运营进行全面监督，以确保组织绩效的实现"；48.8%的理事会或董事会能实现"有效帮助组织获得各种资源"；43.5%的理事会或董事会"代表不同利益相关方参与决策，总体上协调和平衡不同利益相关方的需求与利益"；42.7%的董事会或理事会能实现"主要发挥咨询而非决策功能，负责机构日常运营的管理者（管理团队）是主要的决策部门"；仅有7.7%的理事会或董事会成为形式，并未发挥实际功能。

如图2-59所示，社会企业的决策权主要是掌握在理事会/董事会、机构日常运营管理者或管理团队手中。37.5%的社会企业的决策权由理事会/董事会掌握；30.5%的社会企业的决策权由负责机构日常运营的管理者或管理团队掌握；由机构创办者掌握的占17%；由成员大会掌握的占14.6%；由其他人员或团队（如决策委员会等）掌握的仅为0.5%。

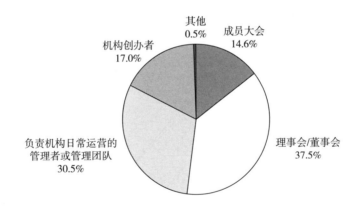

图2-59　社会企业重大事务的主要决策部门（N=371）

资料来源：社企论坛（CSEIF）。

绝大多数社会企业采取措施促进组织运营的制度化建设，如图2-60所示，主要包括："设定组织使命与愿景"（占84.1%）、"制定组织章程"（占76.3%）、"具体业务制定业务计划书"（占67.1%）。

如图2-61所示，社会企业普遍具有比较高的组织合法性，平均分都达到了4.2以上（满分5分）。分数由低到高是"组织运行充分实现了组织业务计划书所设定的具体目标"（4.22）、"组织运行充分实现了组织使命与愿

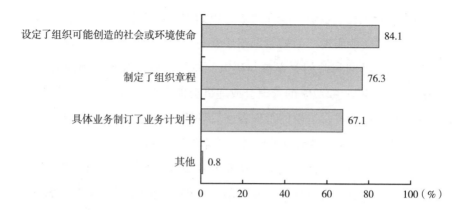

图 2-60　社会企业组织运营制度化建设采取的措施（N=371）

资料来源：社企论坛（CSEIF）。

景"（4.49）、"组织运行符合组织章程中的各项规定"（4.58）、"组织运行符合国家和地方的相关法律、法规、政策"（4.65）。

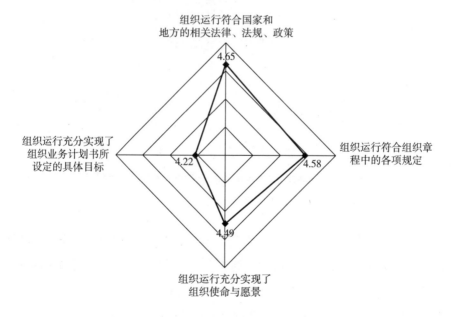

图 2-61　社会企业组织合法性建设（N=359）

注：1=完全不符合；2=不太符合；3=说不清；4=比较符合；5=完全符合。

资料来源：社企论坛（CSEIF）。

　　绝大多数社会企业对组织运营的绩效进行评估。如图 2 - 62 所示，对组织财务绩效进行定期评估的社会企业数量最多（占 63.5%）；61.6% 的社会企业会对组织社会绩效进行定期评估；也有 26.4% 的社会企业会对环境绩效进行定期评估；仍有 24% 的社会企业没有定期对组织运营所产生的财务、社会、环境绩效进行评估。

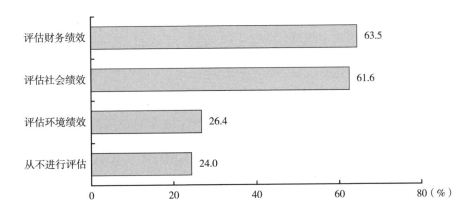

图 2 - 62　社会企业绩效评估情况（N = 367）

资料来源：社企论坛（CSEIF）。

　　关于社会绩效评估方法，调查显示，不同社会企业有很大差异性，如图 2 - 63 所示，有一半以上的社会企业会采用本机构或项目的特定评估方法（占 57.5%）；22.3% 的社会企业采用民政部门社会组织等级评估；19.2% 的社会企业采用中国慈展会发布的社企认证体系；10.8% 的社会企业采用社会投资回报（SROI）评估方法。其他被采用的评估方法及工具包括：联合国 17 项可持续发展目标（SDGS）（占 8.7%）、国际通用的社会企业评估框架（占 4.9%）、国际共益企业认证体系（BIA）（占 3.5%）、小额信贷行业国际认可的评级（占 0.7%）、联合国负责任投资原则（UNPRI）（占 0.7%）和公平贸易年度审计（占 0.7%）。有 15% 的社会企业未采用任何评估工具。

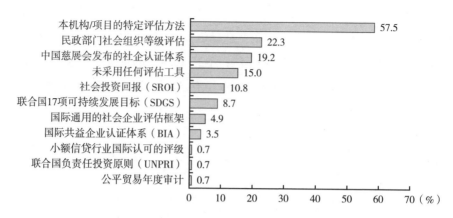

图 2 - 63　社会企业的社会绩效评估方法及工具（N = 287）

资料来源：社企论坛（CSEIF）。

（六）社会企业支持体系

社会企业蓬勃发展不仅取决于其内生动力，而且取决于其外部支持体系的发展程度。社会企业的外部支持体系植根于政府、市场、社会部门，由投资者、消费者、政府部门、员工、会员、志愿者、服务对象、同业机构、竞争者、媒体、公众、支持机构、研究机构等利益相关方组成，为社会企业提供金融、人力、知识等各种资源。社会企业需要充分识别、密切关注不同利益相关方的需要，并积极与其开展交流与合作，从而为促进组织的发展和社会使命的实现有效动员资源。[1]

本次社会企业调研围绕社会企业支持体系，就社会企业的利益相关方，社会企业支持体系的发展状态，政府、投资者、支持机构等重要利益相关方为促进社企发展未来可采取的措施等问题收集了数据，主要调查研究发现在本节集中呈现。

此次调研考察了社会企业认为与自身发展的利益相关者有哪些，并对其

---

[1] Yu, Xiaomin, "Social Entrepreneurship in China's Nonprofit Sector: The Case of Innovative Participation of Civil Society in Post-Disaster Reconstruction", *China Perspectives*, 2016, 3: 53 -61.

重要性做出评价。如图 2-64 所示，社会企业发展的利益相关者众多，涉及生产服务链中的各个环节。投资者（2.69）、消费者（2.59）、服务对象（2.55）、员工（2.44）这些在生产环节中的核心要素对于社会企业的发展十分重要。其次还有一些重要的支持性角色也被认为对社会企业的发展起到特别重要的作用，例如政府部门（2.44）、支持机构（2.34）、公众（2.31）、媒体（2.24）等利益相关者。然而多数社会企业认为竞争者（1.97）、同业机构（1.95）和志愿者（1.93）对于社会企业的发展不如其他利益相关者重要。

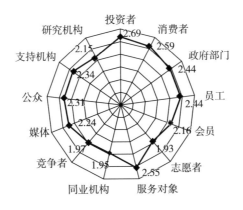

图 2-64　社会企业评价的利益相关者的重要性（N=210）

注：1=有些重要；2=比较重要；3=非常重要。

资料来源：社企论坛（CSEIF）。

从社会企业支持体系的发展状态和健全程度来看（见图 2-65），调研机构普遍认为社会企业的 6 类主体发展均比较薄弱，各类的平均得分仅有 2.75。其中员工与志愿者（能够为社会企业的发展提供充足的、适用的人力资源）和消费者（认可道德/可持续消费的理念，并转化为持续的购买行为）是 6 种主体中发展状态较好的利益相关者，分别得分 2.98 和 2.84。调研对象普遍认为目前政府部门（通过法律、政策、财税、政府购买等多种政策工具支持社会企业的发展）的支持力度最为薄弱（2.54），缺乏相关政策和制度的倡导和规范。其他主体例如公众与媒体（为社会企业发展提供良好的社会基础和舆论环境，并通过多种间接方式支持社会企业发展）、支持机构（为社会企业发展提供资金、智力资本、社会资本等多方面的支持）、投资者（能够为社会企业发展提供充足且类型丰富的资金支持）的发展也不尽人意。社会企业家迫切需要完善和增强各类支持主体的建设，为社会企业提供有力的支持性宏观环境和行业环境。

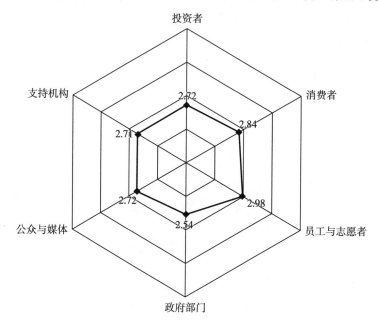

图 2 - 65　社会企业支持体系中各类主体的发展状态（N = 370）

注：1 = 缺失；2 = 比较薄弱；3 = 一般；4 = 比较健全；5 = 非常健全
资料来源：社企论坛（CSEIF）。

绝大多数（占 95.4%）社会企业认为，政府部门可以从多方面着力支持社会企业在中国的发展。如图 2 - 66 所示，政府部门可以建立专项政府基金为社会企业提供资金支持（启动资金、贷款、公益创投等）（占83.5%）、出台相关法律、法规、政策促进社会企业的发展（占 83%）。社会企业也普遍希望获得更多的实际优惠，例如给予适当的税收优惠（占78.6%）、在政府采购项目（包括政府购买公共服务）中优先考虑社会企业（占 76.8%）等等。此外，社会企业还希望通过政府的宣传，扩大公众对社会企业的认知度（占 74.1%）；设立社会企业支持平台，为社会企业提供孵化、投融资等支持服务（占 73.8%）；明确社会企业的政府主管部门（占 58.6%）。

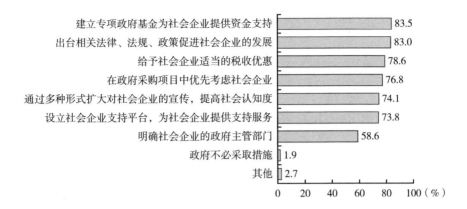

图 2 - 66　社会企业认为政府未来可采取的措施（N = 370）

资料来源：社企论坛（CSEIF）。

　　绝大多数（占 95.7%）社会企业希望投资者未来可以采取措施支持社会企业的发展。具体来说，在对投资者的期望中（见图 2 - 67），社会企业表示，投资者提供更多符合需要的投资形式是最有力的措施（占 89.5%）。其次，除了直接的资金支持，还希望获得来自投资者的增值服务，例如在投资过程中协助投资对象提升市场运营能力，改善经济、社会、环境绩效（占 78.4%）。此外还有对投资过程管理的规范性提出了要求：提升投资筛

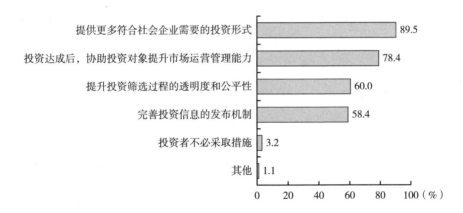

图 2 - 67　社会企业认为投资者未来可采取的措施（N = 370）

资料来源：社企论坛（CSEIF）。

选过程的透明度和公平性（占60%）、完善投资信息的发布机制（占58.4%）。

绝大多数（占99.7%）社会企业表示（见图2-68），支持机构未来可以从平台搭建、组织能力建设、公众倡导和政策倡导等方面给予社会企业全方位的支持。其中比较重要的措施有：在社会企业与投资机构（占79.6%）

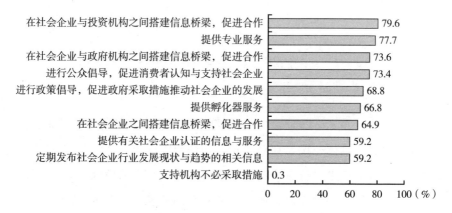

图2-68　社会企业认为支持机构未来可采取的措施（N=368）

资料来源：社企论坛（CSEIF）。

或与政府机构（占73.6%）之间搭建信息桥梁，促进合作；提供专业的支持性服务（例如财务、融资与运营、人力资源），提升社会企业的运营能力（占77.7%）；进行公众倡导，提高消费者对社会企业的认知度（占73.4%）；进行政策倡导，促进政府采取措施推动社会企业的发展（占68.8%）；提供孵化器服务（占66.8%）；在社会企业之间搭建信息桥梁，促进合作（占64.9%）；提供有关社会企业认证的信息与服务（占59.2%）以及定期发布社会企业行业发展现状与趋势的相关信息（占59.2%）。

四　结论

过去十多年间，社会企业在我国蓬勃发展，逐渐成为解决贫困、医疗、教育、养老、环保、就业、社区发展、社会照料等多种社会问题的重要角色。作为社会企业行业发展的引领者和推动者，中国社会企业与影响力投资论坛组织开展了此次社会企业问卷调查，就组织概况、市场运营、绩效评估、融资情况、组织治理、支持体系等有关社会企业行业发展的重要问题全面收集了数据。

在组织概况方面，多数社会企业处于组织发展的初创期，社会企业的组织类型呈现多样化。

在市场运营方面，大多数的社会企业采取市场化运营模式，市场结构呈现多元状态，销售渠道充分体现了社会资本和互联网的商业价值，绝大多数社会企业的主要收入来源是自营收入，但社会企业在 7 个方面的商业运营能力评价总体平均得分偏低。

在使命与价值方面，社会企业在广泛的社会与环境领域实现其社会使命，相当比例的社会企业直接或间接服务各类社会弱势人群，充分发挥了社会企业的社会价值，多数社会企业具有禁止或限制利润分配的规定，绝大多数社会企业的净利润分配方式具备明确的"非营利"属性，并且社会绩效在 2017 年度呈现增长趋势。

在规模与增长方面，从年度收入总额、资产总额、融资总额等指标来看，多数社会企业属于中小型组织；从受薪员工数量来看，多数社会企业属于小微型组织；多数社会企业处于健康的财务状况，并且财务绩效在 2017 年度呈现增长趋势。

在融资情况方面，绝大多数社会企业的原始资本主要来自社会企业家个人；创立后，社会企业融资的成功概率偏低且融资规模有限，商业创投机构、新兴的社会投资机构和传统的商业银行均未成为我国社会企业的主要融资来源。

在组织治理方面，多数社会企业具备组织治理的基本制度框架，绝大多数社会企业采取措施促进组织运营的制度化建设，并对组织运营的绩效进行了定期评估。

在支持体系方面，社会企业支持体系中各类主体的发展状态普遍处于薄弱状态，绝大多数社会企业希望政府部门、投资机构、支持机构未来能够采取更多措施促进社会企业发展。

展望未来，我国社会企业的发展，不仅需要提升社会企业主体的内生动力，而且需要完善社会企业的外部支持体系。在社会企业主体的内生动力方面，社会企业主体需要不断提升自身的市场运营能力。在社会企业的外部支持体系方面，各类投资机构应充分认知社会企业独特的投资价值，为社会企业提供更多的投资机会与多样的投资形式；建议政府部门优化社会企业运营的制度环境，在金融、财税、创业、产业、就业、公共服务体系建设等多方面加大对社会企业发展的政策支持，保障既有支持政策的有效实施；建议社会企业支持机构更好地发挥桥梁作用，积极促进社会企业与投资机构和政府部门合作，广泛开展相关公众倡导和政策倡导活动，为社会企业的行业发展创造优质的政策和社会环境。

社会投资调研报告

一 概述

（一）调研背景、内容和报告结构

随着社会问题的增多，社会企业面临着稳定资金短缺、能力建设不足、伙伴关系缺乏等诸多挑战，由此催生出社会投资（Social Investment）这一新兴行业。社会投资是指通过提供和使用资金，产生积极社会影响力和一定财务回报的做法。社会投资具有两个基本特征：一是强调社会影响力优先，这与强调财务回报优先的商业投资具有本质区别；二是在一定程度上具有财务回报的预期，这与只强调社会影响力的慈善捐赠也有所不同。由此可见，社会投资是介于商业投资和慈善捐赠之间，兼具二者部分特性的创新方式。

社会投资涵盖范围宽广，利益相关者众多。根据我国的实际情况，本次社会投资调研的内容包括两大部分。第一，针对多类社会投资机构进行问卷调查和访谈，依托一手数据形成调查子报告，以深入揭示社会投资机构的发展现状；第二，针对绿色金融、政府和社会资本合作模式（Public-Private Partnership，PPP）两个专题进行桌面研究，依托二手数据形成专题研究子报告，为社会投资全行业分析补充两个重要视角。后两个专题领域均依托政府机构作为顶层设计者的角色，其中，绿色金融关注政府引导资金流投入环境保护、节能减排、资源循环利用等相关企业或项目，同时降低对环境产生负面效应的企业投资，促进环保和经济社会的可持续发展；PPP关注政府鼓励私人资本和民营资本参与合作，协同进行基础设施建设和公共服务供给，旨在创造积极的社会和环境影响力，具有社会投资的核心属性，是政府参与社会投资的主要模式之一。

基于此，本报告共包括 6 部分内容，在本节的报告概览之后，2~4 小节是分别针对受访基金会、政府类社会投资机构（简称政府类机构）以及商业投资机构的调查子报告，5~6 小节是绿色金融和 PPP 的专题研究报告。

（二）社会投资机构调查方法及主要发现

1. 调查范围及样本类型

在对社会投资机构的问卷调查和访谈中，调查范围以开展影响力投资（Impact Investment）和公益创投（Venture Philanthropy）的机构为主。确定这两个调查范围的主要原因在于影响力投资和公益创投是社会投资的两个重要领域。其中，影响力投资是旨在产生积极的、可测量的社会或环境影响力，并伴随财务回报的投资[①]。与社会投资的一般表述相比，影响力投资更强调对正向财务回报或至少保本的预期，因此以商业投资工具（如股权、债权等）为载体，在社会投资领域更突出商业属性。影响力投资和公益创投都体现了出资方的高度参与，比较而言，公益创投强调灵活的资金方式，在投资形式上更偏向于资助方式。为产生持续的影响力并创造更大的社会价值，公益创投对财务回报的诉求也低于影响力投资、低于市场回报水平，这使之成为区别于影响力投资的重要方面。

为了全面反映社会投资机构的发展现状，本次调查涵盖了影响力投资和公益创投两个领域，试图了解受访社会投资机构如何通过影响力投资或公益创投支持社会企业或社会组织发展，从而实现积极的社会影响力、环境影响力和（或）财务回报目标的。

基于这一调查范围，根据目的抽样（Purposive Sampling）方法，调查样本被分为三类机构，分别是以基金会为代表的公益类机构、政府类机构和商

---

① 资料来源于全球影响力投资网络（The Global Impact Investing Network，简称 GIIN），https：//thegiin. org。

业投资机构。通过充分的桌面研究和广泛的同行推介，项目组在调查初期拟定了备选机构名单。经与这些机构的充分沟通，排除了非社会投资机构和不愿意接受调查的机构，最终确定了 44 家受访样本。

2. 调查问卷及方法

本次社会投资机构的调查问卷共包括四个部分，分别是机构基本信息、社会投资偏好、社会投资活动以及行业认知和发展需求，共计 61 个问题。为了保证数据信息的完整性，多数问题设计了"其他"选项，供受访机构根据实际情况补充相关信息。

社会投资机构调查数据的采集时间为 2018 年 6～8 月，数据截点时间为 2017 年 12 月 31 日。调查方法以结构式访谈为主，调查者以问卷为依托，通过面对面访谈或电话访谈的形式，对受访者就问卷问题进行逐一询问和确认，访谈时间为 1～2 小时。对于少数无法进行访谈的机构，调查者对受访机构填答的问卷内容进行整理和校对，并就疑惑之处与受访机构逐一核实。调查者在数据采集过程中坚持客观中立的态度，以确保数据的信度和效度。

3. 调查样本特征

本次社会投资机构的调查样本总数为 44 家（见图 3－1）。其中，基金会 19 家（占 43.2%），含 6 家公募基金会和 13 家非公募基金会，通过影响力投资和（或）公益创投方式开展社会投资，以自有资金（78.9%）和慈善捐款（68.4%）为主要资金来源；政府类机构 13 家（占 29.5%），均为开展公益创投的政府部门或相关机构，以福彩基金（53.8%）和财政拨款（53.8%）为主要资金来源；商业投资机构 12 家（占 27.3%），含 7 家专门的社会投资机构和 5 家包含社会投资业务的传统商业投资机构，以自有资金（90%）和商业资金（40%）为主要资金来源，以影响力投资方式为主。

在受访社会投资机构的地域分布上（见表 3－1），绝大多数机构集中在东部地区（36 家，占 81.8%），以北京、上海、浙江和广东为主；位于中部地区（江西）的 1 家，位于西部地区（四川）的 3 家，没有东北地区的受访机构。此外，机构注册地位于港澳地区和海外的受访机构分别为 2 家，因其在内地开展社会投资活动，故被纳入调查对象范围。

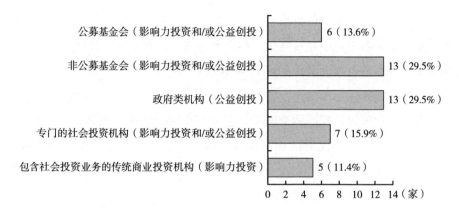

图 3 - 1　受访机构类型及社会投资方式（N = 44）

注：在 7 家专门的社会投资机构中，仅 1 家曾以公益创投方式资助过 1 个社会组织，因此专门的社会投资机构的主要方式是影响力投资。

资料来源：社企论坛（CSEIF）。

表 3 - 1　受访社会投资机构的地域分布（N = 44）

单位：个，%

所在地	机构数	比重
北京	13	29. 5
上海	10	22. 7
浙江	6	13. 6
广东	5	11. 4
四川	3	6. 8
海南	1	2. 3
江苏	1	2. 3
江西	1	2. 3
澳门	1	2. 3
香港	1	2. 3
海外	2	4. 5
合计	44	100. 0

注：根据国家统计局对东、中、西部及东北地区的划分标准，江西省属于中部地区，四川省属于西部地区，表中内地的其他省份均属于东部地区。

资料来源：社企论坛（CSEIF）。

在社会投资的初始时间上（见图 3 - 2），受访机构最早开始社会投资的时间是 2002 年，为 1 家商业投资机构，此后 5 年无新增机构出现。受访

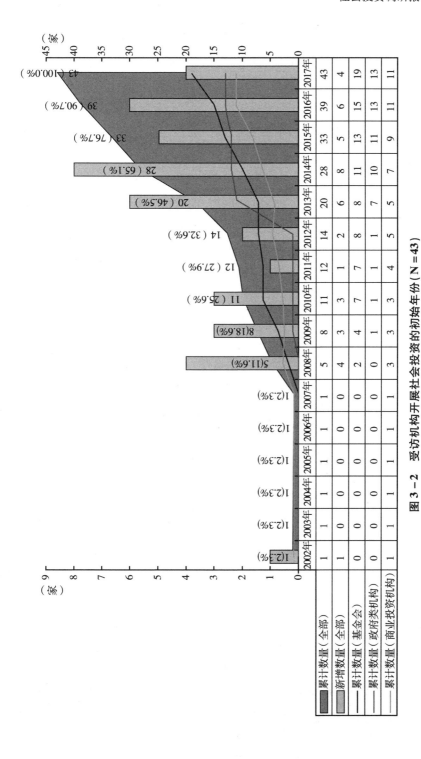

	2002年	2003年	2004年	2005年	2006年	2007年	2008年	2009年	2010年	2011年	2012年	2013年	2014年	2015年	2016年	2017年
累计数量（全部）	1	1	1	1	1	1	5	8	11	12	14	20	28	33	39	43
新增数量（全部）	1	0	0	0	0	0	4	3	3	1	2	6	8	5	6	4
累计数量（基金会）	0	0	0	0	0	0	2	4	7	7	8	8	11	13	15	19
累计数量（政府类机构）	0	0	0	0	0	0	0	1	3	1	1	7	10	11	13	13
累计数量（商业投资机构）	1	1	1	1	1	1	3	3	3	4	5	5	7	9	11	11

图 3 - 2 受访机构开展社会投资的初始年份（N = 43）

资料来源：社企论坛（CSEIF）。

基金会和政府类机构分别于 2008 年和 2009 年进入社会投资领域。此后，进入社会投资领域的机构数量呈现逐年增长态势，并于 2014 年达到新增机构数的峰值（8 家）。

受访机构社会投资的最终目标涵盖了社会影响、环境影响和财务回报三个方面，但三类机构各有侧重（见图 3-3）。所有机构都以产生积极的社会影响为目标（100%），环境影响目标则与机构关注的生态环境领域有关，在三类机构间的差异不大。机构之间差异最大的是财务回报，所有政府类机构在公益创投中都不追求财务回报，而基金会（63.2%）和商业投资机构（91.7%）则在影响力投资中明确了对财务回报的追求。

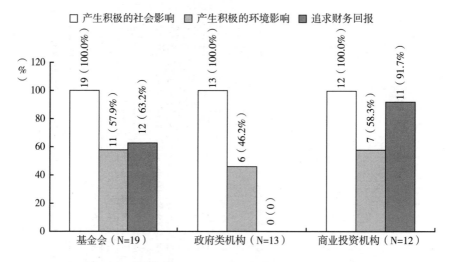

图 3-3　受访机构开展社会投资的最终目标（N=44）

注：数据为各类社会投资目标在不同机构内部的分布比重。
资料来源：社企论坛（CSEIF）。

4. 调查主要发现

在社会投资最关注的三个领域（见图 3-4），教育与培训、健康与医疗（包括养老服务等）两个领域受到三类受访机构的一致青睐，关注比重为 46%~55%。比较而言，第三类关注领域则各有侧重，基金会对行业支持服务（42.1%）、政府类机构对社区发展（92.3%）、商业投资机构对食品与农业（45.5%）给予了重点关注。

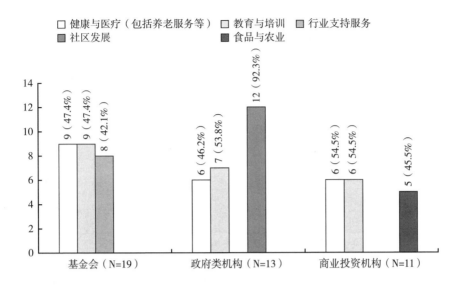

图 3 – 4　受访机构社会投资最关注的三个领域（N = 43）

资料来源：社企论坛（CSEIF）。

在社会投资的目标受益群体上，三类受访机构都将儿童和青少年作为第一瞄准对象，对其他群体的关注度则各有侧重。其中，政府类机构公益创投的目标群体最为集中，除儿童和青少年外，社会组织、老人、残障人士、社区居民也受到半数以上机构的关注；基金会和商业投资机构在社会投资上的其他目标受益群体比较分散。此外，33.3% 的机构没有确定受益人群。

在对社会投资风险的态度上（见图 3 – 5），三类受访机构都将灵活性标准列为首选，根据投资领域确定不同的风险承担程度。在具体的风险类型上，风险规避型机构的比重均为最高，表明各类机构在社会投资这一创新实践中的审慎态度。尽管如此，还是有部分受访基金会（26.3%）和商业投资机构（10%）表明了风险偏好型的激进态度。

在社会投资项目筛选和尽职调查中（见图 3 – 6），三类受访机构都重点关注商业模式/项目的实施和管理风险、社会和（或）环境影响风险这两大风险类型，凸显社会投资在探索"商业 + 公益"融合中面临的两大挑战。

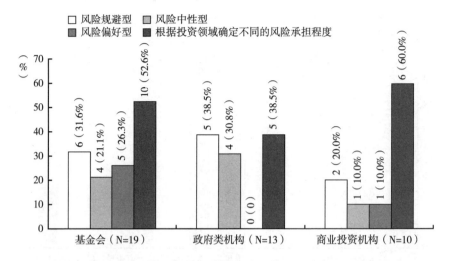

图 3-5 受访机构社会投资的风险类型（N=42）

注：风险类型与投资项目和投资方式的选择有关，一家机构因项目不同而可能具有多种风险类型，因此比重之和大于100%。

资料来源：社企论坛（CSEIF）。

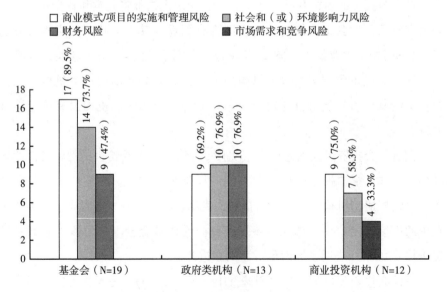

图 3-6 受访机构社会投资项目筛选最关注的三类风险（N=44）

注："社会和（或）环境影响力风险"是指项目无法达到预期的社会和（或）环境影响。

资料来源：社企论坛（CSEIF）。

此外，财务风险受到基金会和政府类机构的重点关注，市场需求和竞争风险还受到商业投资机构重点关注。对政府类机构而言，其虽然对公益创投项目没有财务回报的要求，但仍然重视资助资金的有效性以及受助机构的项目运营能力，因此财务风险也被其重点考虑。

在对投资对象生命周期阶段的偏好上，对于采用影响力投资的受访基金会和商业投资机构而言，处于创建期和成长期的投资对象最受这两类机构的青睐。采用公益创投的基金会和政府类机构的偏好比较类似，对初创期、成长期和成熟期对象的选择频次依次递减。

在 2017 年社会投资新增规模上（见图 3 – 7），六成以上受访基金会和政府类机构的新增投资额都集中在 100 万 ~ 500 万元和 1000 万 ~ 3000 万元，而商业投资机构的新增投资额则分布较为平均。基金会和商业投资机构的最大投资额都突破了 3000 万元，在行业中具有良好的示范效应。

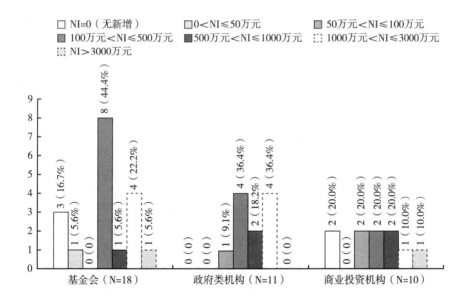

图 3 – 7　受访机构 2017 年社会投资新增额 NI（N = 39）

注：比重数据为各投资区间在三类机构内部的分布。
资料来源：社企论坛（CSEIF）。

在截至 2017 年底的社会投资总规模上（见图 3 - 8），受访基金会和商业投资机构的社会投资总额都在 100 万元以上，且规模分布比较平均；共有 6 家机构的社会投资总额超过了 5000 万元。

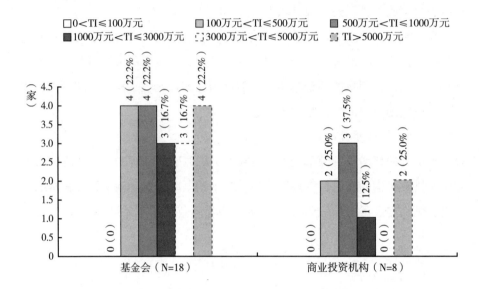

图 3 - 8　受访机构截至 2017 年底的社会投资总额 TI（N = 26）

注：（1）受访政府类机构没有提供该项调查数据；（2）比重数据为各投资区间在两类机构内部的分布。

资料来源：社企论坛（CSEIF）。

在社会投资的财务绩效上（图 3 - 9），对于采用影响力投资的基金会和商业投资机构而言，受访商业投资机构大多实现了与预期一致（50%）或高于预期（20%）的财务回报，无低于预期的情况。然而，在基金会的影响力投资实践中，有 33.3% 的社会投资低于财务回报预期。这表明，基金会在传统的资助项目之外，引入影响力投资的创新举措并非易事，仍然面临挑战。

在社会投资的影响力绩效上（见图 3 - 10），政府类机构和商业投资机构均没有低于预期的影响力绩效，其中 76.9% 的政府类机构实现了与预期一致的影响力绩效，70% 的商业投资机构实现了高于预期的影响力绩效。不同的是，尽管 63.2% 的基金会实现了与预期一致的影响力绩效，但仍有 15.8% 的基金会低于预期。

图3-9 受访机构社会投资的财务绩效状况（N=22）

注：（1）因一家机构可能有多个社会投资项目，对应不同的财务绩效结果，因此比重之和可能大于100%；（2）受访政府类机构开展的公益创投类资助无财务回报的要求，因此无财务绩效数据。

资料来源：社企论坛（CSEIF）。

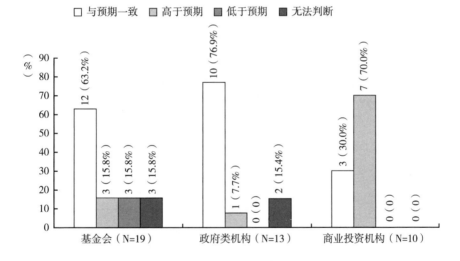

图3-10 受访机构社会投资的影响力绩效（N=42）

注：因一家机构可能有多个社会投资项目，对应不同的财务绩效结果，因此比重之和可能大于100%。

资料来源：社企论坛（CSEIF）。

本次调查从宏观环境和行业环境两方面了解受访机构对社会投资外部环境的评价，其中的宏观环境涉及政策、经济、社会文化和技术环境四个方面，行业环境包括行业发展机会、挑战、市场发育程度、行业竞争程度和行业风险五个方面（见图3-11）。调查显示，在社会投资宏观环境的评价中，政府类机构的评分最高，基金会居中，商业投资机构最低。其中，基金会和商业投资机构对政策环境的评分表明社会投资政策还有很大的改进空间。在社会投资行业环境的评价上，三类机构的评分特征具有一致性，即认为社会投资行业的发展机会和挑战都很大，市场发育程度和竞争程度不高，具有一定的行业风险。

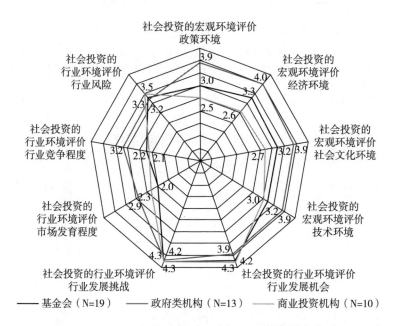

图3-11　受访机构对社会投资外部环境的评价（N=42）

注：受访者对四项宏观环境和五项行业环境进行1~5分的评分，以上数据是各项评分的平均值。对于宏观环境，分值1到5分依次对应环境非常不利、较不利、一般、较有利、非常有利五种评价；对于行业环境，1到5分依次对应行业发展机会和挑战从小到大的评价，以及市场发育程度、竞争程度和风险程度从低到高的评价。

资料来源：社企论坛（CSEIF）。

（三）绿色金融及PPP专题研究方法及主要发现

1. 绿色金融专题研究

绿色金融是参与经济价值和社会价值共享的重要渠道，其主要目的是希望通过金融业促进环保和经济社会的可持续发展，引导资金流向环境保护、节能减排、资源循环利用等可持续发展的企业和项目；同时降低对污染性和高耗能企业和项目的投资，以促进经济的可持续发展。本次报告将绿色金融在中国的理论和实践纳入社会投资的讨论框架。我国政府在绿色金融的推广中扮演了不可或缺的顶层设计者的角色，自上而下地推动绿色金融的改革。政府是国家绿色发展的规划者，也是绿色金融发展基础设施的建设者。按照市场导向，国家做好规划、政策制度基础建设和体制机制建设，为绿色发展和绿色金融发展营造良好的政策和市场环境。

绿色金融专题研究主要采用桌面研究的方法，梳理了十余年来我国绿色金融领域的重要指导性政策和文件及专项研究报告，对其进行深度分析和解读，希求全面了解绿色金融和绿色投资在我国的发展规模、机遇和挑战。数据来源主要包括2016～2018年银监会和保监会的披露信息、各大银行的《社会责任报告》、中国基金业协会、国家统计局等。

从绿色金融的投资规模来看，2017年末，各类绿色融资总余额近9万亿元，其中绿色信贷规模稳步增长，余额约为8.53亿元，约占全国各项绿色融资余额的95%。整体来看，大部分信贷投入了节能环保项目服务领域。2017年我国绿色信贷投放的主要两个领域为绿色交通运输项目以及可再生能源及清洁能源项目，贷款余额分别达到3.03万亿元和1.61万亿元。

从绿色债券来看，中国的债券市场形成了绿色金融债、绿色公司债、绿色企业债、绿色债务。融资工具为主要债券品种的绿色债券市场，并成为全球第一大绿色债券市场。截至2017年底，国内市场绿色债券（包括资产证券化产品）余额4333.7亿元，其中2017年新增发行规模2486.797亿元，相较2016年增长7.6%。绿色债券募集资金的用途主要是清洁能源（27%）、污染防治（19%）、清洁交通（16%）等绿色发展领域。

从绿色基金来看，2017年全年在中国基金业协会备案的节能环保、绿色投资基金数量达到209支，增长迅猛。其中，投资清洁能源领域的达到117支，投资环保产业的基金有60支，投资节能产业的仅有8支，未明确具体投资类型的共有24支，投资传统绿色产业的绿色基金占绝大多数。绿色金融在股票指数方面也取得了一些进展。

从绿色保险来看，2017 年，试点环境污染责任保险的省、自治区、直辖市已扩展至 30 个，全国环境污染责任保险签单数量 1.68 万单，同比增长 16.7%；签单保费 3.15 亿元，同比增长 10.93%；提供风险保障金 306 亿元，与保费相比，相当于投保企业的风险保障能力扩大了 97 倍。试点启动以来，环境污染责任保险已累计为企业提供超过 1600 亿元的风险保障，覆盖范围涉及重金属、石化、危险化学品、危险废物处置、电力、医药、印染等多个领域。

从碳排放交易权和碳金融来看，截至 2017 年 12 月 31 日，第一批 7 个碳交易试点涵盖超过 3000 家排放企业，年排放约 14 亿吨二氧化碳，全国范围内碳排放配额累计成交量达 4.7 亿吨，成交总额 104.94 亿元。在中国核证减排量 CCER 交易方面，2015 年度试点市场共交易 CCER 减排量 3337 万吨。

我国绿色金融在现阶段尚未形成系统的政策监管体系和评估体系，目前主要采用将环境风险因素纳入银行监管规则中的做法，国内银行开始采纳国际化标准来指导自身的环境风险管理工作。

总的来说，我国绿色金融自 2016 年完善顶层设计和制度基础以来，进入实质性的发展阶段，绿色发展融资需求也日益扩大，但是仍然面临重重挑战。随着绿色金融市场的发展，国家可以进一步深化绿色金融发展的体制机制建设，重点解决绿色金融标准问题、环境信息披露问题、信息不对称问题以及绿色金融激励约束机制不完善的问题，从而进一步为绿色金融发挥资源配置的作用，建立制度基础和良好的外部条件，引导金融机构将更多的金融资源投向绿色领域。

2. PPP 专题研究

政府和社会资本合作（PPP）模式是指政府为增强公共产品和服务供给能力、提高供给效率，通过特许经营、购买服务、股权合作等方式，与社会资本建立的利益共享、风险分担的长期合作关系。在该模式下，政府鼓励私人资本和民营资本参与合作，协同进行基础设施建设和公共服务供给，旨在创造积极的社会和环境影响力，具有社会投资的核心属性，是政府参与社会投资的主要模式之一。PPP 专题研究主要采用桌面研究的方法，依托二手数据和公共数据库，特别是财政部 PPP 中心的公开数据，对 PPP 在我国的发展状态做出全面解读。

从 PPP 的投资规模来看，截至 2018 年 6 月，财政部 PPP 中心的最新统计数据显示全国共有 7749 个入库项目，总投资额为 11.9 万亿元，其中落地项目 3668 个，落地率 47.3%。从项目投资额来看，省排名前三位的分别是贵州省（10040 亿元）、湖南省（8058 亿元）和浙江省（7704 亿元），三省投资额之和占项目库入库项目总投资额的 21.7%。

从行业分布来看，2014 年之前，水务、市政工程和交通运输是我国 PPP 实践较早的行业。2014 年以后，我国 PPP 项目迅猛发展，除了市政和交通行业外，城镇综合开发和环保行业发展势头强劲。从行业项目数量上看，截至 2018 年 6 月，市政工程是 PPP 在我国运用最广泛的行业（38.8%），第二位是交通运输（14.7%），第三位是生态建设和环境保护（8.6%）。项目数量较少的行业为农业、社会保障和林业。从行业投资额来看，截至 2018 年 6 月，市政工程依然是投资额排名第一的行业，占 PPP 总投资额的 31.1%，其次是交通运输（29.2%）和城镇综合开发（12.5%）。投资额较少的行业依然是农业、林业和社会保障行业。总的来看，PPP 项目在基本公共服务领域还有待进一步发展。截至 2018 年 6 月，基本公共服务领域的 PPP 项目总数为 1351 个，投资额共 1.19 万亿元，分别占财政部 PPP 项目库总项目数和总投资额的 17.4% 和 10%；其中，教育、旅游、医疗卫生行业在项目数量和投资额两方面均居前三位。

从 PPP 的融资模式来看，PPP 项目具有公共属性、项目期限长、投资主体结构复杂、投资回报偏低等特点。在融资主体方面，PPP 项目通常会采取新设法人的方式进行项目融资。在实践当中政府对项目公司的出资方式常见的有三种：股权投资、债券投资以及股权加债权的形式。

总之，PPP 在我国实施以来，激发各类民间主体参与公共服务供给，缓解了公共产品和服务领域的供需压力；将市场机制引入公共服务领域，竞争机制和民间资本专业技术和管理也提高了公共服务的供给水平和效率。然而，PPP 在我国的发展也面临诸多挑战，例如法制不健全、管理体系不明晰、重融资轻运营、金融工具单一等问题。随着 PPP 的不断发展，国家可以进一步加强法制建设和制度建设，权责明确，提升各参与方的能力建设，充分调动民间资本的积极性，发挥民间资本在运营方面的专业能力和市场经验，以增强社会资本的活力，提高公共服务水平。

二 基金会社会投资调查子报告

（一）基金会子报告概览

1. 样本选择

参与此次问卷调查和访谈的从事社会投资的基金会共有 19 家，占所有调研样本（44 家）的 43.2%。在样本选择上，调查采用了目的抽样方法，充分依托国内社会投资行业的前期实践基础，以中国社会企业与影响力投资论坛、英国文化教育协会（BC）基于其"社会企业"项目（2009~2016年）所发布的"中英社会企业及社会投资名录"①，中国资助者圆桌论坛，亚洲公益创投协会（AVPN）等行业平台机构信息为基础，结合广泛的同行推介，最终确定了 19 家基金会为调查样本，包括 13 家非公募基金会（68.4%）和 6 家公募基金会（31.6%）。

2. 调查发现

参与调查的 19 家基金会大多位于东部地区（89.5%），最早于 2008 年开展社会投资活动。所有受访基金会都以产生积极的社会影响为最终目标，部分机构也同时确立了积极的环境影响目标（57.9%）和财务回报目标（63.2%），这分别与跟环境相关的投资领域和影响力投资方式相对应。追求行业声望和机构自身的影响力是受访基金会进行社会投资的首要动机

---

① 中英社会企业及社会投资名录，https：//www.britishcouncil.cn/programmes/society/index。

（68.4%）、团队领导人的社会责任感（57.9%）及出资人的社会责任感（47.4%）也是受访机构开展社会投资的主要动机。

受访基金会的社会投资以自有资金（78.9%）和慈善捐款（68.4%）为主要资金来源，投资范围大多覆盖全国，投资领域以教育培训（47.4%）、健康与医疗（47.4%）以及行业支持服务（42.1%）为主，以儿童和青少年（42.1%）以及社会组织（36.8%）为主要受益对象。

受访基金会的社会投资方式包括公益创投类资助（63.2%）和影响力投资（63.2%）两类，超过半数的机构（52.6%）以灵活的风险态度重点支持在创立和成长阶段的对象。公益创投的资金期限在 5 年以内，以 1~3 年期为主（58.3%），均无财务回报的要求。影响力投资的资金期限以 3~5 年期（50%）和 1~3 年期为主（41.7%），多数选择低于市场回报（41.7%）或接近市场回报（25%）的财务目标。除资金支持外，所有受访机构都提供多种形式的非资金支持服务，以助力投资对象或资助对象快速成长。

2017 年，受访基金会的社会投资新增规模以 100 万~500 万元为主（44.4%），最高在 3000 万元以上（5.6%）；多数机构的投资项目数在 20 个以内（52.6%）。截至 2017 年底，所有机构的社会投资额都在 100 万元以上，七成机构的投资项目数集中在 50 个以内，两成机构的投资总额超过 5000 万元。仅有两成机构设立了社会投资专项基金，近五成机构表示没有设立社会投资专项基金的计划。关于未来计划，近七成机构表示今后三年会加大社会投资规模或维持现有水平不变。

受访基金会最为关注的社会投资风险包括商业模式或项目的实施和管理风险（89.5%）、社会和（或）环境的影响力风险（73.7%）以及财务风险（47.4%）。对此，多数机构采用了联合发起（52.6%）、联合投资（57.9%）和分批次投资（89.5%）等方式，以分散资金风险。在进行股权投资的基金会中，半数机构在设计退出原则时考虑影响力回报或财务回报的实现情况；在具体的退出方式上，向战略投资者转让股权（60%）是受访基金会的主要选择。

近七成受访基金会对社会投资项目进行了影响力评估或项目评估，方式兼顾自行评估（70.6%）和委托第三方机构评估（64.7%）两类。绝大多数受访机构采用针对项目自行设计的评估体系（94.1%），独立的外部评估体系仅被少数机构采用。

2017年，受访基金会社会投资项目的财务绩效以低于预期（33.3%）和与预期一致（33.3%）为主。比较而言，影响力绩效的实现情况良好，大多数机构实现了与预期一致（63.2%）或高于预期（15.8%）的影响力绩效。

受访基金会对社会投资宏观环境的评价存在很大差异，行业内并未达成共识。平均来看，受访机构对经济环境的评价较高，对政策环境的评价较低。比较而言，受访机构对行业环境的评价具有一致性，认为社会投资行业发展的机遇与挑战并存，行业发育程度低、市场竞争程度不高是现阶段的典型特征。

（二）基金会调查样本特征

1. 地域分布

受访基金会主要位于东部地区（见表3－2）。在19家样本中，注册地在北京的有10家，超过总样本数的五成；在其他东部地区（包括上海、广东、浙江、海南四个省份）的有7家；西部地区（四川）仅有1家；无中部地区的调查样本。此外，注册地在澳门的有1家，这是以其在内地开展的社会投资活动为调查基础的。

表3－2　受访基金会的地域分布（N＝19）

单位：个、%

所在地	机构数	比重
北京	10	52.6
上海	3	15.8
广东	2	10.5
浙江	1	5.3
海南	1	5.3
四川	1	5.3
澳门	1	5.3

资料来源：社企论坛（CSEIF）。

2. 社会投资的初始年份

受访基金会最早开展社会投资的时间是 2008 年,该年共有 2 家基金会进入社会投资领域。其后,社会投资受到更多基金会的关注,机构数以年均 2 家左右的速度递增;2017 年,新增机构数达到 4 家,为 10 年来的最高值(见图 3 - 12)。

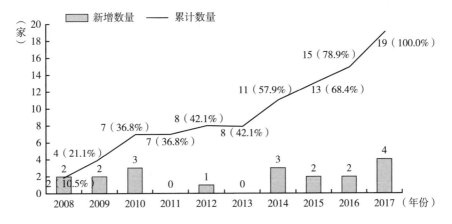

图 3 - 12 受访基金会开展社会投资的初始年份(N = 19)

资料来源:社企论坛(CSEIF)。

3. 社会投资的目标和动机

在社会投资目标上(见图 3 - 13),所有受访基金会(19 家)都追求积

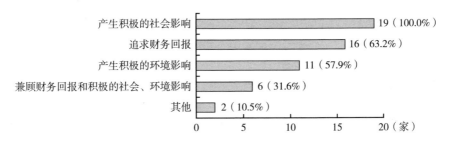

图 3 - 13 受访基金会社会投资的最终目标(N = 19)

注:"其他"包括改善公司治理、促进初创期社会组织发展、提升机构水平和能力等。
资料来源:社企论坛(CSEIF)。

极的社会影响，另外，有16家因开展影响力投资，同时设立了财务回报目标；有11家因涉及生态环境领域，也确立了环境影响目标。总体来看，共有6家基金会兼顾了经济、社会和环境三大目标。

在社会投资动机上（见图3－14），追求行业声望和机构自身影响力是受访基金会开展社会投资最普遍的动机（13家），团队领导人的社会责任感（16家）以及出资人个人的社会责任感（9家）也是主要动因。比较而言，仅有4家基金会有响应政府号召的动机。

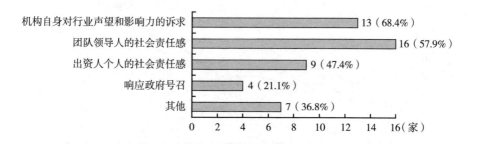

图3－14　受访基金会社会投资的主要动机（N＝19）

注："其他"包括机构决策层及团队的社会责任感、机构发展需要以及公益项目创新需要等动机。

资料来源：社企论坛（CSEIF）。

4. 资金来源、投资方式及对财务回报水平的要求

在资金来源上（见图3－15），自有资金（15家）和慈善捐款（13家）

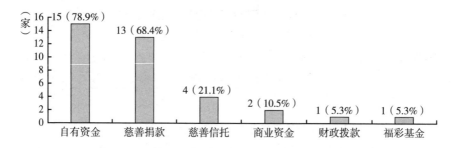

图3－15　受访基金会社会投资的资金来源（N＝19）

资料来源：社企论坛（CSEIF）。

是受访基金会社会投资最主要的来源，其他资金渠道还包括慈善信托①、商业资金、财政拨款和福彩基金等，政府引导基金目前尚未进入基金会的资金池中。商业资金是通过进入基金会持股的商业投资公司来参与社会投资活动的。

在资金运用上（见图3－16），受访基金会的社会投资方式包括公益创投类投资和影响力投资两大类。其中，仅采用公益创投方式或影响力投资方式的均为7家，两者兼具的有5家。在12家进行影响力投资的基金会中，股权投资是最主要的方式（10家），无息贷款（3家）和提供固定资产（1家）仅被少数机构采用。

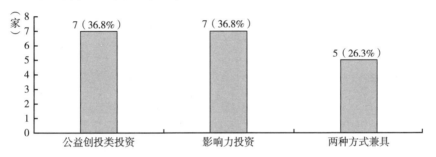

图3－16　受访基金会的社会投资方式（N＝19）

资料来源：社企论坛（CSEIF）。

关于财务回报水平的具体要求（见图3－17），在12家采用影响力投资方式追求财务目标的基金会中，多数机构选择低于市场回报率（5家）或接近市场回报率（3家），仅1家追求高于市场回报率的目标，也有4家选择了灵活的回报率标准。

（三）基金会的社会投资偏好

1.社会投资的指向性

在投资的关注领域上（见图3－18），受访基金会的社会投资集中在教育与培训、健康与医疗（包括养老服务等）、行业支持服务、减少贫困、文创产业、食品与农业等领域，机构占比都在30%以上。有4家基金会没有特定的投资领域，根据项目进行灵活选择。

---

① 根据我国《慈善法》的规定，慈善信托属于公益信托，是指委托人基于慈善目的，依法将其财产委托给受托人，由受托人按照委托人意愿以受托人名义进行管理，开展慈善活动的行为。

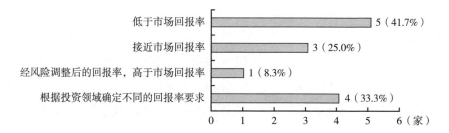

图 3 – 17　受访基金会对财务回报水平的要求（N = 12）

注：（1）因公益创投类投资无财务回报要求，故样本仅包含有影响力投资且追求财务回报的基金会；（2）对财务回报的要求与投资项目和投资方式有关，一家机构因多个项目而可能存在多重目标要求，因此比重之和大于100%。

资料来源：社企论坛（CSEIF）。

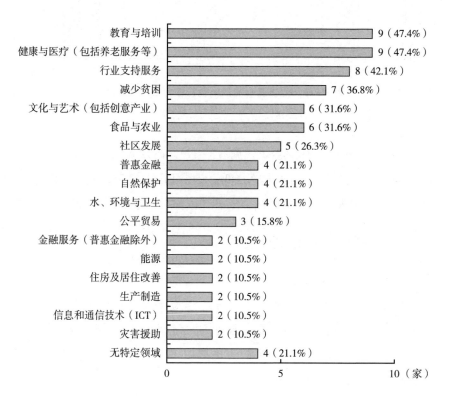

图 3 – 18　受访基金会社会投资的关注领域（N = 19）

资料来源：社企论坛（CSEIF）。

在目标受益群体上（见图3-19），儿童和青少年、贫困人群、需要心理或医疗援助者是受访基金会社会投资瞄准的主要人群。社会组织作为解决社会问题的执行机构，也受到7家基金会的青睐。有8家基金会没有特定的受益人群，在项目选择上具有灵活性。

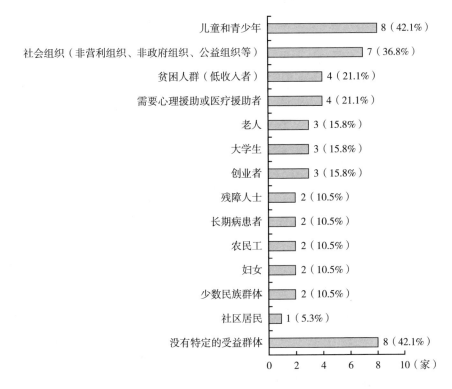

图3-19　受访基金会社会投资的目标受益群体（N=19）

资料来源：社企论坛（CSEIF）。

在目标受益区域上（见图3-20），接近九成的基金会（17家）以全国为范围，在投资项目选择上没有地域限制，有2家基金会还将受益区域扩展到国际范围。

在投资对象的选择上（见图3-21），受访基金会的投资对象涵盖了商业企业（含合作社）和社会组织两种类型。其中，接近2/3的基金会（12家）倾向于投资两类对象，以满足其多元化的投资需求，少数基金会只针对一类对象进行投资。在 17 家针对商业企业投资的基金会中，有 8 家同时对合作社进行投资。

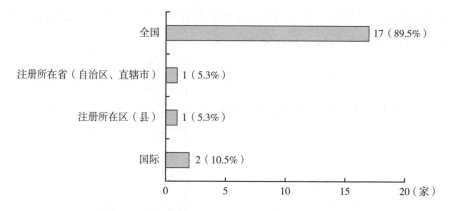

图 3 – 20 受访基金会社会投资的目标受益区域（N = 19）

资料来源：社企论坛（CSEIF）。

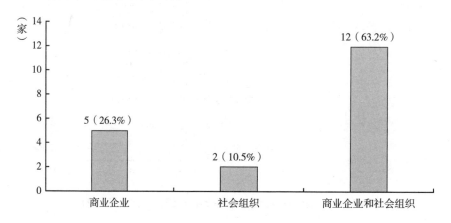

图 3 – 21 受访基金会社会投资对象的选择（N = 19）

资料来源：社企论坛（CSEIF）。

在对投资对象生命周期阶段的偏好上（见图 3 – 22），12 家进行影响力投资的基金会中，超过九成的机构（11 家）偏好对创建期对象的投资；比较而言，对种子期、成长期和成熟期对象的投资偏好差距不大。受访机构尚未表示出对股权收购/并购期对象的偏好，这在一定程度上反映中国社会投资行业还处于初期发展阶段。

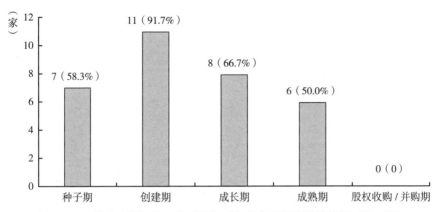

图 3 - 22　影响力投资基金会对投资对象生命周期阶段的偏好（N = 12）

资料来源：社企论坛（CSEIF）。

在采用公益创投方式的基金会中（见图 3 - 23），绝大多数受访基金会选择对初创期（11 家）或成长期（9 家）的对象给予资助，偏好成熟期的基金会相对较少。

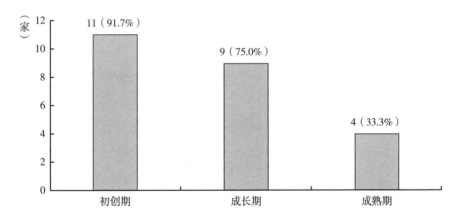

图 3 - 23　公益创投基金会对资助对象生命周期阶段的偏好（N = 12）

资料来源：社企论坛（CSEIF）。

2. 社会投资的资金期限

受访基金会社会投资的资金期限与投资方式直接相关（见图 3 - 24）。在影响力投资方式下，资金期限都在 1 年以上，以 3 ~ 5 年期（6 家）和 1 ~

3 年期（5 家）为主；在公益创投方式下，资金期限都在 5 年以内，以 1~3 年期为主（7 家）。"根据项目特征确定不同的投资期限"这一灵活标准，在两种投资方式下都成为主要选择。

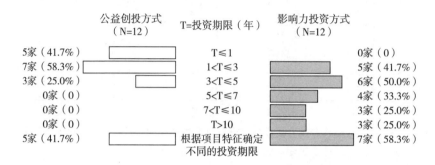

图 3-24　两类社会投资方式下的资金期限

资料来源：社企论坛（CSEIF）。

3. 社会投资的风险类型

在社会投资的风险类型上（见图 3-25），共有 10 家基金会确定了灵活性标准，即根据投资领域确定不同的风险承担程度；共有 15 家基金会表明

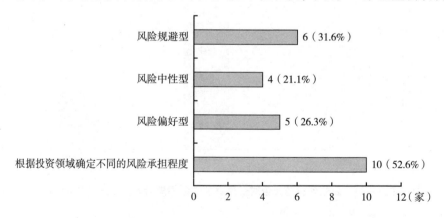

图 3-25　受访基金会社会投资的风险类型（N=19）

注：风险类型与投资项目和投资方式的选择有关，一家机构因项目不同而可能具有多种风险类型，因此比重之和大于100%。

资料来源：社企论坛（CSEIF）。

了具体的风险类型，其中风险规避型和风险中性型的机构总数（10 家）是风险偏好型机构数量的 2 倍。

（四）基金会社会投资规模

1. 社会投资总规模及比重

2017 年，受访基金会的社会投资新增规模以 100 万～500 万元为主（8 家），1000 万～3000 万元次之（4 家），有 1 家机构的新增投资额突破了 3000 万元。值得注意的是，有 3 家基金会因业务调整而停止了该年的社会投资（见图 3 – 26）。

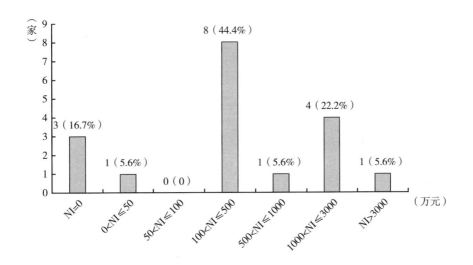

图 3 – 26　受访基金会 2017 年社会投资新增额 NI（N = 18）

资料来源：社企论坛（CSEIF）。

从 2017 年的社会投资比重看（见图 3 – 27），有一半的受访基金会（9家）的社会投资比重在 20% 及以下，表明社会投资仍属于这些基金会在传统资助业务之外的初步尝试。但有 5 家基金会社会投资的比重在 80% 以上，社会投资成为其最核心乃至唯一的资金运用形式。

截至 2017 年底，受访基金会的社会投资总规模都在 100 万元以上，且规模分布较为均衡（见图 3 – 28）。有 4 家基金会的社会投资总额超过了 5000 万元，具有一定的规模性。

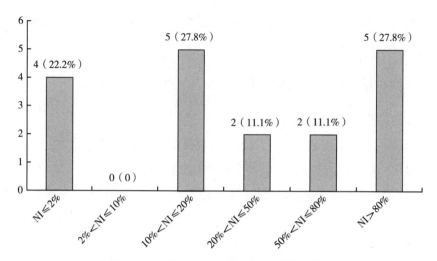

图 3 – 27　受访基金会 2017 年社会投资比重 NI

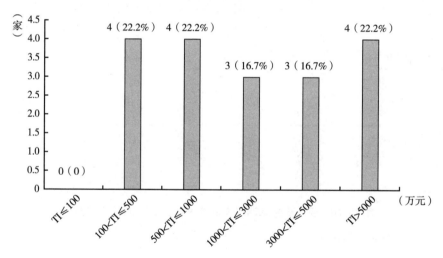

图 3 – 28　受访基金会截至 2017 年底的社会投资总额 TI（N ＝ 18）

资料来源：社企论坛（CSEIF）。

2.社会投资项目数及项目投资规模

2017 年，受访基金会社会投资项目总数为 435 个，项目平均数为 23 个；超过一半的基金会（10 家）的项目数在 20 个以内。截至 2017 年底，社会投资的项目总数和平均数分别为 2135 个和 112 个，超过七成的基金会（14 家）的项目数在 50 个以内（见表 3 – 3）。

表3-3 受访基金会社会投资的项目数分布（N=19）

单位：家，%

2017年的项目数（n）	机构数	比重	截至2017年底的项目总数（n）	机构数	比重
n=0	3	15.8	n=0	0	0.0
0<n≤20	10	52.6	0<n≤50	14	73.7
20<n≤40	4	21.1	50<n≤100	2	10.5
40<n≤60	0	0.0	100<n≤200	0	0.0
60<n≤80	1	5.3	200<n≤300	2	10.5
80<n≤100	0	0.0	300<n≤1000	0	0.0
n>100	1	5.3	n>1000	1	5.3

资料来源：社企论坛（CSEIF）。

在项目投资规模上（见图3-29），2017年，社会投资单个项目的最大规模以50万~100万元（4家）和100万~500万元（4家）为主，最高为1000万~3000万元（2家）。截至2017年底，项目最大规模以50万~100万元（5家）和1000万~3000万元（4家）为主，最高突破了3000万元（1家）。

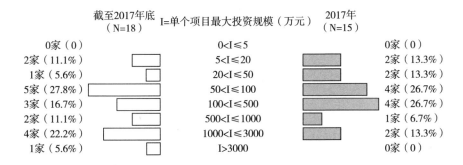

图3-29 受访基金会社会投资单个项目的最大投资规模

注：2017年有3家基金会无新增投资项目，因此样本数为15家。
资料来源：社企论坛（CSEIF）。

3. 社会投资专项基金

在受访的19家基金会中，有4家设立了社会投资专项基金，有6家正在准备中，有9家无设立计划（见图3-30）。在已设立的机构中，社会投资专项基金最近一期的募资规模最低为50万元，最高达5000万元；基金投资总额最低为50万元，最高达3000万元。

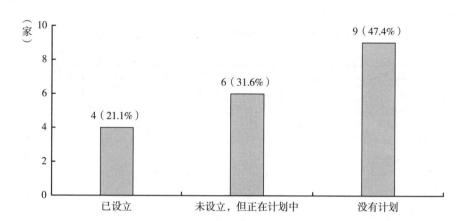

图 3 - 30　受访基金会社会投资专项基金的设立情况（N = 19）

资料来源：社企论坛（CSEIF）。

4. 社会投资规模的未来计划

在未来三年社会投资规模的计划上（见图 3 - 31），近半数受访基金会表示将扩大社会投资规模（9 家），有 2 成基金会愿意维持现有投资水平（4家），没有机构表示会缩小社会投资规模。从社会投资增长计划的具体领域看，教育与培训（4 家）、健康与医疗（包含养老服务等）（3 家）是未来关注的重点。

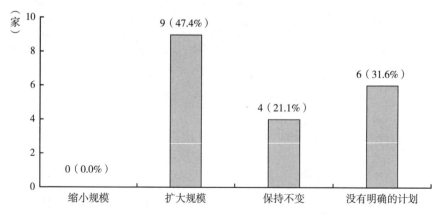

图 3 - 31　受访基金会未来三年社会投资规模计划（N = 19）

资料来源：社企论坛（CSEIF）。

（五）基金会社会投资管理

1. 社会投资活动的发起与组织形式

在 19 家受访基金会中，从社会投资的发起形式来看，单独发起（12家）和联合发起（10家）都是常用的发起形式。从社会投资的组织形式看，仅 3 家基金会委托第三方机构开展社会投资活动，其余 16 家均自行组织社会投资活动，其中的 11 家设立了单独的社会投资部门或团队，其人员规模介于 1~25 人，平均规模约 7 人。

除资金支持外，受访基金会都为投资对象提供非资金支持服务（见图3－32），以链接社会资源（19家）、提供日常管理指导（16家）、融资战略和收益管理（10家）以及运作管理支持（10家）等增值服务为主。

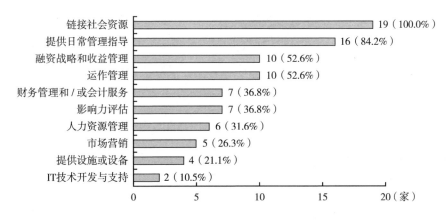

图 3－32　受访基金会社会投资中的非资金支持服务（N＝19）

资料来源：社企论坛（CSEIF）。

2. 社会投资的风险识别和管理

在社会投资项目筛选和尽职调查中（见图 3－33），商业模式或项目的实施和管理风险（17家）以及社会和（或）环境影响力风险（14家）被七成以上的基金会重点关注，反映社会投资在探索"商业＋公益"融合中最难兼顾的两大难题。财务风险（9家）、认知和声誉风险（8家）也被四成以上机构所关注。在其他风险中，宏观经济风险没有被考虑，表明受访者对我国宏观经济稳定性的信心。

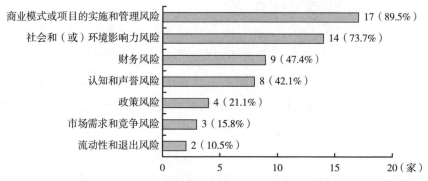

图 3-33　受访基金会在社会投资项目筛选和尽职调查中关注的风险（N=19）

注：社会和/或环境影响力风险是指项目无法达到预期的社会和/或环境影响力。
资料来源：社企论坛（CSEIF）。

在风险管理上，为了分散投资风险，有 17 家基金会采用了分批次投资的方式，有 11 家基金会进行了联合投资。在联合投资中（见图 3-34），合作对象以非公募基金会（6 家）和非国有商业投资机构（6 家）为主，仅有 1 家与政府机构合作。这表明受访基金会在社会投资中具有很高的市场化程度。

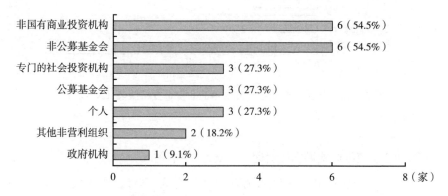

图 3-34　受访基金会联合投资的合作对象（N=11）

注：专门的社会投资机构包括加速器和孵化器、顾问公司主导的投资机构等。
资料来源：社企论坛（CSEIF）。

如图 3 - 35 所示，在 10 家进行股权投资的基金会中，达到设定的影响力回报时退出（5 家）以及达到设定的财务回报时退出（5 家）是主要的退出原则。4 家机构因投资时间太短，暂未设定退出原则。

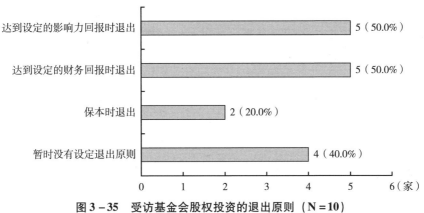

图 3 - 35　受访基金会股权投资的退出原则（N = 10）

注：在 12 家采用影响力投资方式的基金会中，有 10 家进行了股权投资，因此样本数为 10。
资料来源：社企论坛（CSEIF）。

在股权投资的退出方式上（见图 3 - 36），向战略投资者转让股权（6 家）、向财务投资者转让股权（4 家）和管理层回购（4 家）是受访基金会的主要选择。

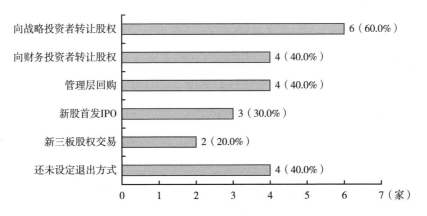

图 3 - 36　受访基金会股权投资的退出方式（N = 10）

资料来源：社企论坛（CSEIF）。

3. 社会投资的影响力评估

在社会投资评估实践上，有13家受访基金会（占68.4%）已经对社会投资项目进行了影响力评估或项目评估。其中有3家设立了评估专项经费，2017年该经费占社会投资的比重为2%～5%。

从影响力评估途径的选择来看，有17家正在或准备进行影响力评估的基金会，其中有6家选择自行评估，有5家选择委托第三方机构进行评估，其余6家则两种方式都可采用。共计11家受访机构（占64.7%）选择委托第三方机构进行评估，这一定程度上表明影响力评估行业的发展具有广阔的市场空间。

在影响力评估框架的采用上（见图3-37），针对项目自行设计的评估框架或体系是大多数受访基金会（16家）的一致选择，这能有效满足其项目评估的个性化需求。在外部评估框架的选择上，联合国可持续发展目标（5家）以及社会投资回报评估（3家）被较多地采用。

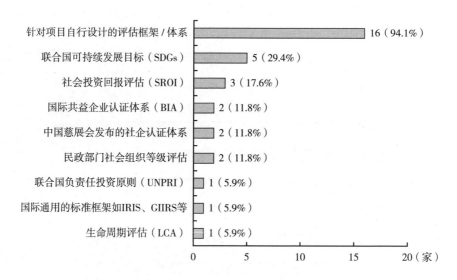

图3-37 受访基金会对影响力评估框架的选择（N=17）

资料来源：社企论坛（CSEIF）。

（六）基金会社会投资的绩效

1. 社会投资的财务绩效

在 12 家进行影响力投资并确立了财务目标的基金会中，有 3 家因项目投资期限太短而无法判断财务回报，其余 9 家报告了影响力投资项目的财务绩效（见图 3 – 38）。其中，财务绩效低于预期的有 4 家，表明基金会在引入影响力投资方式的过程中，仍然面临重重困难。

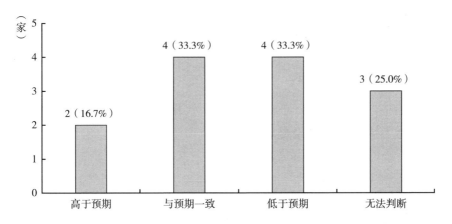

图 3 – 38　受访基金会社会投资的财务绩效（N = 12）

注：（1）因受访基金会的公益创投无财务绩效要求，故样本仅包含有影响力投资的基金会，此处的社会投资仅限影响力投资；（2）因一家机构可能有多个社会投资项目，对应不同的财务绩效结果，故比重之和大于 100%。

资料来源：社企论坛（CSEIF）。

2. 社会投资的影响力绩效

与财务绩效的不理想情况相比，社会投资项目的影响力绩效目标实现情况良好（见图 3 – 39）。在 19 家受访基金会的投资项目中，有 12 家实现与预期一致的影响力绩效，有 3 家实现高于预期的影响力绩效，仍有 3 家基金会的影响力绩效低于预期。值得注意的是，这 3 家均为开展影响力投资的机构，表明社会投资在追求双重目标的过程中仍面临挑战。

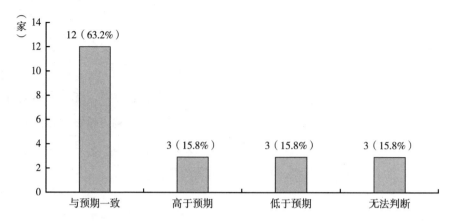

图3-39 受访基金会社会投资的影响力绩效（N=19）

注：因一家机构可能有多个社会投资项目，对应不同的影响力绩效结果，故比重之和大于100%。
资料来源：社企论坛（CSEIF）。

（七）基金会社会投资环境评价

1. 社会投资的宏观环境评价

从社会投资宏观环境的评价看（见图3-40），受访基金会中有9家认为政策环境较不利于（8家）或非常不利于（1家）社会投资行业的发展，

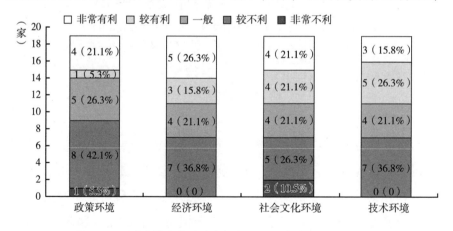

图3-40 受访基金会对社会投资宏观环境的评价（N=19）

资料来源：社企论坛（CSEIF）。

有 5 家持中立态度。在对经济环境、社会文化环境和技术环境的评价中，持中立态度的基金会均为 4 家，而持肯定或否定态度的机构数量分布较为均衡。总体来看，受访基金会对社会投资宏观环境的评价存在很大差异，行业内并未达成初步共识。

2. 社会投资的行业环境评价

在社会投资行业环境的评价上（见图 3 - 41），有 16 家受访基金会对行业发展机会持乐观态度，认为社会投资行业的发展机会很大（6 家）或较大（10 家）。同时也有 16 家基金会认为行业发展挑战很大（8 家）或较大（8 家）。社会投资行业发展的机遇与挑战并存，是受访基金会的共识之一；社会投资行业的发育程度和竞争程度低，是受访基金会的共识之二。有 16 家基金会认为社会投资市场的发育程度较低（13 家）或很低（3 家），有 14 家基金会认为行业竞争程度较低（10 家）或很低（4 家）。比较起来，受访机构对社会投资行业风险程度的评价存在较大差异。

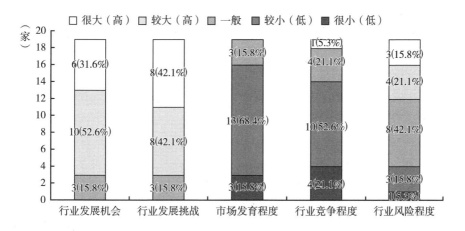

图 3 - 41 受访基金会对社会投资行业环境的评价（N = 19）

资料来源：社企论坛（CSEIF）。

从社会投资的宏观环境和行业环境的具体评分来看（见图 3 - 42），受访基金会对各项宏观环境的评分较为接近，分值介于 2 ~ 3.3 分，其中对经济环境的评价相对较高（3.3 分），对政策环境的评价相对较低（3 分）。对行业发展机会和挑战的评分很高（高于 4 分），对市场发育程度和行业竞争程度的评分很低（接近 2 分），再次反映受访机构的上述两个共识。

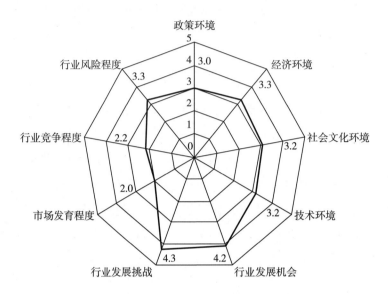

图 3－42　受访基金会对社会投资总体环境的评分（N＝19）

注：受访基金会对四项宏观环境和五项行业环境进行 1～5 分的评分，以上数据是各项评分的平均值。对于宏观环境，分值 1 到 5 分依次对应环境非常不利、较不利、一般、较有利、非常有利的五种评价；对于行业环境，1 到 5 分依次对应行业发展机会和挑战从小到大的评价，以及市场发育程度、竞争程度和风险程度从低到高的评价。

资料来源：社企论坛（CSEIF）。

（八）基金会社会投资调查小结与建议

基于对 19 家受访基金会在社会投资理念、实践和行业认知方面的调查，有如下几点结论。

在社会投资的理念上，受访基金会将社会投资视为解决社会问题的创新模式，期望除传统的资助方式之外，通过引入影响力投资方式或强调高度参与的公益创投类投资方式，在实现积极的社会影响力目标的同时，兼顾财务目标或被支持对象的可持续发展。对此，多数基金会重点瞄准处于创立和成长阶段的投资对象；在影响力投资项目上设立了低于市场水平或与市场水平一致的回报率目标；在公益创投项目上虽不要求财务回报，但强调资助对象运营模式的可持续性，从而期望为社会问题的持续解决提供创新模式。这一新兴理念在基金会所处的公益领域具有很强的信号传递功能，已开始被更多的公益机构关注和认同，由此带来日益增多的社会投资创新模式。

在社会投资的实践上，受访基金会早在2008年就开始了社会投资的创新性探索，并在公益行业中发挥了示范效应，吸引越来越多的基金会参与其中。基金会的社会投资兼具影响力投资和公益创投两种方式，其具体选择取决于机构自身的资源和能力基础。作为传统的公益机构，大多数基金会在兼顾社会绩效和财务绩效上仍面临较大困难。2017年，虽然受访基金会的社会绩效实现情况良好，但超过三成机构的财务绩效仍低于预期。尽管如此，仍有近七成受访基金会表示，在未来三年会扩大社会投资规模或维持现有水平不变。

在社会投资的行业认知上，受访基金会普遍认为，当前社会投资行业的发展机遇与挑战并存，行业竞争程度不高、市场发育程度低是现阶段的典型特征。一方面，日益增多的社会问题为社会投资市场带来巨大的发展空间；另一方面，社会投资也面临亟待突破的瓶颈制约。在访谈中，受访基金会普遍表示：第一，外部政策不配套导致基金会的社会投资实践面临一定的合规性风险；第二，基金会内部专业人才的欠缺导致其社会投资管理能力不足。

对此，改善外部环境、增强自身发展能力，是基金会加快社会投资步伐、改善社会投资绩效的两大应对举措。正如受访机构所提出的，在宏观环境上，政府应进行更多的行业倡导，以坚定基金会等公益机构进行社会投资的信心和决心；同时应给予更大的政策支持，以营造良好的政策环境。在行业环境上，应构建并逐步完善社会投资的行业生态系统，重点培养和完善第三方支持机构，加强机构间的合作。在基金会内部能力的建设上，应着重加强专业人才储备，并通过与专业团队合作实现资源和能力的突破。

三 政府类机构社会投资调查子报告

（一）政府类机构社会投资概览

1. 样本选择

参与此次问卷调查和访谈的政府类机构共有 13 家，占所有调研样本（44 家）的 29.5%。在样本选择上，将进行公益创投实践的政府相关机构确定为社会投资调查对象，是因为公益创投虽然同传统的社会投资和商业投资在投资回报、投资形式上有所区别，但政府主导的公益创投依然具有社会投资的核心特点，即追求更大的社会价值而不仅仅是项目的完成；通过高度参与组织决策，与被投资者建立紧密的互动或伙伴关系；通过给予资金和增值服务并重的方式，致力于提高组织的治理结构建设和可持续发展，从而促进公共服务社会化的发展。

公益创投不同于传统的政府购买服务。在这种新模式下，政府将原来直接提供的公共服务事项，转变为由财政出资，通过委托或公开招标等方式，交给有资质的个人或者社会组织来完成①。公益创投不仅仅是简单的资金支持，且更加关注培育和发展社会组织和社会企业的能力，以此创造可持续的社会价值和影响力。因此，此次调研将开展公益创投实践的政府类机构作为调查对象，有助于我们理解政府作为投资方参与社会投资、促进行业发展的情况。

本次调查采用目的抽样方法，将符合"市（区）级创投单位""进行公益创投两年及以上"作为样本筛选的初步条件；再结合地区差异性、样本代表性以及样本可及性等综合因素，最终选取了 13 家市级单位作为调研对象，区级单位暂未列入本次调研范围。这 13 家市级样本均为社会投资的发起机构，主要包括民政局及其下属的社会组织管理局/社会组织服务中心

---

① 李一宁、金世斌、吴国玖：《推进政府购买公共服务的路径选择》，《中国行政管理》2015年第 2 期，第 94～97 页。

（10 家）、社工委（1 家）及妇联[①]（2 家）。

2. 调查发现

政府类机构开展公益创投以资助方式为主，并不要求财务回报。主要投资目标是追求社会影响力最大化（100%）和积极的环境影响（46.2%），主要期待社会组织能达到预期的社会目标或环境目标，以满足公共服务的需求。在投资领域上，偏好社区发展（92.3%）、教育与培训（53.8%）、健康与医疗（46.2%）、减少贫困（38.5%）以及行业支持服务（38.5%）等基本公共服务领域及其相关受益人群。

政府类机构公益创投偏好亟须培育和资源扶持的初创期（69.2%）和成长期（53.8%）的社会组织，以提升初创期社会组织能力建设为主。

政府类机构公益创投的资金来源单一，主要是福彩基金（53.8%）和财政拨款（53.8%）。投资周期较短，以一年以内（46.2%）或 1~3 年（30.8%）为主；单个项目的投资金额较小，以 5 万~20 万元为主（61.5%）。

政府参与公益创投的风险偏好态度比较谨慎，一般持风险规避（38.5%）或风险中立（30.8%）的原则，未来三年的投资规模也基本与现在保持一致。

政府类机构公益创投的总规模差异较大，主要取决于资金来源。其中 2017 年度投资额度以 100 万~500 万元（36.4%）、1000 万~3000 万元（36.4%）为主。

政府参与公益创投一般而言采用资金支持和非资金支持并行的方式，旨在通过非资金支持等一系列增值服务来帮助提升社会组织的组织能力建设，培育公益组织成长。这也是公益创投区别于传统的政府购买服务的重要特点之一。其中"链接社会资源"（92.3%）、"日常管理指导"（76.9%）、"财务管理或会计服务"（61.5%）、"运作管理"（53.8%）等被认为是应用广泛的增值服务。

从发起形式上看，政府参与的公益创投活动一般分为三种形式：单独发

[①] 妇联虽然在机构性质上属于社会团体，但是在中国的政治体制中，各级妇联接受同级党委领导。市妇联是市委领导下的主管妇女工作的社团组织，在本次调研中将其归为政府类机构。

起（61.5%）、多部门/多机构联合发起（30.8%），以及两者兼有（7.7%）。在投资流程中采用独立运作（61.5%）和委托第三方运作（38.5%）两种方式。

政府类机构对公益创投项目的社会影响力都进行了相应的评估。76.9%的机构委托第三方机构对项目进行评估，15.4%的机构采用自行评估的方式，还有7.7%的机构采用两种方式共同评估。从项目评估的方法来看，92.3%的机构选择了"针对项目自行设计的评估框架/体系"。由于缺乏系统性的公益创投评估指标体系和关键性指标设计，现行评估方式很难有效地反映公益创投的社会影响力。

受政府财政管理政策的影响，政府类公益创投的退出机制不同于传统商业投资，一般不以是否达到财务回报来设计退出机制。政府类公益创投机构以项目资助期结束时退出，缺乏弹性的退出机制，不利于社会组织能力建设的稳定性和资金的可持续性。

总体来看，2017年政府类公益创投的影响力绩效基本与预期一致，虽然目前行业的发展充满挑战和风险，但政府类机构对宏观环境充满信心，对社会组织未来的发展寄予厚望。

（二）政府类机构调查样本特征

1. 地域分布

参与此次调研的政府类机构大多来自开始公益创投的年份较早、创投经验较为丰富的东部沿海地区。其中来自江浙沪的市级政府机构有7家，占政府类机构总体比例的一半以上（53.9%），其余的受访机构集中在北京、广东，以及中西部地区的江西和四川（见表3-4）。

表3-4 受访政府类机构的地域分布（N=13）

所在区域	机构数（个）	比重（%）
北京	2	15.4
上海	2	15.4

续表

所在区域	机构数（个）	比重（%）
广东	1	7.7
江苏	1	7.7
浙江	4	30.8
江西	1	7.7
四川	2	15.4
合　计	13	100

资料来源：社企论坛（CSEIF）。

2. 公益创投的初始年份

以政府为主导的公益创投普遍被认为始于 2009 年 5 月，上海市民政局当时宣布引进年度"上海社区公益创投大赛"的项目，并委托上海浦东非营利组织发展中心（即恩派）承办，公益创投活动由此拉开了序幕。其余12 家受访机构主导的公益创投始于 2013～2016 年（见图 3 – 43）。这得益于民政部印发的《2013 年中央财政支持社会组织参与社会服务项目实施方案》，对服务内容、资助方式等做了具体说明，为提升社会组织能力、推动公共服务社会化提供有力的政策保障。

图 3 – 43　受访政府类机构公益创投的初始年份（N = 13）

资料来源：社企论坛（CSEIF）。

3. 公益创投的目标和动机

调查结果显示，在投资目标上，以政府为主导的公益创投活动区别于传统商业领域的风险投资，并不追求任何财务回报。所有受访机构开展公益创投的最终目标都是追求社会影响力最大化（13 家），以此增强社会组织持续地提供公共服务、创造积极社会影响的能力。部分机构兼顾了积极环境影响的目标（6 家）。

在投资动机上，受访政府类机构开展公益创投的动机主要源于政府的号召（8 家）和机构自身对行业声望和影响力的诉求（5 家），另有 3 家受访机构（23.1%）补充了"其他"动机，包括培养有服务能力的社会组织以及推动社会组织治理能力的提升等（见图 3 - 44）。

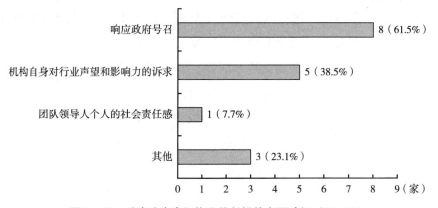

图 3 - 44 受访政府类机构公益创投的主要动机（N = 13）

资料来源：社企论坛（CSEIF）。

4. 资金来源、投资方式及对财务回报水平的要求

受访政府类机构参与公益创投的资金来源比较单一（见图 3 - 45），以福彩基金（7 家）和财政拨款（7 家）为主。1 家受访机构采用了创新型资金投入方式，即建立社区基金会并注入政府引导基金，以此为杠杆调动社会资金，统筹开展公益创投活动。其他常见的社会投资资金来源，例如慈善捐款、商业资金、自有资金、代管资金、慈善信托等形式，均未体现在政府类公益创投过程中。

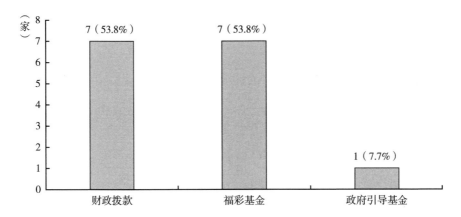

图 3 - 45　受访政府类机构公益创投的资金来源（N = 13）

资料来源：社企论坛（CSEIF）。

政府参与公益创投的金融工具单一，13 家机构只有"资助"一种方式，无联合投资的形式，整体缺乏其他金融工具的使用。与出资形式相一致，政府主导的公益创投不追求财务回报，因此也无财务回报水平的具体要求。

（三）政府类机构公益创投偏好

1. 公益创投的指向性

政府类公益创投偏好的前五类投资领域分别是社区发展（92.3%）、教育与培训（53.8%）、健康与医疗（包括养老服务等）（46.2%）、减少贫困（38.5%）及行业支持服务（38.5%）（见图 3 - 46）。

受福彩基金使用办法的限制，公益金的使用应当遵循"扶老、助残、救孤、济困"的宗旨，因而政府类公益创投关注的目标受益人群主要集中在社会组织（69.2%）、儿童和青少年（69.2%）、老人（61.5%）、残障人士（53.8%）和社区居民（53.8%）（见图 3 - 47）。根据国务院 2013 年发布的《关于政府向社会力量购买服务的指导意见》，教育、就业、社保、医疗卫生、住房保障、文化体育及残疾人服务等基本公共服务领域是社会建设的重点。此次调研的结果也显示，政府类公益创投关注的人群和项目均属于

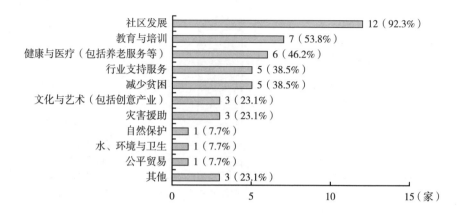

图 3 - 46 受访政府类机构公益创投专注的领域 （N = 13）

注："其他"包括妇女儿童类服务、社区基层治理。
资料来源：社企论坛（CSEIF）。

当地社会发展迫切需要社会力量参与的领域，政府类机构也是最具有公益属性的服务部门。

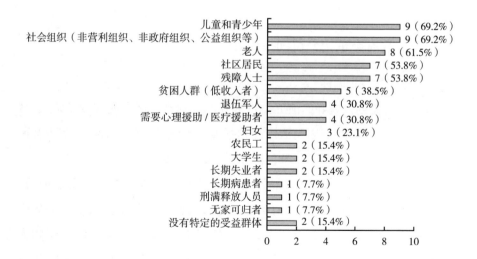

图 3 - 47 受访政府类机构公益创投关注的目标受益群体 （N = 13）

资料来源：社企论坛（CSEIF）。

从公益创投的受益区域来看（见图3－48），由于受地方财政资金管理限制，政府类机构公益创投主要集中在"注册所在市"（7家）或"注册所在区（县）"（3家）。还有少量的政府类机构公益创投将受益区域扩大到机构所在省（3家）。需要注意的是，访谈对象中有3家是直辖市的区级单位，在行政级别上属市级，但在投资受益区域的统计中被归为"注册所在区（县）"。

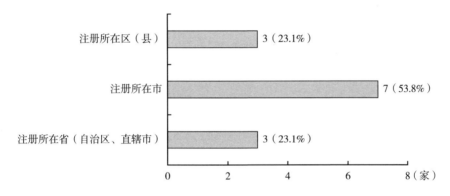

图3－48　受访政府类机构公益创投的目标受益区域（N＝13）

资料来源：社企论坛（CSEIF）。

受资金来源和投资主体的制约，所有政府类机构公益创投（13家）的对象集中在民政部注册的社会组织，少数政府类机构（2家）也接受来自工商部门注册的企业的申请，例如一些资质比较好、有能力提供高质量公共服务的社会企业。

传统的政府购买服务偏好于向成熟的社会组织购买优质的社会服务，与之不同的是，就投资对象类型及其所处生命周期阶段看，政府类机构公益创投关注更多的是初创期（9家）和成长期（7家）的社会组织（见图3－49）。这来源于实施公益创投最根本的原因，即大多数社会组织目前仍处于初创阶段，缺乏管理经验和其他必要的组织建设能力来承接公共服务项目。因此，政府需要发挥资金支持和能力建设的作用，来培育和发展更多有资质的社会组织提供公共服务、解决社会需求。

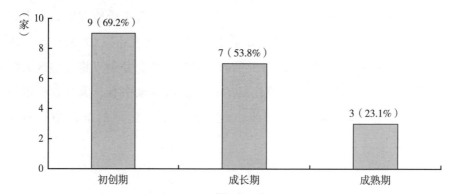

图 3 - 49 受访政府类机构对公益创投对象生命周期阶段的偏好（N = 13）

资料来源：社企论坛（CSEIF）。

2. 公益创投的资金期限

受福彩基金结算周期和现行财政管理制度的影响，受访政府类机构公益创投活动的实施周期较为固定，包括一年以内（6 家）或 1～3 年（4 家），还有相当一部分接受财政拨款的政府类机构公益创投根据项目特征确定不同的资助期限（5 家）（见图 3 - 50）。总的来说，由于政府类公益创投以资助

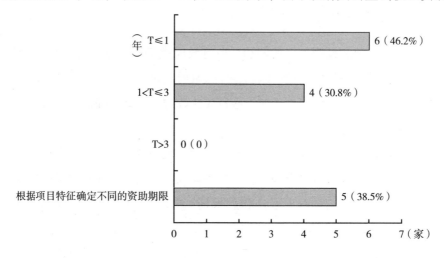

图 3 - 50 受访政府类机构公益创投的资金期限 T（N = 13）

资料来源：社企论坛（CSEIF）。

为主，一般资助时间较短。但从组织生长周期来看，一般需要多年连续不断的培育才能有效提升公益组织的能力建设。对此，部分提供一年期资助的受访机构表示"一年资助周期很难看到效果"。

3. 公益创投的风险类型

政府类机构公益创投对风险的态度比较谨慎，一般持风险规避（5 家，占 38.5%）和风险中性（4 家，占 30.8%）的态度，也有一些政府类机构认为要根据投资领域确定不同的风险承担程度（5 家，占 38.5%）（见图 3–51）。政府类机构中普遍没有风险偏好型机构。

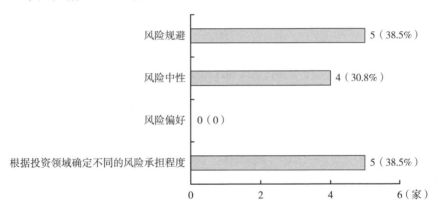

图 3–51　受访政府类机构公益创投的风险类型（N = 13）

注：风险类型与投资项目和投资方式的选择有关，一家机构因项目不同而可能具有多种风险类型，故比重之和大于100%。

资料来源：社企论坛（CSEIF）。

（四）政府类机构公益创投规模

1. 公益创投规模

2017 年，受访政府类机构的公益创投规模差异比较大（见图 3–52）。有 11 家机构给予了反馈，其中，投资额以 100 万～500 万元（4 家）和 1000 万～3000 万元（4 家）为主，其次是 500 万～1000 万元（2 家）和 50 万～100 万元（1 家）的规模。值得注意的是，在 4 家投资规模在 1000 万～3000 万元的机构中，有 3 家的资金来源是政府财政拨款。

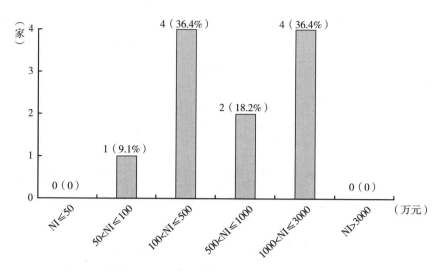

图 3−52   受访政府类机构 2017 年公益创投规模 NI（N=11）

资料来源：社企论坛（CSEIF）。

2. 公益创投项目数及项目资助规模

根据 12 家受访政府类机构的反馈，2017 年的公益创投项目总数为 2016 个，平均项目数为 168 个（见图 3−53）。共有 7 家机构（58.3%）的项目

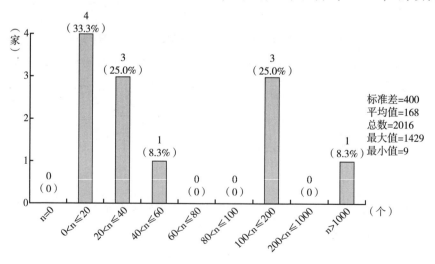

图 3−53   受访政府类机构 2017 年公益创投项目数 n（N=12）

资料来源：社企论坛（CSEIF）。

数在 40 个以内，有 4 家机构（33.3%）的项目数超过 100 个。其中有 1 家机构的项目数超过 1000 个，年投资总额达到 1000 万～3000 万元，是众多受访机构中规模最大的。

单个项目的最大投资规模以 5 万～20 万元（8 家）为主，其次分别是 20 万～50 万元（3 家）和 50 万～100 万元（1 家）（见图 3－54）。

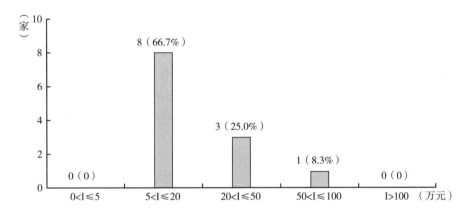

图 3－54 受访政府类机构公益创投 2017 年单个项目的最大投资规模 I（N＝12）

资料来源：社企论坛（CSEIF）。

3. 社会投资专项基金

调查发现，目前没有 1 家受访政府类机构设立了社会投资的专项基金，有 5 家机构（38.5%）表示正在计划中，8 家机构（61.5%）表示并无此计划（见图 3－55）。在有专项基金设立计划的 5 家机构中，有 1 家已经计划在未来拿出 200 万～300 万元，以无息贷款的方式支持社会组织的成长，这说明政府类机构公益创投正在进行一些创新型探索，以期有效发挥财政资金支持的作用。

4. 公益创投规模的未来计划

在对未来三年公益创投规模的计划上，有 8 家机构表示会保持投资规模不变，有 4 家表示会支持更多的社会组织服务于以下领域：妇女儿童家庭类社会服务项目、公益慈善类社会组织以及提高社会组织能力。另有 1 家机构表示目前还没有明确的计划（见图 3－56）。

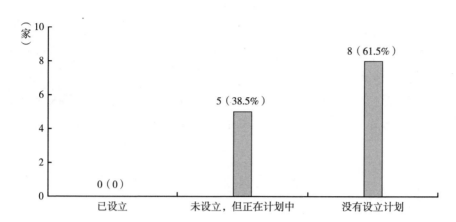

图 3 – 55　受访政府类机构社会投资专项基金的设立（N = 13）

资料来源：社企论坛（CSEIF）。

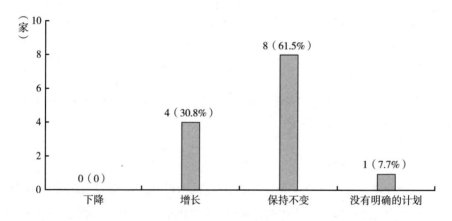

图 3 – 56　受访政府类机构未来三年公益创投规模的计划（N = 13）

来源：社企论坛（CSEIF）。

（五）政府类机构公益创投管理

1. 公益创投活动的发起与组织

从发起形式上看，政府类机构的公益创投活动一般分为三种形式：单独发起（8 家）、多部门/多机构联合发起（4 家），以及两种形式兼具（1家）。绝大多数受访机构没有设立独立的公益创投部门或团队（10 家），仅有 3 家设立了专门的团队, 团队人员数量平均只有 3 名。

从运行模式上看, 政府类机构的公益创投活动一般分为独立运作 (61.5%) 和委托第三方运作 (38.5%) 两种模式。委托运作模式一般是由政府提供创投资金, 第三方负责公益创投的全流程管理, 例如项目筛选、评审、监督、培训、评估等。但是在委托运作模式中, 有个别政府类机构采取部分管理的方式, 将公益创投流程分割为不同环节, 委以不同的第三方进行运作管理。例如将公益创投的前期筛选和能力提升委托给一家社会组织, 后期评估委托给另外一家社会组织, 以避免一家权责过大, 出现信息不对称的情况。其中, 受委托的第三方多以能力建设和行业支持类的社会组织为主, 也有一些政府类机构没有固定的第三方合作机构, 每年通过招标的方式确立委托运作的社会组织。

政府类机构的公益创投一般采用资金支持和非资金支持并举的方式, 旨在通过非资金支持等一系列增值服务来帮助社会组织提升能力, 培育公益组织成长。这也是公益创投区别于传统的政府购买服务的重要特点之一。其中 "链接社会资源" (92.3%)、"日常管理指导" (76.9%)、"财务管理和 (或) 会计服务" (61.5%)、"运作管理" (53.8%) 等被认为是应用广泛的增值服务 (见图 3 - 57)。

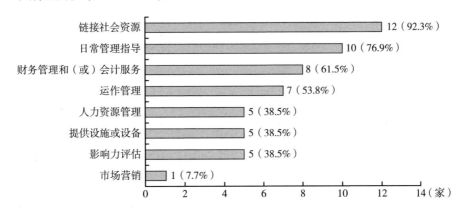

图 3 - 57　受访政府类机构提供的非资金支持服务 (N = 13)

资料来源: 社企论坛 (CSEIF)。

2. 公益创投的风险识别和管理

政府类机构在公益创投的项目筛选和尽调阶段，重点考虑的前三项风险分别是：财务风险（10 家，占 76.9%）、社会和（或）环境影响力风险（10 家，占 76.9%），以及商业模式/项目的实施和管理风险（9 家，占69.2%）（见图 3 - 58）。作为政府的相关部门，由于其资金来源的特殊性，对于公益创投的项目并不追求财务上有利润回报，但是政府类机构依然关注：投入资金的有效性、所投项目是否能带来积极的社会或环境影响力、申报的项目和机构是否有合理的商业模式或项目运营能力来完成预期的社会和环境目标。

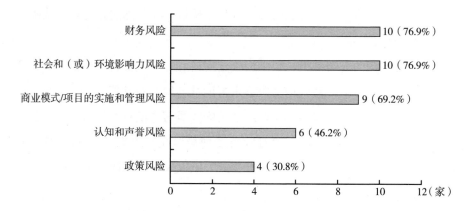

图 3 - 58　受访政府类机构公益创投项目关注的风险（N = 13）

注：社会和（或）环境影响力风险是指项目无法达到预期的社会和（或）环境影响力。
资料来源：社企论坛（CSEIF）。

为了降低公益创投面临的各种风险，政府类机构采取了多种方式来规范投资流程。例如，有的政府类机构在访谈中提及"在立项时兼顾社会组织的征信调查以及社会组织规范化评估等级等指标，在重大项目上，需要有推荐单位或者落地合作方的意见等，用于降低一定程度的风险"。

值得注意的是，政府类机构公益创投并没有建立灵活的退出机制，一般是创投周期结束后自动退出。有些政府类机构表示，如果遇到十分优秀的社会组织，会在项目结束时推荐其他政府类支持渠道，例如转向政府购买服务。

3. 公益创投的影响力评估

13 家受访机构一致表示，已经或者准备对已投项目进行影响力评估或者项目评估，且 69.2% 的机构是在进行公益创投的首年或次年开展项目评估。从评估方式来看，如图 3-59 所示，有 10 家机构委托第三方机构对项目进行评估，有 2 家机构采用自行评估的方式，还有 1 家机构采用两种方式共同评估。评估主要是通过自行组成或委托第三方专家评审团队在项目中期和终期对项目综合效能进行评审，以改进下一轮的投资过程。

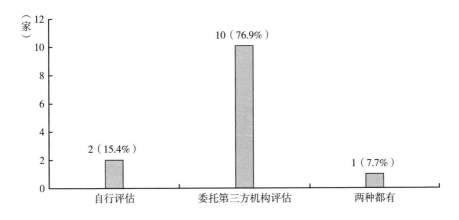

图 3 – 59　受访政府类机构进行影响力评估的方式（N = 13）

资料来源：社企论坛（CSEIF）。

从评估的专项经费来看，66.7% 的机构表示已经设立专项经费进行项目评估，且平均每家的评估经费为 37.87 万元，占 2017 年度公益创投总额的 4.6%。仍有 33.3% 的机构表示还未设立项目评估的专项经费。

从项目社会影响力评估的工具来看（见图 3 – 60），92.3% 的机构选择"针对项目自行设计的评估框架/体系"，23.1% 的机构采用"民政部门社会组织的等级评估"，另外还有机构采用"社会投资回报评估（SROI）"（15.4%）、"生命周期评估（LCA）"（15.4%），以及"可持续发展理念的产品认证标志：从摇篮到摇篮设计（C2C）"（7.7%）。其他的社会影响力评估的工具，例如联合国负责任投资原则、国际共益企业认证标准等，调研样本中均未涉及。

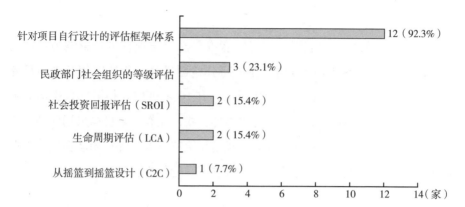

图3-60　受访政府类机构项目社会影响力评估的工具　（N=13）

资料来源：社企论坛（CSEIF）。

（六）政府类机构公益创投的成效

政府类机构通过组成专家评审团队对项目综合效能进行评审，同时在项目结束后再次进行评估，以改进下一轮的投资过程。从公益创投的社会影响力绩效来看（见图3-61），有10家政府类机构认为2017年的影响力绩效基本与预期保持一致，有1家机构认为社会组织的表现高于预期，另外还有2家机构表示公益创投项目参差不齐，难以判断。

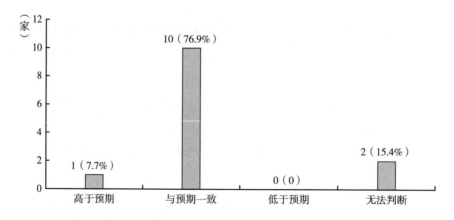

图3-61　受访政府类机构2017年公益创投的影响力绩效　（N=13）

资料来源：社企论坛（CSEIF）。

（七）政府类机构公益创投环境的评价

1. 公益创投宏观环境的评价

如图 3－62 显示，大部分受访机构认为目前的宏观环境比较乐观，有利于行业的发展。具体而言，8 家机构认为当前政策环境有利于行业的发展，法律法规较为完善；9 家认为当下经济环境良好，为促进公益创投发展提供了物质保障；9 家认为当下社会文化环境对公益创投和创新有较高的认知和开放程度；9 家认为现有的科学技术环境比较有利于公益创投的发展，可以为其提供源源不断的技术成果或创新思想。但是，仍有 5 家机构认为目前的政策环境（法律、法规等的完善程度）对公益创投并没有明显的政策倾斜和保障，有待进一步完善。

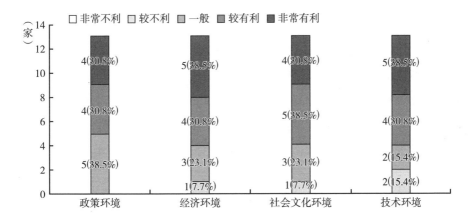

图 3－62　受访政府类机构对公益创投宏观环境的评价（N＝13）

资料来源：社企论坛（CSEIF）。

2. 公益创投行业环境的评价

如图 3－63 所示，受访政府类机构认为当下的行业环境是机遇与挑战并存，潜力很大，同时也有重重的考验。在整个行业环境的评价中，对市场的发育程度现状是最不满意的，仅 1 家受访机构认为当下市场发育成熟，有利于行业未来的发展。这也说明政府类机构作为社会组织的培育机构和服务购买方，对社会组织的发育程度和专业性有很大的忧虑。

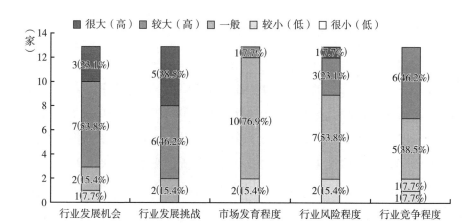

图3-63　受访政府类机构对公益创投行业环境的评价（N=13）

资料来源：社企论坛（CSEIF）。

从行业发展的宏观环境和行业环境综合来看（见图3-64），受访政府类机构对当下行业发展的宏观环境持相对乐观的态度，特别是认为行业的宏观环境比较有利于公益创投在中国的发展和传播。受访机构对当下的行业环境喜忧参半，认为发展的机会很多，市场发育和行业竞争程度不高，但行业面临的挑战较高。

（八）政府类机构公益创投的调查小结与建议

公益创投的本质是把传统商业投资的理念，延伸到社会组织的培育和发展过程中，把给予资金支持和提高能力建设相结合，引导社会组织提高专业化水平。此次调研发现，政府类机构参与社会投资主要采取公益创投的形式来支持和培育社会组织，提高其参与公共服务的能力。基于对13家受访政府类机构在社会投资理念、实践和行业认知方面的调查可知，政府主导下的公益创投主要有三个特点。

其一，受资金来源和现行财政管理制度的影响，公益创投的金融工具单一、投资期限较短、单项投资金额较小。当前的金融工具只有资助的形式，资金来源也比较单一，主要是福彩基金和财政拨款，对后续创投过程的周期

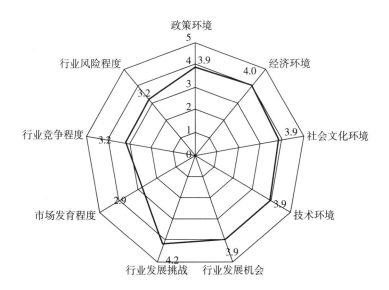

图 3 - 64 受访政府类机构对公益创投总体环境的评分（N = 13）

注：受访机构对四项宏观环境和五项行业环境进行 1~5 分的评分，以
上数据是各项评分的平均值。对于宏观环境，分值 1 到 5 分依次对应环境
非常不利、较不利、一般、较有利、非常有利五种评价；对于行业环境，1
到 5 分依次对应行业发展机会和挑战从小到大的评价，以及市场发育程度、
行业竞争程度和风险程度从低到高的评价。

资料来源：社企论坛（CSEIF）。

和退出机制都有较大的影响。但是，在此次调研中也看到一些创新型金融工
具或参与方式的出现，即社区基金会利用政府的杠杆作用，撬动社会资本进
入，统筹管理，合力促进社会组织的健康成长。投资周期一般以 1 年或 1~
3 年居多，且单项投资金额较小，很难在短期内看到培育效果。而国外以私
募基金为主的公益创投周期大多设定在 3~5 年，甚至更久。这种长期持续
的耐心资本给予社会组织或社会企业充足的时间加强组织能力建设、提高参
与公共服务能力。

其二，政府类机构在公益创投过程中的高度参与是创投项目顺利实施的
重要保障。多家政府类机构在经验中提到了全程陪伴和参与的重要性。从最
初的项目申报阶段到项目退出，政府类机构全程参与和督导，通过提供综合
的专业服务，有效地参与到资本运作和决策中，建立密切的互动关系，从而

培育社会组织可持续发展的能力。一些政府类机构还提到了提供"精准服务"的重要性。根据申报组织的不同发展阶段和不同的需求,"量体裁衣",设计多元化的支持内容,避免"大水漫灌"式的培育方式,精准支持社会组织的需求,并加强"专业课"教育,提升社会组织的专业化能力;在陪伴过程中要尊重专家意见,对社会组织进行一对一督导,帮助他们提炼和梳理工作模式,建立完善的治理结构。

其三,评估工具单一,缺乏弹性退出机制。调查结果显示,多数政府类机构对公益创投项目进行了影响力评估,但是评估方式模糊,基本都是针对本机构或本项目设计的特定的评估框架,缺乏系统性公益创投的评估指标体系和关键性指标设计,很难评估出社会影响力和环境影响力,难以为公益创投的下一步决策提供数据支持。受政府财政管理政策的影响,以创投周期为标准的退出机制忽略了社会组织资金的可持续性和组织能力建设的稳定性,在项目资助结束时自动退出,不利于现有培育成果的保持,也不利于社会组织长远的可持续影响力的发挥。

另外,本次调研发现,上海、深圳、苏州等早期开展公益创投的区域,目前均已结束市级公益创投活动。在非正式访谈中了解到,部分已经结束公益创投的机构认为目前公益创投的阶段性使命已经完成,政府部门已经培育了一定数量的初创型社会组织,并协助他们建立完善的组织运营框架,增强组织能力建设。而下一个阶段政府部门要考虑的是公共服务专业化和社会化以及打造品牌社会组织,树立行业标杆,引领专业化社会服务。

本次调查对如何充分利用公益创投推进社会组织行业发展有以下几点思考和建议。第一,政府作为政策的倡导者和制定者,应建立和健全保障公益创投和社会投资的政策体系,充分发挥政策的引导作用,灵活运用政策工具如税收减免、专项奖励等,鼓励和支持更多民间资本参与到公益创投中,让公益创投的投资者和受惠者都能享受到政策优惠,让政策更好地落地,以满足各方的需求。第二,政府应增强创新能力,设计有效的监督和激励机制,规范绩效评估体系和关键性指标设计,使公益创投的成效更加清晰可衡量。

第三，社会组织应努力提高自身的组织能力，在公益创投中不以获得资金支持为主要目的，应致力于深耕自身业务领域，增强公共服务能力，在培育过程中充分参与、努力学习，最终实现组织的健康成长和可持续发展。

四　商业投资机构社会投资调查子报告

（一）商业投资机构的子报告概览

1. 样本选择

参与此次问卷调查和访谈的商业投资机构共有 12 家，占所有调研样本（44 家）的 27.3% 。在样本选择上，调查采用了目的抽样方法，通过中国社会企业与影响力投资论坛、商道纵横、Impact Hub Shanghai 等行业平台机构获取信息，最终确定了 7 家专门从事社会投资的商业机构和 5 家包含社会投资业务的传统商业机构为调查样本。

在这 12 家受访机构中，10 家以结构式访谈方法获取问卷信息，其余 2 家以非结构式访谈方法进行，因此获取的信息仅覆盖了部分问卷问题。基于此，以下数据分析的样本数大多为 10 家。

2. 调查发现

受访商业投资机构进行社会投资，以产生积极的社会影响（100%）和财务回报（91.7%）等最终目标为主，大多基于出资人个人的社会责任感（70%）或团队领导人个人的社会责任感（60%），所进行的社会投资主要偏向教育与培训（54.5%）、健康与医疗（54.5%）、食品与农业（45.5%）等领域。

受访商业投资机构的社会投资形式包括影响力投资和公益创投两种，绝大多数以影响力投资为主，采用股权投资的金融工具。

在进行社会投资时，商业投资机构的投资形式较为灵活，单独发起与联合投资的形式各占 50% 。在项目发展阶段上看，商业投资机构倾向在项目的创建期（66.7%）和成长期（58.3%）进行投资，投资年限主要为 5 ~ 7 年

（66.7%）。

商业投资机构的投资项目数量少，单个项目的投资规模区间分布分散。商业投资机构对社会投资行业的未来持积极态度，多数机构（70%）计划在未来三年扩大投资规模。

商业模式及项目的实施和管理风险（75%）是受访机构最为关注的风险。股权投资的退出原则比较多样，选择在达到设定的财务回报时退出投资的机构较多，有4家（占40%）；转让股权是受访机构最青睐的退出形式，向财务投资者转让股权与向战略投资者转让股权这两种方式分别有8家选择（各占66.7%）。虽然有10家机构正在（8家）或者准备（2家）对社会投资项目进行影响力评估，但仅有3家机构设立了影响力评估的专项经费。受访机构大多自行设计评估框架体系（85.7%）进行评估。

从成效上看，商业投资机构的社会投资不论是财务绩效还是影响力绩效，大多与预期一致甚至高于预期，整体处于中上水平。从宏观环境来看，较多商业投资机构认为目前社会投资相关的政策、经济、社会文化和技术的环境并不利于社会投资领域的发展。从行业环境来看，多数商业投资机构认为社会投资的发展机会大、挑战高，但市场发育程度和竞争程度低。整体上看，社会投资环境仍有待改善。

（二）商业投资机构调查样本特征

1. 地域分布

所调研的商业投资机构，如表3-5所示，主要分布在沿海及经济发达地区，尤其以上海为主。其中，有5家机构位于上海，有2家机构分布在广东，各有1家机构分布在浙江、北京，另有3家国际性的商业投资机构位于中国香港或海外①。

---

① 虽然三家国际性机构的总部位于中国香港特别行政区或海外，但因为其在中国内地也积极开展投资业务，我们在此子报告也将海外样本纳入。

表 3 – 5　受访商业投资机构的地域分布（N = 12）

单位：个，%

所在区域	机构数	比重
上海	5	41.7
广东	2	16.7
浙江	1	8.3
香港	1	8.3
北京	1	8.3
海外	2	16.7

资料来源：社企论坛（CSEIF）。

2. 社会投资的初始年份

如图 3 – 65 所示，受访商业投资机构最早于 2002 年开展社会投资，在此后的 5 年间无新增机构。在 2008 年、2011 年和 2012 年，有 4 家商业投资机构陆续进入社会投资领域。在 2014～2016 年，启动社会投资的商业投资机构新增了 6 家。总体来看，尽管商业投资机构涉入社会投资领域的时间较早，但增长数量不多，步伐有待加快。

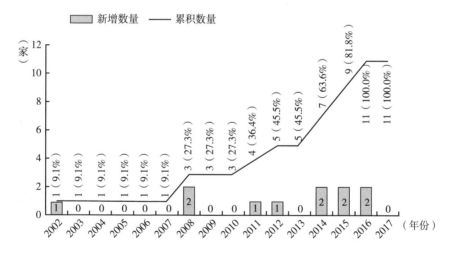

图 3 – 65　受访商业投资机构开展社会投资的初始年份（N = 11）

资料来源：社企论坛（CSEIF）。

3. 社会投资的目标和动机

图 3−66 显示，在受访的 12 家商业投资机构中，所有机构都以"产生积极的社会影响"为社会投资的最终目标。其中，有 11 家机构同时确立了财务回报的目标，有 7 家机构确立了环境影响力的目标。总体来看，共有 6 家机构兼顾了经济、社会和环境的目标。

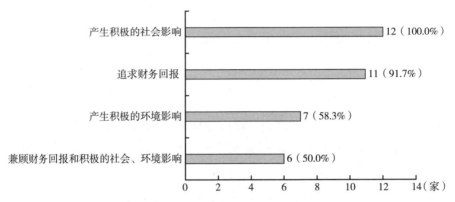

图 3−66 受访商业投资机构社会投资的最终目标（N＝12）

资料来源：社企论坛（CSEIF）。

关于社会投资的主要动机（图 3−67），出资人个人的社会责任感（7 家）和团队领导人个人的社会责任感（6 家）是受访商业投资机构开展社会

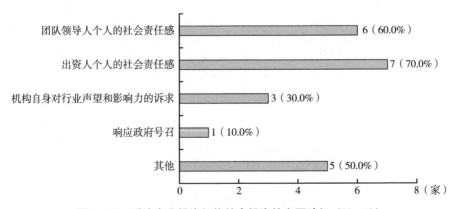

图 3−67 受访商业投资机构社会投资的主要动机（N＝10）

注："其他"包括团队的社会责任感、机构使命等。
资料来源：社企论坛（CSEIF）。

投资最为普遍的两个原因，仅1家机构提及"响应政府号召"这一动机。

4. 资金来源、投资方式及对财务回报水平的要求

关于社会投资的资金来源，在提供信息的10家商业投资机构中，自有资金（9家）是最主要的来源，商业资金（4家）次之，仅1家机构社会投资的资金来源包括慈善捐款。

商业投资机构的社会投资方式包括影响力投资和公益创投两种，绝大多数都是影响力投资方式。在12家受访机构中，所有机构都进行了影响力投资，以股权投资为主；仅有1家机构曾经以公益创投的形式资助过1个项目。

受访商业投资机构对财务回报水平的要求以接近市场回报率为主（6家），要求低于或高于市场回报率的机构各有2家（见图3-68）。

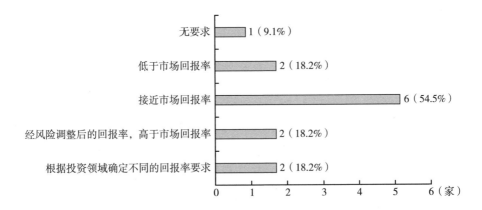

图3-68 受访商业投资机构对财务回报水平的要求（N=11）

注：对财务回报的要求与投资项目和投资方式的选择有关，一家机构因多个项目而可能存在多重目标要求，故比重之和大于100%。

资料来源：社企论坛（CSEIF）。

（三）商业投资机构的社会投资偏好

1. 社会投资的指向性

在投资领域分布上（见图3-69），受访商业投资机构的社会投资集中

在教育与培训、健康与医疗、食品与农业、能源等领域，机构占比都在
30%以上。

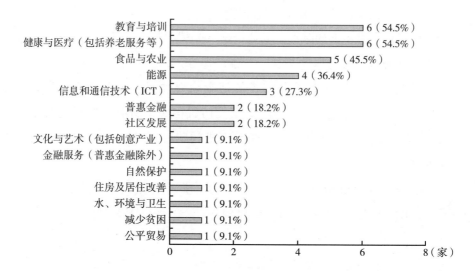

图3-69　受访商业投资机构社会投资的专注领域（N=11）

资料来源：社企论坛（CSEIF）。

从目标受益人群来看（见图3-70），有4家商业投资机构的社会投资
没有特定的受益群体，有3家机构关注儿童和青少年，此外各有2家分别关
注社区居民、老人、贫困人群（低收入者）以及妇女。

从社会投资的目标受益区域范围的选择来看（见图3-71），在提供信
息的10家机构中，有5家机构的目标受益区域是全国范围；有3家基于机
构本身的性质①，目标受益区域为国际范围；有1家的目标受益区域兼顾全
国和国际范围；有1家的目标受益区域不确定。

在社会投资的对象选择上，12家受访商业投资机构均选择投资工商部
门注册的企业，其中有2家机构同时选择了在民政部门注册的社会企业为社
会投资对象。

---

① 这些商业投资机构皆为国际性商业投资机构。

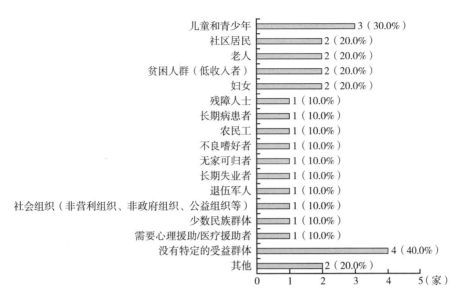

图 3 – 70　受访商业投资机构社会投资的目标受益对象（N = 10）

注："其他"包括整个社会和公众、弱势群体等。
资料来源：社企论坛（CSEIF）。

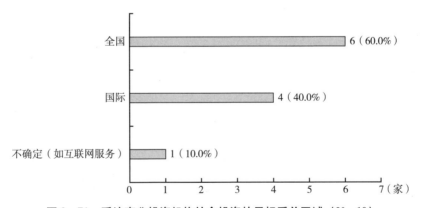

图 3 – 71　受访商业投资机构社会投资的目标受益区域（N = 10）

资料来源：社企论坛（CSEIF）。

对社会投资对象所处生命周期阶段的偏好上，图 3 – 72 显示，商业投资机构主要选择处于创建期（8 家）和成长期（7 家）的机构进行投资。除此之外，选择了种子期、成熟期、股权收购/并购期的各有 2 家。可见，商业模式已基本建立，以及产品或服务规模将进行快速增长的阶段，是商业投资机构较为青睐的项目投资阶段。若投资对象无清晰的商业模式，商业投资机构均表示不会进行投资。

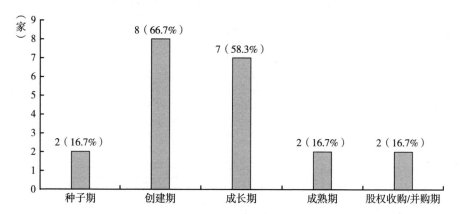

图3-72 受访商业投资机构对社会投资对象生命周期阶段的偏好（N=12）

资料来源：社企论坛（CSEIF）。

2. 社会投资的资金期限

商业投资机构的社会投资期限（见图3-73）都在3年以上，以5~7年为主（8家），其次分别为7~10年（3家）和3~5年（2家），期限超过10

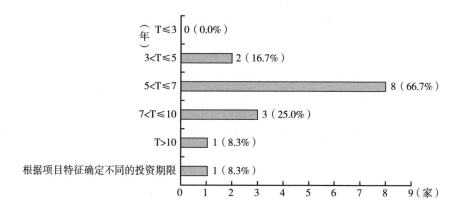

图3-73 受访商业投资机构社会投资的资金期限 T（N=12）

资料来源：社企论坛（CSEIF）。

年的有 1 家。另有 1 家机构表示需要根据项目特征确定不同的投资期限。

3. 社会投资的风险类型

关于社会投资的风险类型（见图 3 – 74），在 10 家提供信息的受访商业投资机构中，有 6 家表示需根据投资领域确定不同的风险承担类型，有 2 家选择风险规避类型，各有 1 家选择风险中性和风险偏好类型。

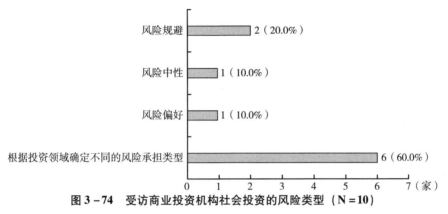

图 3 – 74　受访商业投资机构社会投资的风险类型（N＝10）

资料来源：社企论坛（CSEIF）。

（四）商业投资机构社会投资的规模

1. 社会投资的新增规模、总规模及比重

从商业投资机构 2017 年社会投资新增规模来看（见图 3 – 75），在提供信息的 10 家受访机构中，有 2 家没有新增投资，其余 8 家的新增投资额分布较为平均。其中，新增投资额 50 万 ~ 100 万元、100 万 ~ 500 万元以及 500 万 ~ 1000 万元的机构各有 2 家，1000 万 ~ 3000 万元和超过 3000 万元的机构各有 1 家，商业投资机构为社会投资市场注入了活力。

从社会投资总规模来看（见图 3 – 76），截至 2017 年底，受访商业投资机构的社会投资总额都在 100 万元以上，额度分布较为分散。其中，投资总规模 500 万 ~ 1000 万元的共有 3 家，占比最高（37.5%）；100 万 ~ 500 万元和超过 5000 万元的分别有 2 家。值得一提的是，在投资总额最高的 2 家机构中，其中 1 家机构强调其投资规模已达 3000 万美元（约 2.08 亿元人民币）。

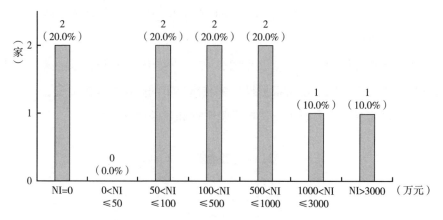

图 3-75　受访商业投资机构 2017 年社会投资新增额 NI （N＝10）

资料来源：社企论坛（CSEIF）。

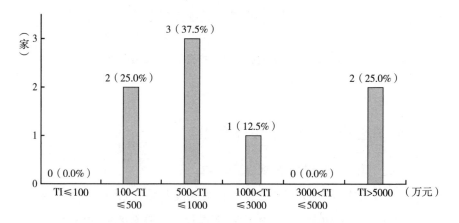

图 3-76　受访商业投资机构截至 2017 年底社会投资总额 TI （N＝8）

资料来源：社企论坛（CSEIF）。

由于所选择的受访机构为专门的社会投资机构或者有社会投资实践的商业投资机构，各机构在 2017 年的社会投资比重皆高，有 2 家机构的社会投资占总投资额的 80%～100%，有 8 家机构为 100%。

2. 社会投资项目数及项目投资规模

受访商业投资机构社会投资的平均项目（投资标的）数量较低。在 2017 年，受访商业投资机构新增项目数的平均值为 2.2 项，最高为 5 项，最低为 0 项。截至 2017 年底，商业投资机构的社会投资项目总数的平均值为 5.75 项，进行社会投资项目最多的为 8 项，最少的为 2 项。

如图 3-77 所示，受访商业投资机构在 2017 年社会投资单个项目的最大规模呈两极分布。投资规模超过 3000 万元的有 2 家机构（其中 1 家机构表示达到 500 万~2000 万美元）；50 万~100 万元的有 3 家机构；100 万~500 万元的也有 3 家机构。

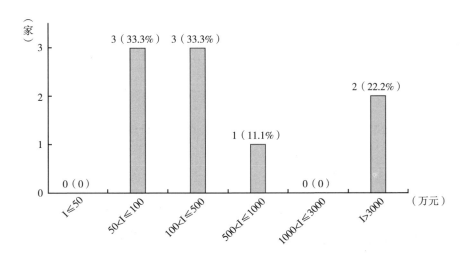

图 3-77　受访商业投资机构 2017 年社会投资单个项目的最大规模 I（N=9）

资料来源：社企论坛（CSEIF）。

3. 影响力投资基金

在 10 家提供信息的商业投资机构中，有 9 家机构设立了影响力投资基金，1 家机构对此暂无计划。

在已设立了影响力投资基金的机构中，从募资规模来看，最近一期募资规模的平均值达到 6000 万元，募资规模最高的达 2 亿元。从投资规模来看，2017 年影响力投资基金的平均投资额达 628.3 万元，最高的投资额达 3000 万元。

4. 社会投资规模的未来计划

对于未来三年社会投资规模的计划，10 家提供信息的商业投资机构都表现出较为积极的态度（见图3-78）。其中，7家机构对未来社会投资都有增长的计划，且在投资方向上与现有领域基本相同。

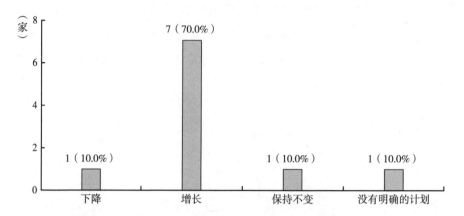

图3-78　受访商业机构未来三年社会投资规模计划（N=10）

资料来源：社企论坛（CSEIF）。

（五）商业投资机构社会投资的管理

1. 社会投资活动的发起与组织

从社会投资活动的发起形式来看，在10家提供信息的商业机构中，5家机构的社会投资是单独发起的，另外5家为多机构、多部门联合发起。从社会投资活动的组织形式看，仅3家委托第三方机构开展社会投资活动，其余皆自行地开展社会投资活动。在11家提供信息的机构中，有7家机构设立单独的社会投资部门，但社会投资部门的人员规模小。平均一个社会投资部门仅有4名员工，部门人员规模最大的为8人，最小的为2人。

除资金支持外，商业投资机构给予的非资金支持对所投企业而言也极为重要（见图3-79）。在受访的12家商业投资机构中，提供非资金支持的类型占比最高的前三类为日常管理指导（10家）、链接社会资源（9家）和市场营销（8家）。

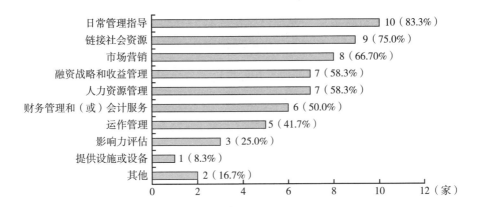

图3-79 受访商业投资机构提供的非资金支持服务（N=12）

注："其他"包括派董事会成员参与社会企业运营，并提供支持。

资料来源：社企论坛（CSEIF）。

2. 社会投资的风险识别和管理

在商业投资机构进行初期筛选和尽职调查的阶段，需评估及考虑各种风险（见图3-80）。商业模式/项目的实施和管理风险（9家）、社会和（或）

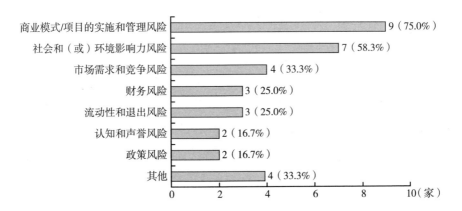

图3-80 受访商业投资机构社会投资项目筛选关注的风险（N=12）

注：社会和（或）环境影响力风险是指项目无法达到预期的社会和（或）环境影响力；"其他"包括团队的能力、创始人等。

资料来源：社企论坛（CSEIF）。

环境影响力风险（7家）、市场需求和竞争风险（4家）是商业投资机构重点考虑的前三大风险类型。宏观经济风险没有被提及。此外，也有机构表示，会根据项目不同考虑不同的风险因素。

6家受访商业投资机构进行了联合投资，合作对象以非国有商业投资机构（4家）和专门的社会投资机构（3家）为主（见图3-81）。其余的联合投资对象还包括国有商业投资机构（1家）、公募基金会（1家）和个人（1家）。

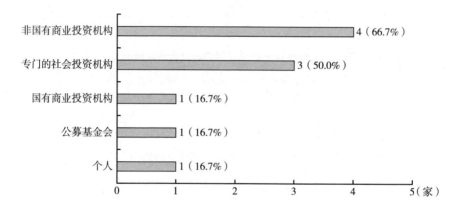

图3-81 受访商业投资机构联合投资的合作对象（N=6）

注："专门的社会投资机构"也包括加速器和孵化器、顾问公司主导的投资机构等。
资料来源：社企论坛（CSEIF）。

从分批次投资的情况来看（见图3-82），在提供信息的10家商业投资机构中，6家会同时采用一次性投资和分批次投资方式，根据不同项目而灵活选择。只采用一次性投资方式的商业投资机构有1家，只采用分批次投资方式的商业投资机构有3家。

在股权投资退出原则的设计上，图3-83显示，选择在达到设定的财务回报时退出的机构有4家，在达到设定的影响力回报时退出的有2家，2家暂未设定退出原则。此外，有6家受访机构还补充了多样化的退出原则，如视项目而定的灵活性退出原则、被投公司成熟时退出，以及项目发展不好时及时退出等。

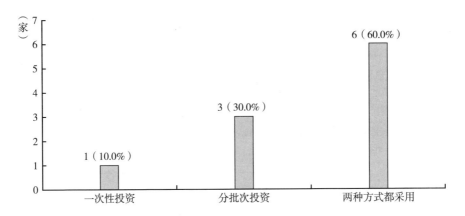

图3-82 受访商业投资机构分批次投资的选择（N=10）

资料来源：社企论坛（CSEIF）。

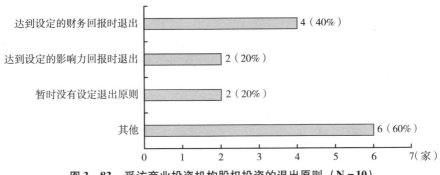

图3-83 受访商业投资机构股权投资的退出原则（N=10）

注：其他还包括视项目而定的灵活性退出原则、被投公司成熟时退出、项目发展不好时及时退出等。

资料来源：社企论坛（CSEIF）。

受访商业投资机构的投资退出方式具有多样性。如图3-84所示，最受青睐的退出方式是向财务投资者转让股权和向战略投资者转让股权，两种方式分别有8家机构选择。新股首发IPO（7家）和管理层回购（6家）也是大多数受访商业投资机构的退出方式。

3. 社会投资的影响力评估

在提供信息的11家商业投资机构中，有8家机构对已投项目进行了影响力评估，占72.7%；2家处于准备阶段；1家尚未准备好开展影响力评估（图3-85）。

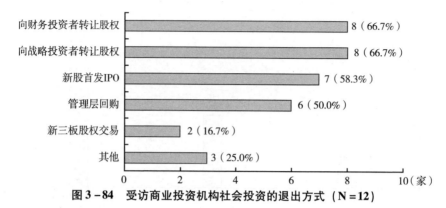

图 3 - 84　受访商业投资机构社会投资的退出方式（N = 12）

注：其他还包括企业回购、控股股东回购等。

资料来源：社企论坛（CSEIF）。

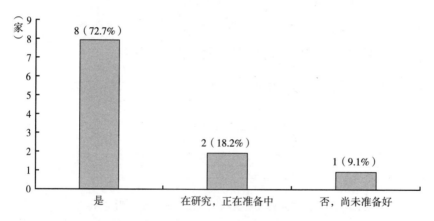

图 3 - 85　受访商业投资机构是否已进行影响力评估（N = 11）

资料来源：社企论坛（CSEIF）。

已进行或准备进行影响力评估的 10 家机构中，仅 3 家设立了影响力评估的专项经费。其中，有 1 家披露了评估经费信息，即 2017 评估专项经费占该年社会投资总额的 1%。

从影响力评估的途径来看（见图 3 - 86），在 10 家提供信息的受访机构中，有 6 家机构选择自行评估，有 3 家机构选择委托第三方机构进行评估，有 1 家机构两种评估途径都采取。

从影响力评估的采用框架、方法及工具来看，在提供信息的 7 家商业投

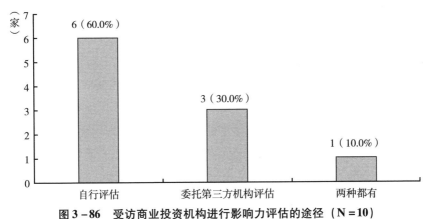

图 3-86　受访商业投资机构进行影响力评估的途径（N＝10）

资料来源：社企论坛（CSEIF）。

资机构中，有 6 家（占 85.7%）机构采用针对项目自行设计的评估框架体系，仅 1 家（占 14.3%）机构采用联合国 17 项可持续发展目标来进行影响力评估，其他工具均没有涉及。

（六）商业投资机构社会投资的成效

在提供信息的 10 家商业投资机构中，2017 年社会投资的财务绩效和影响力绩效的实现情况良好。其中，在社会投资财务绩效上（见图 3-87），5 家受访机构的财务绩效与预期一致，2 家机构的财务绩效高于预期。在影响力绩效上，3 家机构的影响力绩效与预期一致，7 家机构的影响力绩效高于预期。

（七）商业投资机构社会投资环境评价

1. 社会投资的宏观环境的评价

对于社会投资宏观环境的评价，10 家商业投资机构并不乐观。图 3-88 显示，在政策和经济环境的评价里，认为非常不利与较不利的数量占一半及以上（分别为 5 和 6 家），而在社会文化环境和技术环境的评价里，机构的态度较为中立。另外，有机构表示政府的角色非常重要，应该起到引领和规范的作用，政府虽然持有支持态度，但在社会投资这一细分领域上还不够到位，因此在社会投资发展中商业投资机构无法依赖政府。

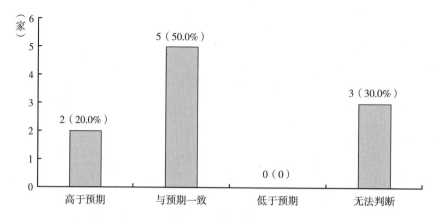

图 3 - 87 受访商业投资机构 2017 年社会投资的财务绩效（N = 10）

注：受访商业机构在 2017 年均采用影响力投资，无公益创投，故此处"社会投资"实际上仅限"影响力投资"。

资料来源：社企论坛（CSEIF）。

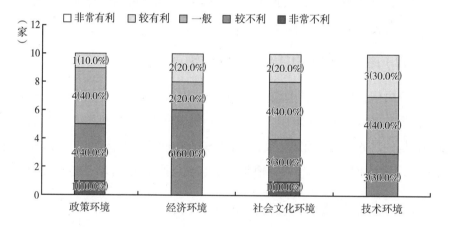

图 3 - 88 受访商业投资机构对社会投资宏观环境的评价（N = 10）

资料来源：社企论坛（CSEIF）。

2. 社会投资行业环境的评价

对于社会投资行业环境的评价，提供信息的 10 家商业投资机构普遍认为：社会投资行业的发展机会大但挑战高，市场发育程度和竞争程度低，行业风险较大。图 3 - 89 显示，9 家机构认为社会投资的发展机会较大（5

家）或很大（4 家）。所有受访机构都认为社会投资行业的挑战较大（7 家）
或很大（3 家）。商业投资机构普遍认为目前社会投资的市场发育程度较低
（7 家），竞争较小（5 家）或很小（2 家）。较多机构认为行业风险较大（6
家）。有机构表示，由于目前的社会投资已经从之前以基金会为主的投资模
式，慢慢开始进入私人投资的视野，未来的机会和潜力是巨大的。但目前责
任投资、ESG 投资和影响力投资之间的定义模糊，尚未做好明确的区分。

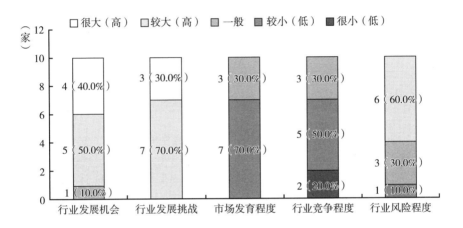

图 3 – 89　受访商业投资机构对社会投资行业环境的评价（N = 10）

资料来源：社企论坛（CSEIF）。

从社会投资宏观环境和行业环境的具体评分看（见图 3 – 90），受访商
业投资机构对宏观环境的评价不高，分值为 2.5 ~ 3。其中，社会投资的技
术环境评价最高（3 分），政策环境的评价最低（2.5 分）。商业投资机构对
行业发展机会（4.3 分）和发展挑战（4.3 分）的评价都很高，对市场发育
程度（2.3 分）和行业竞争激烈程度（2.1 分）的评价较低。

（八）商业投资机构调查小结与建议

基于对 12 家受访商业投资机构在社会投资理念、实践和行业认知的调
查可知：1. 受访商业投资机构对于社会投资行业的信心较高。受访商业投
资机构在社会投资项目上的财务绩效和影响力绩效大都与预期一致或高于预

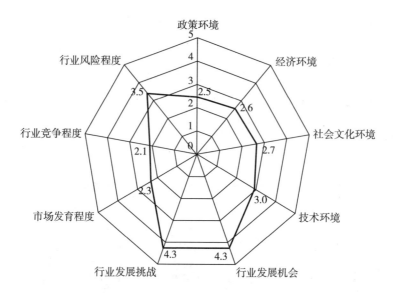

图 3-90 受访商业投资机构对社会投资总体环境的评分（N=10）

注：受访者对四项宏观环境和五项行业环境进行 1~5 的评分，以上数据是各项评分
的平均值。对于宏观环境，分值 1 到 5 分依次对应环境非常不利、较不利、一般、较有
利、非常有利五种评价；对于行业环境，1 到 5 分依次对应行业发展机会和挑战从小到大
的评价，以及市场发育程度、行业竞争程度和风险程度从低到高的评价。

资料来源：社企论坛（CSEIF）。

期，且有七成机构对未来三年的社会投资规模持有增长计划，足见其对于社
会投资行业的未来充满信心。

2. 社会投资行业还处于发展初期，蓝海市场特征明显。从行业环境视
角看，目前社会投资市场处于一片蓝海，进入社会投资领域的商业机构不
多，尚未有激烈的市场竞争，未来增长空间和发展机会大。

3. 受访商业投资机构最早于 2002 年进入社会投资领域，但后续进入步
伐缓慢。究其原因，受访机构普遍认为现行关于社会投资的法律法规不完
善、市场规范不足、专业人才缺乏，这些因素均在一定程度上制约了商业投
资机构在社会投资行业的发展。以专业人才为例，在受访机构中，63.6% 的
机构设立了专门的社会投资部门，部门平均人员只有 4 人，与其他商业投资
机构相比，人员规模较小。

4. 缺乏完善的影响力评估机制。在受访商业投资机构中，虽然有

72.7%的机构都进行了影响力评估，但评估体系都是以针对项目设计的评估框架为主，很少采用国际通用的全面评估标准。同时，仅四成受访机构选择了委托第三方开展影响力评估，第三方专业机构的涉入程度较低，导致影响力评估的专业度不足。

对此，为促进商业投资机构在社会投资行业的发展，本报告提出以下几点建议：第一，完善社会投资的政策体系，营造良好的投资环境。建立和健全社会投资的政策体系有利于规范投资市场，减少商业投资机构进行社会投资面临的不确定性，降低投资风险，促进市场发育。第二，商业投资机构应积极开展与第三方的合作，建立专业的影响力评估体系。第三方专业机构往往拥有丰富的行业资源以及专业的行业知识，商业投资机构通过与第三方的合作，在国际标准基础上完善影响力评估体系，可以更有效地进行影响力评估，从而为提高投资绩效、减小投资风险提供量化的决策依据。第三，推动平台机构的发展，加快社会投资供需双方的匹配。社会投资介于商业投资和公益慈善的中间地带，受所处行业的限制，商业投资机构往往难以找到符合投资要求的社会投资项目。因此应鼓励建立包括孵化器、加速器在内的行业平台机构，解决社会投资项目的信息不对称的问题，链接社会投资项目，扶持社会企业，以推动整个社会投资市场的发展。第四，培养多元化的社会投资人才。商业投资机构可以通过开展员工培训、行业交流等活动，主动培养社会投资专业人才，突破人才瓶颈制约。同时，商业投资机构也可以广泛接纳其他领域的多元化人才，加强社会投资团队在专业领域的宽度及广度。

五　绿色金融专题研究

（一）绿色金融相关概述

1. 绿色金融的缘起

可持续发展的观念已经成为全球主流，2012年在里约热内卢举行的联合国可持续发展大会明确提出了"可持续发展目标（SDG）"，旨在转向可持续发展道路，解决社会、经济和环境三个维度的发展问题。SDG 具体包括消除贫困、消除饥饿、清洁能源、负责任消费、气候行动等 17 个发展目标。欧盟委员会较早提出了可持续金融（Sustainable Finance）愿景，倡导在投融资的过程中考虑环境、社会和治理的问题，在支持经济增长的同时减轻对环境的压力，解决温室气体排放和解决污染问题，减少浪费，提高自然资源利用效率，等等①。

近年来，我国雾霾现象越发严重，日益成为困扰我国经济社会发展的环境难题，不仅如此，水体污染、土地污染也日趋严重，能源资源浪费和过度使用等现象仍然存在。我国经济经过 30 多年的高速增长后进入了新常态，在新常态下，传统的数量扩张型经济增长模式已经不再适用，实现绿色发展也已经成为我国经济社会发展的重大战略。2016 年，中国首次把绿色金融议题引入二十国集团（G20）议程，成立了绿色金融研究小组，并形成《G20 绿色金融综合报告》。该小组的主要任务是"识别绿色金融发展所面临的体制和市场障碍，并在总结各国经验的基础上，提出可提升金融体系，动员私人部门绿色投资能力的可选措施"。在中国政府持续的推动下，G20 绿色金融研究小组为各国绿色金融献计献策，支持全球经济向绿色低碳转型。

目前对于绿色金融的具体定义，学界尚未达成一致。中国人民银行、财政部、国家发改委、环境保护部、银监会、证监会、保监会七部委在 2016 年 8 月发布的《关于构建绿色金融体系的指导意见》中明确指出，"绿色金融"是指为支持环境改善、应对气候变化和资源节约高效利用的经济活动，即对环保、节能、清洁资源、绿色交通、绿色建筑等领域的项目投融资、项目运营、风险管理等所提供的金融服务。2016 年 9 月发布的《G20 绿色金融综合报告》定义绿色金融为能产生环境效益以支持可持续发展的投融资活动。这些环境效益包括减少空气、水和土壤污染，降低温室气体排放，提高资源使用效率，减缓和适应气候变化并体现其协同效应等。发展绿色金融

---

① 欧盟委员会：《可持续金融》，https：//ec. europa. eu/info/business - economy - euro/banking - and - finance/sustainable - finance_ en，2018 年 6 月。

要求将环境外部性内部化,并强化金融机构对环境风险的认知,以提升环境友好型的投资和抑制污染型的投资。①

概括地看,对于绿色金融的定义大体可分为广义与狭义两种。广义的绿色金融是指通过金融业促进环保和经济社会的可持续发展,引导资金流向环境保护、节能减排、资源循环利用等可持续发展的企业和项目。同时降低对污染性和高耗能企业和项目的投资,以促进经济的可持续发展。② 狭义的绿色金融是指金融业自身的可持续发展。本文主要关注"构建绿色金融体系"过程中社会投资的责任与机遇,着眼于广义的绿色金融。

2. 绿色金融政策

政府是国家绿色发展的规划者,也是绿色金融发展基础设施的建设者。按照市场导向,国家做好规划、政策制度基础建设和体制机制建设,为绿色发展和绿色金融发展营造良好的政策和市场环境。③

2016 年被称为我国绿色金融"元年",各项重要的政策和指引相继发布。同年 8 月,中国人民银行等七部委联合发布《关于构建绿色金融体系的指导意见》,明确了政府在其中可以发挥的作用,包括中央财政整合现有节能环保等专项资金设立国家绿色发展基金,鼓励有条件的地方政府和社会资本共同发起区域性绿色发展基金,通过央行再贷款,探索将绿色信贷纳入宏观审慎评估框架等构建绿色信贷政策体系,统一各债券监管部门的绿色债券界定标准,逐步建立和完善上市公司和发债企业强制性的环境信息披露制度等。9 月,央行发布《G20 绿色金融报告》,首次由领导人在 G20 峰会年度公报中提到绿色金融的重要性。报告提出了一系列政府发展绿色金融可选措施,包括提供战略性政策信号与框架、推广绿色金融自愿原则、扩大能力建设学习网络和支持本币绿色债券市场发展等建议。

---

① G20 绿色金融研究小组:《G20 绿色金融综合报告》,2016 年 9 月 5 日,http://unepinquiry. org/wp – content/uploads/2016/09/Synthesis_ Report_ Full_ CH. pdf。

② 马骏主编《中国绿色金融发展与案例研究》,中国金融出版社,2016。

③ 何一华:《实现绿色金融可持续发展须发挥市场力量》,和讯网,http://news. hexun. com/2018 – 10 – 22/194945301. html。

表3-6 我国主要的绿色金融政策

发文日期	政策名称	发文字号	发布部门
2007.06.29	中国人民银行关于改进和加强节能环保领域金融服务工作的指导意见	银发〔2007〕215号	中国人民银行
2007.11.23	节能减排授信工作指导意见	银监发〔2007〕83号	中国银行业监督管理委员会
2007.12.04	国家环境保护局、中国保险监督管理委员会关于环境污染责任保险工作的指导意见	环发〔2007〕189号	国家环境保护总局、中国保险监督管理委员会
2010.05.28	中国人民银行、中国银行业监督管理委员会关于进一步做好支持节能减排和淘汰落后产能金融服务工作的意见	银发〔2010〕170号	中国人民银行、中国银行业监督管理委员会
2011.10.29	国家发展改革委办公厅关于开展碳排放权交易试点工作的通知	发改办气候〔2011〕2601号	国家发展和改革委员会
2012.02.24	中国银监会关于印发绿色信贷指引的通知	银监发〔2012〕4号	中国银行业监督管理委员会
2012.12.15	中国人民银行关于在银行间债券市场发行绿色金融债券有关事宜的公告	中国人民银行公告〔2015〕第39号	中国人民银行
2013.01.21	关于开展环境污染强制责任保险试点工作的指导意见	环发〔2013〕10号	环境保护部、中国保险监督管理委员会
2014.12.10	碳排放权交易管理暂行办法	国家发展和改革委员会令第17号	国家发展和改革委员会
2015.12.31	国家发展改革委办公厅关于印发《绿色债券发行指引》的通知	发改办财金〔2015〕3504号	国家发展和改革委员会
2016.01.11	国家发展改革委办公厅关于切实做好全国碳排放权交易市场启动重点工作的通知	发改办气候〔2016〕57号	国家发展和改革委员会
2016.08.31	关于构建绿色金融体系的指导意见	银发〔2016〕288号	中国人民银行、财政部、国家发展和改革委员会、环境保护部、中国银行业监督管理委员会、中国证券监督管理委员会、中国保险监督管理委员会
2017.03.02	中国证监会关于支持绿色债券发展的指导意见	中国证券监督管理委员会公告〔2017〕6号	中国证券监督管理委员会

资料来源：编纂者根据相关政策和报告整理。

（二）我国绿色金融的主要工具

《关于构建绿色金融体系的指导意见》提出大力发展绿色信贷、绿色债券、绿色发展基金和绿色股票、绿色保险、碳金融等金融工具支持绿色投资，构建绿色金融体系。至 2017 年末，各类绿色融资总余额近 9 万亿元，我国各类绿色融资余额结构如图 3 – 91 所示。

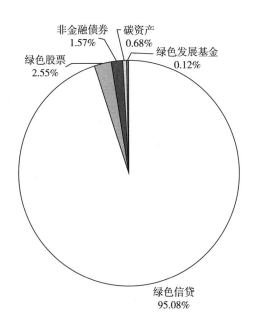

图 3 – 91   2017 年末我国各类绿色融资余额结构

注：绿色金融债券融资均用于发放绿色信贷，因此不重复统计；碳资产按全国市场配额总额与 2017 年二级市场成交均价计算。

资料来源：兴业研究。

1. 绿色信贷

近年来，我国绿色信贷规模稳步增长，根据银监会新闻发布会披露的信息（见图 3 – 92），截至 2017 年 12 月，国内 21 家主要银行绿色信贷余额为

8.53 万亿元,同比上涨 12.9% ,在各项贷款总余额中占比近 10% ,^① 约占全国各项绿色融资余额的 95% 。

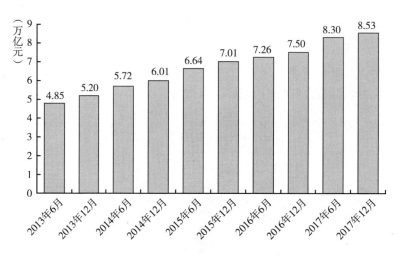

图 3 - 92   2013 ～ 2017 年绿色信贷余额

资料来源:根据银监会披露数据整理。

"绿色信贷统计制度"中明确规定了绿色信贷支持的 12 类节能环保项目,根据人大重阳研究院的统计,2017 年我国绿色信贷投放的两个最主要领域为绿色交通运输项目以及可再生能源及清洁能源项目,贷款余额分别达到 3. 03 万亿元和 1. 61 万亿元,约占贷款总额的 46% 和 25% 。整体来看,大部分信贷投入了节能环保项目服务领域,投入战略新兴产业的生产制造端的信贷有待提高。

绿色信贷有效地控制了环境风险,提升了企业和项目经营的可持续性,同时也是国家支持和鼓励的领域。人民银行在《货币政策执行报告(2017年 4 季度)》中披露,在开展 2017 年第三季度宏观审慎评估(MPA)时将绿色金融纳入"信贷政策执行情况"项下,并指出,从 2018 年起将优先接受符合标准的小微企业贷款、绿色贷款。这项政策显示出货币政策对绿色信

---

① 中国银行业监督管理委员会:《银监会召开通报会:从几个关键词看银行业运行及监管情况》,2017 年 9 月 29 日,http://www.cbrc.gov.cn/chinese/home/docView/A90F9D5A5959471EB4E92277CB6A21C7.html。

贷发展的大力支持，对绿色信贷的发展具有重要的推进意义。

2. 绿色债券

中国人民银行 2015 年发布《绿色金融债券公告》与《绿色债券支持项目目录》，标志着中国的绿色债券市场开启。中国的债券市场形成了绿色金融债、绿色公司债、绿色企业债、绿色债务等融资工具为主要债券品种的绿色债券市场，并成为全球第一大绿债市场。截至 2017 年底，国内市场绿色债券（包括资产证券化产品）余额 4333.7 亿元，其中 2017 年新增发行规模 2486.797 亿元，相较 2016 年增长 7.6%；符合国际定义的中国绿色债券发行量达 1543 亿元，占全球发行量的 15%，位列第二。另据最新统计，截至 2018 年 6 月，我国境内市场"贴标"绿色债券累计发行数量 215 只，发行规模达到 4943.22 亿元。

按照中国人民银行《绿色债券支持项目目录》，绿色债券募集资金的用途主要是清洁能源、污染防治、清洁交通、生态保护和适应气候变化、节能等绿色发展领域，如图 3-93 所示，清洁能源领域投放规模最大，占比约 27%，其他领域也都保持着较高需求。

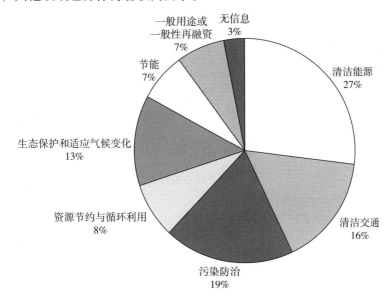

图 3-93 绿色债券投资领域

资料来源：中央结算公司《中国绿色债券市场报告 2017》。

3. 绿色基金与股票

截至 2017 年底，全国已设立并在中国基金业协会备案的节能环保、绿色投资基金共 474 只，包括股权投资基金 315 只、创业投资基金 60 只、证券投资基金 32 只，以及其他类型基金 67 只。① 从投资领域来看，2017 年全年在中国基金业协会备案的节能环保、绿色投资基金数量达到 209 只，增长迅猛。其中，投资清洁能源领域的达到 117 只，投资环保产业的基金有 60 只，投资节能产业的仅 8 只，未明确具体投资类型的共 24 只，投资传统绿色产业的绿色基金占绝大多数（见图 3 - 94）。相对于绿色信贷、绿色债券来讲，绿色基金发展还相对较为缓慢，未来还有很大的发展潜力。

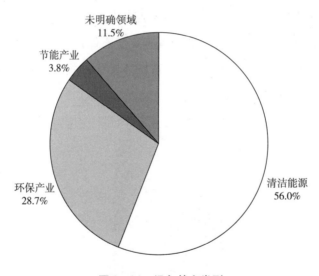

图 3 - 94 绿色基金类型

资料来源：根据马中、周秋月、王文《中国绿色金融发展研究报告》（2018）整理。

绿色金融在股票指数方面也取得了一些进展。如，中央国债登记结算公司和中国节能环保集团公司推出 4 只绿色债券指数，中央财经大学发布绿色

---

① 马中、周秋月、王文主编《中国绿色金融发展研究报告 2018》，中国金融出版社，2018。

领先股票指数，上海证券交易所和中证指数有限公司发布上证 180 碳效率指数等。

4. 绿色保险

据环保部网站消息，2008 年，我国约有 700 家企业投保环境污染责任保险，保费收入 1200 万元，此后进入平稳增长期，到 2012 年，全国投保环境污染企业数和保费收入分别为 2000 多家和近 200 亿元。到 2014 年，全国有 22 个省（自治区、直辖市）近 5000 家企业投保环境污染责任保险。2017 年，试点环境污染责任保险的省、自治区、直辖市已扩展至 30 个，全国环境污染责任保险签单数量为 1.68 万单，同比增长 16.7%；签单保费 3.15 亿元，同比增长 10.9%；提供风险保障金 306 亿元，与保费相比，相当于投保企业的风险保障能力扩大 97 倍。试点启动以来，环境污染责任保险已累计为企业提供超过 1600 亿元的风险保障，覆盖范围涉及重金属、石化、危险化学品、危险废物处置、电力、医药、印染等多个领域。

环保部和保监会正在起草关于在环境高风险领域建立强制性的环境责任保险的文件。未来的强制性环责险应覆盖采矿、冶炼、化工、皮革、危险品运输等高风险行业。另外，许多保险公司推出了一系列创新型的绿色保险产品，如绿色建筑保险、生猪保险、船舶污染责任保险、森林保险、光伏保险、风力发电指数保险、太阳辐射指数保险、农业天气指数保险等。①

5. 碳排放交易权和碳金融

我国的碳排放交易市场经历了国际清洁发展机制 CDM 项目合作和国内碳交易机制建立两个阶段。前期主要遵循《京都议定书》积极开发 CDM 项目，以国际碳交易市场促进国内产业的节能减排；后期转向国内碳交易规则和市场的建立，包括建立京、津、沪、渝、粤、鄂、深 7 个省市碳排放权交易试点，2016 年 9 月新增福建省碳交易市场，以及全国碳交易市场建设其他工作的推进。

---

① 马骏：《绿色金融的若干最新进展》，http://www.tanpaifang.com/tanjinrong/2017/1220/61128.html。

在配额交易方面，截至 2017 年 12 月 31 日第一批 7 个碳交易试点涵盖超过 3000 家排放企业，年排放约 14 亿吨二氧化碳，全国范围内碳排放配额累计成交量达 4.7 亿吨，成交总额 104.94 亿元。在中国核证减排量 CCER 交易方面，2015 年度试点市场共交易 CCER 减排量 3337 万吨。[1] 2017 年 12 月，《全国碳排放权交易市场建设方案（发电行业）》印发，明确以发电行业为突破口，启动全国碳排放交易体系。首批纳入全国碳市场的 1700 余家发电企业，年排放总量超过 30 亿吨二氧化碳当量，约占全国碳排放量的 1/3。据估算，到 2020 年中国碳市场交易规模将达到 4000 亿元。

总的来说，我国绿色金融自 2016 年完善顶层设计和制度基础以来，进入实质性的发展阶段，绿色发展融资需求也日益扩大。根据中国人民大学绿色金融改革与促进绿色转型课题组核算，从 2015 年到 2020 年，我国绿色发展的投资需求约为每年 2.9 万亿元，其中政府的出资比例约占 10%~15%，绿色投资的社会资本比重预计达到 85%~90%，金融业担负着调动社会资本参与绿色事业，填补绿色发展融资缺口的重任。这预示着中国的绿色金融将迎来新一轮爆发性的增长，各家金融机构也将由此迎来重要战略性机遇。

（三）绿色金融的监管和评估

1. 绿色金融的政策监管

我国绿色金融在现阶段尚未形成系统的政策监管体系，如图 3-95 所示，我国目前主要采用将环境风险因素纳入银行监管规则中的做法。

（1）绿色信贷的监管

2012 年银监会印发了《绿色信贷指引》，这是我国银行业绿色信贷政策体系的重要组成部分，也是境内所有银行业金融机构发展绿色信贷的纲领性文件。《指引》从组织及流程管理、政策和制度制定、内控管理与信息披露等方面对银行业金融机构节能减排、环境保护、防范环境与社会风险提出了

---

[1] 中国报告网：《2018 年中国碳交易行业发展进程及相关上市公司分析》，2018 年 3 月 13 日，http://free.chinabaogao.com/nengyuan/201803/03133243c2018.html。

1995	2004~2006	2007~2012	2014~2015
中国人民银行《关于贯彻信贷政策与加强环境保护工作有关问题的通知》	2004年，发改委、人民银行、银监会：《关于进一步加强产业政策和信贷政策协调配合控制信贷风险有关问题的通知》 2006年，人民银行、环保总局：《关于共享企业环保信息有关问题的通知》 2007年，国务院：《节能减排综合性工作方案》 2007年，国家环保总局、中国人民银行、中国银监会：《关于落实环境保护政策法规防范信贷风险的意见》	中国银监会 《节能减排授信工作指导意见》 《绿色信贷指引》 2011年，国务院：《"十二五"节能减排综合性工作方案》 2012年，国务院：《节能减排"十二五"规划》	中国银监会 《能效信贷指引》 《银行业绿色信贷共同承诺》 《绿色信贷统计制度》绿色银行评级 2015年，中共中央、国务院：《生态文明体制改革总体方案》

图 3–95　绿色金融的监管体系

资料来源：根据相关文献整理。

具体要求，督促银行业金融机构从战略高度推进绿色信贷工作。

2013 年银监会制定了《绿色信贷统计制度》，要求银行业金融机构对所涉及的环境、安全重大风险企业贷款和节能环保项目及服务贷款进行统计，明确了 12 类节能环保项目及服务的绿色信贷统计口径。在此基础上还对其形成的年度节能减排能力进行了统计，包括标准煤、二氧化碳减排当量、化学需氧量、氨氮、二氧化硫、氮氧化物、节水等 7 项指标。

（2）绿色债券的监管

目前在中国国内适用的绿色债券相关的监管标准是由债券市场的监管机关从政策层面向下推进的。由于国内债券市场中不同类型的债券由不同监管机关监管，因此现行的有五套监管规则：由中国人民银行发布的《银行间债券市场发行绿色金融债券有关事宜的公告》（〔2015〕第 39 号公告）；由国家发改委发布的《绿色债券发行指引》、由证监会发布的《中国证监会关于支持绿色债券发展的指导意见》、由中国银行间市场交易商协会发布的

《非金融企业绿色债务融资工具业务指引》，以及由中国人民银行和中国证监会联合发布的《绿色债券评估认证行为指引（暂行）》。

2015 年 12 月发布的央行《公告》从发债主体、审批材料、评估认证要求、募集资金管理、信息披露要求等方面，提出了对绿色金融债的监管规定。中国金融学会绿色金融专业委员会编制的《绿色债券支持项目目录》作为央行《公告》的补充说明性文件发布，为绿色债券的审批与注册、第三方评估、评级和信息披露规则等环节提供参考。而国家发改委《指引》则不同，不仅划定了绿色项目的项目范畴，而且制定并鼓励地方政府采取一系列优惠措施，支持绿色债券发行和绿色项目实施，包括投资补助、债券贴息、拓宽担保增信渠道、鼓励采用专项建设基金和绿色债券相结合的融资方式等。但是国家发改委《指引》在募集资金管理要求、信息披露规则、第三方认证等内容上未见明确规定。2017 年 12 月下旬中国人民银行和中国证监会联合发布的《绿色债券评估认证行为指引（暂行）》，是我国政府首次出台监督机制，也是我国绿色债券发展里程碑式的进步。

2. 绿色金融的风险管理

从国内银行业来看，自 2008 年以来，随着中国金融业的不断开放，部分银行开始采纳国际标准来指导自身的环境风险管理工作。多数国内银行建立了环境和社会评级体系，评级结果与客户评级和质量分类结果关联，实现了对客户环境与社会风险的科学量化管理和动态评估。评级结果作为信贷准入、贷款"三查"、贷款定价、经济资本分配等方面的重要依据。如工商银行借鉴赤道原则和 IFC 绩效标准（International Finance Corporation，国际金融公司的社会和环境可持续性政策和绩效标准），结合国内实际情况，按照贷款企业或项目对环境影响程度及其面临的环境风险大小，将全部贷款划分为四级十二类。部分风险管理能力较强的银行还将环境和社会评级结果纳入内部评级体系，对提高银行的环境风险管理水平发挥了积极作用。如交通银行、兴业银行均建立了有效的环境与社会风险管理体系。

3. 绿色金融的绩效评估

纵观全球，我国金融行业仍缺乏一套系统的评估体系来评估金融机构参与绿色金融实践的绩效。但世界银行国际金融公司 IFC、联合国环境署金融倡议 UNEPFI（United Nations Environment Programme Finance Initiative）、德国国际合作机构 GIZ（Gesellschaft für Internationale Zusammenarbeit）等对国内机构分享与提供绿色金融、环境与社会风险评估等方法与工具，支持因地制宜地开发相关标准。我国绿色金融机构的绩效评估体系仍不完善，有关绿色金融的绩效评估体系仍在不断探索中。例如苏州市政府在 2016 年出台了《苏州市银行业金融机构绿色金融绩效评估暂行办法》。《办法》采用定量和定性两大类评估指标：定量指标将定量分析银行机构绿色信贷的规模特征、发展水平和速度；定性指标将通过银行机构的评估报告和绿色金融特色产品的申报材料，分析绿色金融服务的非数量特征和相关信贷政策实施效果。加分项则包括帮助节能环保企业直接融资的情况、绿色债券发行情况、绿色金融银企对接的情况及绿色金融专报信息的录用情况。

工商银行作为国有大型商业银行，在 2016 年初针对我国企业绿色评级缺失的现状，开发了 ESG 绿色评级体系（Environmental, Social and Governance），共分为三个层次。一是企业的绿色评级，它以企业层面的 ESG 得分为特征，为商业银行量化识别客户的可持续发展能力，从而为实现授信与贷款的绿色转型提供支持。二是行业 ESG 绿色评级的构建，通过对行业可持续发展情况的量化评价，为政策制定者提供引导企业绿色转型、促进产业结构绿色调整的依据。三是绿色指数的构建，根据使用目的的不同，绿色指数又可以分为绿色投资指数和绿色发展指数两类。绿色投资指数主要针对投资人，旨在打造以绿色可持续发展为特色的投资组合和标的；而绿色发展指数旨在行业 ESG 评价的基础上，为衡量受评企业整体可持续发展提供风向标。

其他机构在环境风险的量化评估上也取得了不小进展，如中诚信国际发布《绿色债券评估方法》、中节能"绿色项目环境效益评估系统"上线、中央财经大学绿色金融国际研究院发布绿色债券指数等、绿金委推出公益性绿色项目的环境效益评估方法。中国在绿色债券指数、气候债券指数、绿色环境压力测试方法、环境效益评估工具等方面的创新已处于全球领先地位，为绿色投资提供了有效标准和参考。

（四）绿色金融在中国的实践与经验

1. 绿色金融的地区性试点

2017 年 6 月 14 日，国务院常务会议决定在浙江、江西、广东、贵州、新疆五省（区）建设绿色金融改革创新试验区。中国人民银行副行长陈雨露对五省（区）绿色金融改革创新方案进行了相关解读，他认为各个试点都兼具地方特色和重点。浙江提出围绕绿色发展支持产业结构转型升级，加快对传统化工行业的改造升级；广东提出鼓励成立新能源汽车金融公司，积极创新新能源汽车金融产品；新疆提出创新风力（光电）发电指数保险、首台（套）重大技术装备保险产品等；贵州提出创新绿色惠农信贷产品；江西提出构建绿色金融组织体系，探索创新节能减排、清洁能源等领域的信贷产品和融资模式。① 2018 年 6 月，人民银行初步评估结果表明，试点总体方案中 85% 以上的试点任务已经启动推进。据不完全统计，截至 3 月末，五省（区）试验区绿色贷款余额已达到 2600 多亿元，比试验区获批之初增长了 13%，高于同期各项贷款余额，增速 2%。在总量扩大的同时，绿色信贷资产质量保持在较高水平，3 月末五省（区）试验区绿色贷款不良率为 0.12%，比贷款平均不良率低 0.94%。②

2. 绿色金融的实践推进

绿色金融在国内除了五省（区）的试点工作，在其他实践领域也积极推进改革。第一，七部委《关于构建绿色金融体系的指导意见》的分工方案已经明确，要建立强制性上市公司披露环境信息制度。第二，金融机构正在开展环境压力测试。中国工商银行已率先探索环境风险对银行的压力测试。分析表明，环境标准和执法力度的提高、未来开征碳税和碳交易市场启动将使高污染企业的贷款不良率提高。对这些情景进行压力测试，可能衍生出银行内部支持绿色

---

① 《央行披露五省（区）绿色金融改革试点详情》，网易财经，http：//money. 163. com/17/ 0616/11/CN2594ML002580S6. html。

② 陈雨露：《绿色金融改革创新试验区建设初见成效》，中证网，http：//www. cs. com. cn/ sylm/jsbd/201806/t20180612_ 5822686. html。

项目和抑制污染性投资的转移定价机制。第三，绿金委积极组建中国绿色项目库，为绿色项目对接国内外资金提供平台。目前，新疆和浙江已经提交了近千个绿色项目信息，由相关专家进行初步评审，符合绿色标准的将纳入项目库。未来要将绿色项目库的覆盖范围扩大到所有试点地区。第四，积极推进"一带一路"绿色化。2017年9月，绿金委联合银行业协会、基金业协会等六家行业协会共同发布了《中国对外投资环境风险管理倡议》，引导中国金融机构和企业在"一带一路"建设中加大绿色投资力度，避免污染性的和高碳的投资。①

（五）绿色金融研究小结与建议

本报告将"绿色金融"在中国的理论和实践纳入社会投资的讨论框架中来，首先，绿色金融是参与经济价值和社会价值共享的重要渠道，其主要目的是希望通过金融业促进环保和经济社会的可持续发展，引导资金流向环境保护、节能减排、资源循环利用等可持续发展的企业和项目；同时降低对污染性、高耗能企业和项目的投资，以促进经济的可持续发展。其次，我国政府在绿色金融的推广中扮演了不可或缺的顶层设计者的角色，自上而下地推动绿色金融的改革。政府是国家绿色发展的规划者，也是绿色金融发展基础设施的建设者。按照市场导向，国家做好规划、政策制度基础建设和体制机制建设，为绿色发展和绿色金融发展营造良好的政策和市场环境。

自2015年建立G20绿色金融工作组、2016年将绿色金融纳入G20峰会议题以来，中国通过双赢与多赢协作展现大国责任，与各国政府和相关方协同推动切实可行的绿色金融体系建设相关措施，从实务层面得到公众的尊敬和国家外交软实力的提升。绿色金融在我国飞速发展，但是仍然面临重重挑战。首先，金融机构发展绿色金融的动力不足。金融机构的资本逐利性常与环保公益性相冲突。绿色项目投资期限长、前期投入大、收益期比较长，且投资风险较高。严格依照环保原则进行信贷投资的决策可能导致金融机构错

---

① 《2018绿金委年会在京召开　聚焦绿色金融突破性进展》，中国金融信息网，2018年4月21日，http://greenfinance.xinhua08.com/a/20180421/1757439.shtml。

失存在潜在收益的投资机会，因此商业银行参与的积极性较低。其次，政策法规激励制度缺位，金融市场机制不完善，产品体系不健全。政府对绿色行为给予的优惠、补贴和财政贴息力度不够，不能有效地降低市场主体的成本，不利于绿色金融活动的开展。市场上各类绿色金融产品的融资规模差异较大，且发展速度不均衡。最后，专业绿色金融机构缺位，社会资本调动不充分。

随着绿色金融市场的发展，国家可以进一步深化绿色金融发展的体制建设，重点解决绿色金融标准问题、环境信息披露问题、信息不对称问题以及绿色金融激励约束机制不完善的问题，从而进一步为绿色金融发挥资源配置作用，建立制度基础和良好的外部条件，引导金融机构将更多的金融资源投向绿色领域。

首先，加强制度建设。建立强制性环境信息披露机制，完善绿色金融风险防范的制度框架。健全问责制度，制定投融资风险考核机制，引进第三方绿色评估机构，加强绿色金融发展监管。其次，加大财政金融政策支持。鼓励银行和企业通过发行绿色债券融资，降低银行和企业发行绿色债券的门槛，简化金融机构和企业的发债审批程序，从而为投资者提供收益稳定、风险较小的投资标。加大对绿色信贷的贴息力度，以市场化手段，通过给予商业银行或政策性银行第一年财政贴息的权利，提升财政支持绿色经济发展的有效性和系统性，形成正向的激励机制，从而健全完善财政贴息机制。第三，加强金融基础设施建设。增强碳交易和排放（污）权交易市场建设能提升减排效率、降低减排成本。加强绿色评级体系的建设，并开发绿色股票指数，推动机构投资者加大绿色投资。

同时，中国人民银行研究局局长徐忠撰文指出，中国的绿色金融是政府自上而下推动的，但还需要践行"自上而下"的顶层设计与"自下而上"的基层探索相结合的改革路径。[①] 投资者、社会发展机构等也应当积极发展绿色金融，支持环境保护，共同创建生态文明。

---

① 《2016 年纳入 G20 议题后，绿色金融发展得如何？》，中国金融四十人论坛，2018 年 5 月 24 日，https://wallstreetcn.com/articles/3320482。

六 中国政府和社会资本合作模式（PPP）发展概况

（一）PPP 简介

PPP（Public-Private Partnership）模式（以下简称 PPP），通常被译为"公私合营"或"公私合作"的伙伴关系，在中国通常被称作"政府和社会资本合作"，国家发改委于 2014 年发布的《关于开展政府和社会资本合作的指导意见》中首次对 PPP 做出界定："政府和社会资本合作（PPP）模式是指政府为增强公共产品和服务供给能力、提高供给效率，通过特许经营、购买服务、股权合作等方式，与社会资本建立的利益共享、风险分担的长期和合作关系。"在该模式下，政府鼓励私人资本和民营资本参与合作，协同进行基础设施建设和公共服务供给，旨在营造积极的社会和环境影响力，具有社会投资的核心属性，是政府参与社会投资的主要模式之一。

PPP 在我国主要有两种模式：特许经营和政府购买服务。

1. 特许经营

2015 年，六部委联合颁布了《基础设施和公用事业特许经营管理办法》（2015 年第 25 号令），办法明确指出："基础设施和公用事业特许经营，是指政府采用竞争方式依法授权中华人民共和国境内外的法人或其他组织，通过协议明确权利义务和风险分担，约定其在一定期限和范围内投资建设运营基础设施和公共事业并获得收益，提供公共产品或公共服务。"合同期间，政府授权的社会资本按照合同约定承担项目的融资、建设和运营，或政府将存量项目的资产所有权或经营权有偿转让给社会资本方或双方为实施项目而成立的特殊目的公司（SPV），并由其负责运营。合同期满后社会资本方将一切建筑和设施无偿移交给政府。

特许经营类 PPP 项目常见的合作形式有 BOT（Build-Operate-Transfer，建设－运营－移交）、ROT（Renovate-Operate-Transfer，改建－运营－移交）

和 TOT（Transfer-Operate-Transfer，转让－运营－移交）。BOT 形式多适用于资金密集型和技术密集型的 PPP 项目，政府面临巨大资金投入压力或不具备某些技术或专业管理能力的情况。ROT 模式适用于技术设备老旧、服务模式过时的项目，对社会资本方的技术和服务专业水平要求较高。TOT 适用于现有的具有一定收费来源的特许经营项目，例如收费高速公路、桥梁、隧道等。此外，需要提高运营技术和管理效率的项目更适合以这种模式引入社会资本方，以发挥其专业技术和管理特长。

2. 政府购买服务

在国务院办公厅 2013 年发布的《国务院办公厅关于政府向社会力量购买服务的指导意见》（国办发〔2013〕96 号）和财政部 2014 年关于印发《政府购买服务管理办法（暂行）》的通知（财综〔2014〕96 号）中将政府购买服务定义为"通过发挥市场机制作用，把政府直接向社会公众提供的一部分公共服务事项，按照一定的方式和程序，交由具备条件的社会力量承担，并由政府根据服务数量和质量向其支付费用"。

根据回报机制划分，PPP 还可分为政府付费模式、使用者付费模式和可行性缺口模式。政府付费即政府直接付费向社会资本方购买公共服务或产品。使用者付费指服务最终的使用者/消费者付费购买公共服务或产品。可行性缺口模式指使用者付费不足以达到运营方成本和合理收益的需求时，政府将缺口部分补上的一种形式。

（二）PPP 项目投资概况

PPP 模式最早在我国改革开放初期从英国引入。2013 年党的十八届三中全会提出"允许社会资本通过特许经营等方式参与城市基础设施投资和运营"、"让市场在自愿配置过程中发挥决定性作用"，成为我国新一轮 PPP 政策发布的起点。如表 3－7 所示，截止到 2018 年 6 月，财政部 PPP 中心的最新统计数据显示全国共有 7749 个入库项目，总投资额为 11.9 万亿元，其中落地项目 3668 个，落地率为 47.3%。

表 3 - 7　PPP 中心项目概况（2018 年 6 月）

	总数	投资额(万亿元)	落地率
入库项目	7749	11.9	
落地项目	3668	6.0	47.3%
国家示范项目	1009	2.3	
落地项目	866	2.0	85.8%
储备清单项目	4800	5.4	

资料来源：财政部 PPP 中心。

1. 地区分布

我国 PPP 项目分布存在地区差异。经过多年发展，从最初的东多西少逐渐转变为由东部发达地区向西部欠发达地区转移的现状。从项目数量上看（如图 3 - 96），截止到 2018 年 6 月，排名前三的省份分别是山东（693 个）、河南（580 个）和湖南（497 个），三省之和占项目库总数的 22.8%。排名后三位的省份分别是天津（21 个）、西藏（2 个）和上海（2 个）。

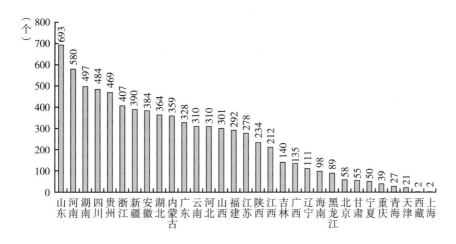

图 3 - 96　PPP 项目数量地区分布（2018 年 6 月）

资料来源：财政部 PPP 中心。

如图 3 - 97 所示，从项目投资额看，排名前三位的分别是贵州（10040 亿元）、湖南（8058 亿元）和浙江省（7704 亿元），三省投资额之和占项目库入库项目总投资额的 21.7%。排名后三位的省份分别是青海省（425 亿元）、西藏（97 亿元）和上海（16 亿元）。

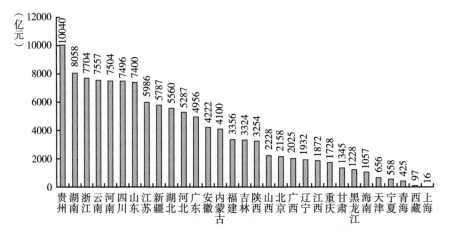

图 3 - 97　PPP 项目投资额地区分布（2018 年 6 月）

资料来源：财政部 PPP 中心。

2. 回报机制分布

依照 PPP 项目的三种投资回报模式来看，如图 3 - 98 所示，截止到 2018 年 6 月，可行性缺口补助项目为 3898 个，投资额达到 7.47 万亿元，在数量和投资额两方面均居第一位；政府付费类项目以 3136 个项目和 3.41 万亿元投资额居第二位；使用者付费项目为 715 个，共投资 1.06 万亿元。

3. 行业分布

2014 年之前，水务、市政工程和交通运输是我国 PPP 项目实践较早的行业。2014 年以后，我国 PPP 项目迅猛发展，除了市政和交通行业外，城镇综合开发和环保行业的发展势头强劲。

从项目数量上看，如图 3 - 99 所示，截止到 2018 年 6 月，市政工程是 PPP 项目在我国运用最广泛的行业，占总项目数量的 38.8%；其次是交通运输，占 14.7%；第三位是生态建设和环境保护，占 8.6%。项目数量较少的行业为农业、社会保障行业和林业。

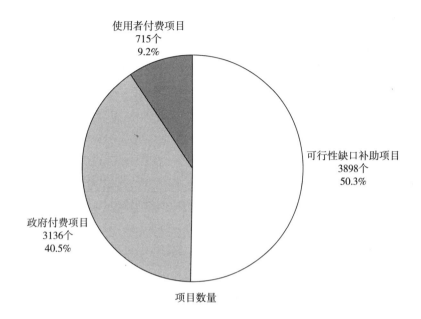

项目数量

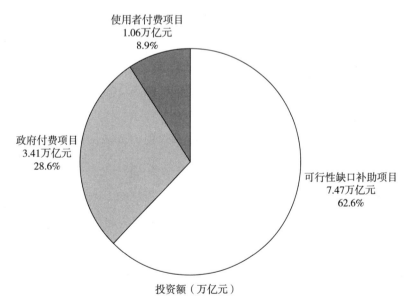

投资额（万亿元）

图 3 - 98 PPP 项目回报机制分布（2018 年 6 月）

资料来源：财政部 PPP 中心。

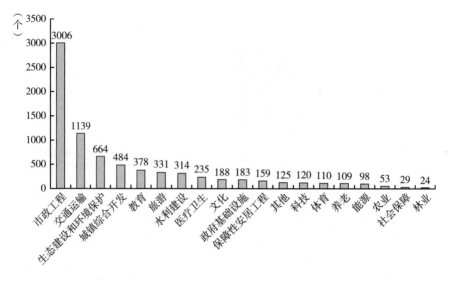

图 3 – 99　PPP 项目数量行业分布（2018 年 6 月）

资料来源：财政部 PPP 中心。

从投资额来看，截止到 2018 年 6 月，市政工程依然是投资额排名第一的行业，占 PPP 总投资额的 31.1%；其次是交通运输和城镇综合开发，分别占总投资额的 29.2% 和 12.5%（见图 3 – 100）。投资额较少的行业依然是农业、林业和社会保障行业。

截止到 2018 年 6 月，在基本公共服务领域，包括旅游、文化、体育、医疗卫生、养老和教育等行业，PPP 项目总数为 1351 个，投资共 1.19 万亿元，分别占财政部 PPP 项目库总项目数和总投资额的 17.4% 和 10%。其中，教育、旅游、医疗卫生行业在项目数量和投资额两方面均居前三位。

自 2015 年以来，国家大力推广在环保类项目中运用 PPP 模式，2016 年 10 月财政部发文要求垃圾处理和污水处理类新建项目强制采用 PPP 模式。常见的环保类 PPP 项目主要包括市政工程中的垃圾处理、污水处理、给排水工程和生态建设与环境保护类项目。从更广泛的意义来看，支持污染防治和推动经济绿色低碳化的项目涉及的行业非常广泛，包括公共交通、水利建设、生态建设和环境保护、教育、科技、文化、养老、医疗、旅游、林业

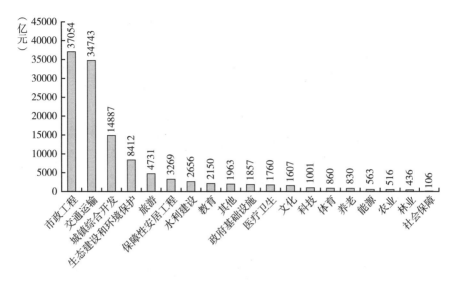

图 3 - 100　PPP 项目投资额行业分布（2018 年 6 月）

资料来源：财政部 PPP 中心。

等。截至 2018 年 6 月，共有 4193 个广泛意义上的污染防治与绿色低碳项目入库，投资额共 4.3 万亿元，分别占库中项目总数和总投资额的 54.1% 和 36.2%。其中，落地项目共 1991 个，落地率 47.5%，投资额为 2.21 万亿元。

（三）PPP 融资模式

PPP 作为一种新兴的基础设施和公共服务提供的方式，其融资模式也有别于一般的商业融资模式。PPP 项目具有公共属性、项目期限长、投资主体结构复杂、投资回报偏低等特点，选择合适的融资途径能够更好地推进我国 PPP 的发展。

1. 融资主体

在融资主体方面，PPP 项目通常会采取新设法人的方式进行项目融资。政府方和社会资本方共同出资为 PPP 项目的运作成立特殊目的公司（项目公司，SPV），以 SPV 为主体对项目建设和运营维护开展融资活动。财政部

189

印发的《PPP项目合同指南（试行）》中规定，"项目公司可以由社会资本（可以是一家企业，也可以是多家企业组成的联合体），也可以由政府和社会资本共同出资设立，但政府在项目公司中的持股比例应低于50%，且不具有实际控制力及管理权"。

政府对SPV的出资方式在实践当中常见的有三种。①股权投资，即政府以出资入股的形式，成为SPV的股东，行使股东权利，参与、管理或控制SPV的经营活动。②债权投资，即政府以其对SPV或第三方的债权向SPV出资，抵缴股款，成为股东。在我国PPP实际操作中存在严重的"明股实债"问题，地方政府以入股为名，以债权投资为实，以举借地方政府债务。2017年底财政部已出台文件叫停"明股实债"。③"股权+债权"投资，在实际操作中，政府通常会认缴较小比例的资金做股权投资，而大部分项目资本金由债权形式注入，形成"小股大债"，降低政府的出资压力。

2. 融资阶段

PPP项目根据实践阶段的不同常常会采取不同的融资模式。在项目建设期，由于缺少现金流入，又不能通过资产转让的形式获得回报，所以建设期融资风险较高，压力较大。这一时期，SPV主要进行外部债权融资，主要方式包括市场发债和寻求银行贷款。基金、保险公司的债权产品和银行的信贷产品由于资金量大而集中、利率较低，在这一阶段融资中具有优势。在项目运营阶段，项目会产生收入，因此相对于建设阶段，运营阶段对融资选择会产生不同偏好。资产证券化是近年来较为认可的融资模式，将项目经营性资产证券化，进行项目后续阶段的融资，被视为现金流较为稳定的PPP项目的有效融资工具。

（四）PPP项目和投资管理

1. 项目流程

2014年11月29日，财政部印发《政府和社会资本合作模式操作指南（试行）》。该指南将PPP项目流程分为项目识别、项目准备、项目采购、项目执行和项目移交五个阶段（如图3-101所示）。

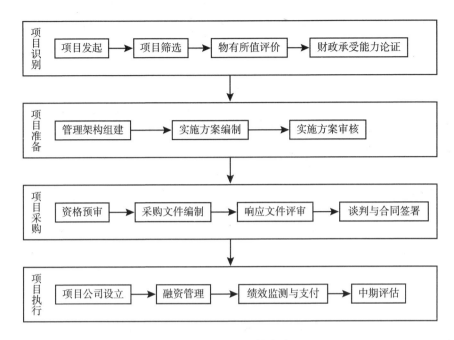

图 3 – 101 PPP 项目操作流程图

资料来源:《政府和社会资本合作模式操作指南》。

在项目识别阶段,政府和社会资本合作项目由政府或社会资本方发起,以政府发起为主。项目发起主要包括组建项目团队、制定工作规划、开展前期调研等。之后财政部门(政府和社会资本合作中心)会同行业主管部门,对潜在政府和社会资本合作项目进行评估筛选,确定备选项目,并从定性和定量两方面开展物有所值评价工作和财政承受能力论证。通过物有所值评价和财政承受能力论证的项目,可进行项目准备。

项目准备指制定具体的项目实施方案,包括确定项目实施范围和内容、设计项目模式和结构、确定合同体系和监管架构等内容。财政部门对项目实施方案进行编制,通过验证的,由项目实施机构报政府审核。

项目采购阶段指项目实施机构展开资格预审、编制采购文件、响应文件评审,并进行谈判与合同签署。

项目执行主要包括项目建设和项目运营两个阶段。项目建设主要指在签订正式合同之后,项目公司进行的主要项目开发活动。在这个过程中,政府发挥好监管责任，发现问题及时与项目公司协商解决。建设工程验收试运营合格后，建设阶段结束进入运营阶段。在项目运营阶段，项目公司获得政府方特许经营权转让，在约定的期限内对项目进行运营和维护。

在项目终结阶段，主要包括项目的移交和项目公司的清算和解散。项目移交指项目公司在特许经营期结束后，将项目设施和项目经营权无偿移交给政府或政府指定主体。政府在移交时主要考察项目设施和经营的状态，避免移交后的继续运营出现问题。项目公司在项目移交后结束运行，按照合同有关规定进行清算和注销。如若在项目移交前社会资本方欲退出，主要的退出方式有公开上市、股权转让、股权回购、清算、发行债券票据、资产证券化等，其中资产证券化被认为是未来可操作性最强的退出方式。

项目移交完成后，财政部门（政府和社会资本合作中心）应组织有关部门对项目产出、成本效益、监管成效、可持续性、政府和社会资本合作模式应用等进行绩效评价，并按相关规定公开评价结果。评价结果作为政府开展政府和社会资本方合作管理工作决策的参考依据。

2. 项目投资监管

为了确保项目的质量和效率，我国 PPP 项目监管体系建设包括行政监管、公众监管、履约管理和政府指定出资代表监管四个层次，涵盖项目全生命周期，以确保项目质量和效率（见表 3-8）。

表 3-8　PPP 项目监管体系

	内涵	监管途径
行政监管	政府及行政职能部门通过行政授权对社会资本方进行监督和管理	①制定符合各行业特点的操作指南和标准,使社会资本方在项目操作过程中有据可循 ②在项目投资管理、项目建设和项目运营等方面建立相关的行政许可要求 ③对项目执行过程进行报送信息检查和现场检查,实时把控项目进程中的问题 ④对于违反相关规定、操作标准和质量无法达到相关标准的,依法给予行政处罚

	内涵	监管途径
公众监管	社会大众同时对政府和社会资本方进行监督	①通过政府部门公开的信息资源进行监督,财政部尝试建立PPP信息公开制度体系 ②通过参与项目方组织的民意调查活动发表意见 ③有效利用听证制度,参与公共事业决策
履约管理	项目承接方在项目实施过程中对项目的建设、运营和移交按照合同规定进行管理和监督,以保证项目进程和项目质量	①履行项目审查、批准、备案等要求 ②现场督察,一般在项目建设和运营期间,在不影响项目进度的前提下,对项目施工、项目安全、设备维护等方面进行检查 ③建立中期评估机制,每3至5年进行一次对项目实施、合同履约等方面的审查,总结经验,发现问题并提出解决建议 ④依据项目特点,建立绩效考核指标体系,对项目的建设、运营和移交进行绩效评估,并将绩效与投资效益挂钩 ⑤对于项目公司违约或项目过程中发生突发或严重情况的,可以行使介入权,直接介入项目的建设和运营
政府指定出资代表监管	在PPP项目中,政府指定的出资代表在SPV中代表政府行使股东权利,对项目的建设和运营、SPV的管理和决策进行监督	①委派/提名高级管理人员,包括SPV的董事和监事 ②参与公司决策 ③对于涉及公共利益和公共安全的情况享有一票否决权

资料来源：根据相关文献整理。

3. 绩效评估体系

国务院办公厅在《办公厅转发财政部发展改革委人民银行关于在公共服务领域推广政府和社会资本合作模式指导意见的通知》中明确提出："建立事前设定绩效目标、事中进行绩效跟踪、事后进行绩效评价的全生命周期绩效管理机制,将政府付费、使用者付费与绩效评价挂钩,并将绩效评价结果作为调价的重要依据,确保实现公共利益最大化。"

通常情况下,PPP项目绩效评估会以项目的生命周期为划分标准,设置包括项目建设考核指标、项目运营维护指标和项目移交验收指标的评估体系(主要评估指标如表3-9所示)。

表 3 – 9　PPP 项目绩效评估指标体系示例 1

项目建设考核指标	项目运营维护指标	项目移交验收指标
建设质量	产品质量	设施状况
施工进度	运营服务质量	文档状况
施工安全	运营成本	
环境保护	安全生产	
社会影响	综合治理	
	公众满意度	

资料来源：刘飞、朱可勇：《PPP 项目监管体系及绩效考核体系建设》，载王天义、韩志峰主编《中国 PPP 年度发展报告（2017）》，社会科学文献出版社，2017，第 123～134 页。

此外，PPP 项目绩效评估指标体系还可以从经济、安全、环境、社会 4 个维度构建评估指标，主要的指标如表 3 – 10 所示。

表 3 – 10　PPP 项目绩效评估指标体系示例 2

经济	安全	环境	社会
提高满足公众预期的能力	改善成本的控制能力	有效地利用自然资源	创造更多的就业机会
带来创新与技术转移	更好地实现安全责任	更好地保护环境	提高服务的及时性
改善公共服务质量			
促进基础设施的现代化			
提高性价比			

资料来源：张万宽、杨永恒、王有强：《公私伙伴关系绩效的关键影响因素——基于若干转型国家的经验研究》，《公共管理学报》2010 年第 3 期，第 103～128 页。

绩效监测主要包括定期考核和临时考核两种形式。定期考核指根据约定的周期定期开展的考核活动，且常常与项目付费周期相呼应，考核结果及时整理备案。临时考核则指考核方随时自行开展的考核活动，如发现问题需书面形式通知项目公司。绩效评估的主体更加鼓励由第三方评估机构来担任，以保证评估的专业性和真实性。

如果绩效评估不符合标准，主要的处理手段有：①要求对问题进行整改，若逾期未改或整改结果仍不达标，政府可以提取建设期履约保函、维护保函和移交维修保函；②将项目付费和绩效评估挂钩，评估不达标者降低政府付费比例或禁止调整消费者付费价格；③问题严重或长期整改不达标的，政府可以行使介入权；④如有合同规定相关违约情况发生，政府可以提前终止合同。

（五）PPP 在养老行业的应用案例

本部分以江西省赣州市章贡区社区（村）居家养老服务中心项目为例，对 PPP 在养老行业中的应用加以分析。

江西省赣州市章贡区全区人口有 62 万，60 岁以上老年人占 18.9%，并以每年 5%~6% 的速度增长。全区的养老服务发展面临老年人口基数大、高龄老人比例高、空巢老人增长快和家庭养老功能弱等问题。2014 年，赣州市章贡区引入 PPP 模式，与社会资本合作方开展章贡区社区（村）居家养老服务中心项目。

该项目包括 10 个养老服务中心网点的新建和 62 个既有服务中心的改扩建，总建筑面积约为 5.05 万平方米，总投资额 1.6 亿元，项目建设运营期 15 年。章贡区政府委托区老龄办作为政府实施机构，委托北京中设泛华工程咨询有限公司作为第三方机构负责项目方案编制和合同签订的全过程服务，通过招投标竞争引入江西鹭溪农业发展有限公司（鹭溪农业）作为社会资本合作方。2015 年 7 月，章贡区政府授权章贡区市场综合开发公司与鹭溪农业共同出资成立 SPV——江西添福养老服务有限公司，其中鹭溪农业占股 80%，市场综合开发公司占股 20%。2015 年 9 月，国开行以专项建设基金 1300 万元投资进入项目，形成项目资本金。资本金和专项补助资金外的项目建设资金由项目公司负责筹集，政府原则上不给予担保。

该项目采用 BOT + O&M（建设 - 运营 - 移交 + 委托运营）模式，政府方负责 62 个服务中心的改扩建工作，资产所有权归政府所有，10 个服务中心的新建和 72 个服务中心的运营由项目公司负责，15 年期满无偿将所有建筑和设施移交给章贡区政府。

该项目回报方式有三种：①使用者付费，主要来自提供养老有偿服务的获取，根据市场价位定价；②政府付费，包括固定补贴和民生补贴；③可行性缺口补助，政府依照合同对高于风险上线部分给予经济补助。项目公司补偿亏损并提取法定公积金后的税后经营性利润，由股东按股权比例分配。

在风险承担方面，原则上社会资本方承担商业风险，包括设计、建造、财务、运营维护等。政府方承担法律和政策风险，不可抗力等风险由双方共同承担。

在绩效方面，政府方每年1月和7月对项目评估，结果与政府补助挂钩。

该项目有效地节省了政府运营成本，提高了综合运营水平。在章贡区初步建立起一个范围广、功能多的社区养老服务网络，提供"助餐、助浴、助洁、助聊、助安、助急、助行、助医、助乐、助学"的十助服务。截至目前，已有30个网点投入运营，日均接待照料老人500人，日均助餐600次，家政服务累计1000次，健康理疗服务累计1298次，组织社区老人休闲旅游累计90批次。

（六）PPP研究小结与建议

PPP是社会资本方参与到原本由政府负责投资建设的基础设施和公共服务领域中去的一种创新性的市场化解决模式。在我国实施以来激发各类民间主体参与到公共服务供给领域，缓解了公共产品和服务领域的供需压力；将市场机制引入公共服务领域，在竞争机制和民间资本专业技术和管理下，提高了公共服务供给水平和效率。然而，PPP在我国的发展主要面临如下挑战。第一，PPP法制建设有待完善。PPP领域缺乏上位法和相关系统配套的法律，使得各部委政策之间缺乏协调性和系统性，甚至存在冲突，各部委内部出台的政策缺乏前后的连续性。第二，政府管理体系不明晰，管理能力不足。在国家层面，我国并未设置专门的PPP管理机构，导致上下级管理部门不统一的情况。政府从项目的直接实施者转变为项目合作者，在项目识别、方案设计、市场趋势把握、多方社会资源整合、突发情况应对等方面能力有待提升。第三，项目重融资轻运营，金融工具单一。为了缓解地方政府债务压力，各地都出现"明股实债"的问题，甚至出现了"假PPP项目"，失去了 PPP 提高公共服务水平的优势。另外，国内目前还比较缺乏中长期低成本的金融产品，未形成多元化的融资结构，限制了我国 PPP 的发展。

2014 年 11 月，国务院发布《国务院关于创新重点领域投融资机制鼓励社会投资的指导意见》，划定了生态环保、农业水利工程、市政基础设施、交通设施、能源设施、信息基础设施以及养老等七类社会事业为政府鼓励民间资本进入的领域，并鼓励在医疗、旅游、教育培训等公共服务领域积极推行 PPP 模式。社会投资在中国即将进入快速发展的阶段。因此，此报告在以下方面提出建议：第一，加强法制建设和制度体系建设，明确各主体边界、流程和权责等，保障 PPP 项目有效落地。第二，加强政府、社会资本方和中介的能力建设，提升各方参与 PPP 项目的能力。第三，加强项目结构多元化，根据行业属性和发展阶段，以及项目的特点和需求来选择合适的模式，充分调动民企的积极性，发挥民企在运营方面的专业能力和市场经验优势，以增强社会资本的活力，提高公共服务水平。

附录1　问卷词汇解释及题目说明

一、调查问卷中的相关词汇

1. 影响力投资方式下投资对象的生命周期阶段

（1）种子期：确定了待解决的社会痛点和清晰的商业理念，但商业模式还未实际运行，未产生收入。

（2）创建期（早期，天使轮）：商业模式已开始运行，测试可行性产品或服务，可产生收入，但还未达到收支平衡。

（3）成长期（中期，A轮以前）：改善产品或服务并扩大规模，达到盈亏平衡并快速成长。

（4）成熟期（后期，A轮）：扩展产品或服务覆盖地，实现规模化运行，利润持续稳定增长。

（5）股权收购/并购期（A轮以后）：专注延伸盈利大的产品或服务，实现企业扩大后的融资。

2. 公益创投方式下资助对象的生命周期阶段

（1）初创期：确定待解决的社会问题，尝试用可行的运营模式去解决。

（2）成长期：解决社会问题的运营模式已开始运行，组织规模逐步扩大，初步形成规范的管理体系。

（3）成熟期：解决社会问题的运营模式持续运行，组织规模趋于稳定，形成制度化的管理体系，获得一定的行业声誉，同时寻求新的社会问题及解决方式。

（4）衰退期：处于成熟期的组织，因循守旧而陷入发展困境，组织逐步衰落。

二、问卷多选题目的部分说明

对于调查问卷中的多选题目，由于报告中仅呈现了问卷回答项（即非零项）的分布情况，无法全面反映多选题目的覆盖范围，因此对相关多选题目的备选项说明如下。

1. 社会投资的资金来源

备选项包括：自有资金，慈善捐款，商业资金，财政拨款，福彩基金，政府引导基金，慈善信托，其他。

2. 社会投资的专注领域

备选项包括：文化与艺术（包括创意产业），教育与培训，普惠金融，金融服务（普惠金融除外），食品与农业，自然保护，能源，健康与医疗（包括养老服务等），住房及居住改善，行业支持服务，生产制造，信息和通信技术（ICT），水、环境与卫生，社区发展，减少贫困，公平贸易，灾害援助，其他。

3. 社会投资的目标受益区域

备选项包括：所在区（县），所在市，所在省（自治区、直辖市），所在地及邻近省（自治区、直辖市），全国，国际，地域不确定（如互联网业务等），其他。

4. 社会投资的目标受益群体

备选项包括：社区居民，老人，儿童和青少年，残障人士，长期病患者，贫困人群（低收入者），农民工，大学生，创业者，妇女，刑满释放人员，不良嗜好者，无家可归者，长期失业者，退伍军人，社会组织（非营利组织、非政府组织、公益组织等），少数民族群体，需要心理援助/医疗援助者，没有特定的受益群体，其他。

5. 社会投资中的非资金支持服务

备选项包括：链接社会资源，日常管理指导，财务管理和（或）会计服务，融资战略和收益管理，人力资源管理，市场营销，运作管理，提供设施或设备，影响力评估，IT技术开发与支持，没有投资以外的其他支持活动，其他。

6. 社会投资尽职调查关注的风险

备选项包括：商业模式/项目的实施和管理风险，财务风险，认知和声誉风险，社会和（或）环境影响力风险〔（无法达到预期的社会和（或）

环境影响力)〕，流动性和退出风险，市场需求和竞争风险，宏观经济风险，政策风险，其他。

7. 联合投资的合作对象

备选项包括：专门的社会投资机构（包括加速器和孵化器、顾问公司主导的投资机构等），国有商业投资机构，非国有商业投资机构，政府类机构，公募基金会，非公募基金会，其他非营利组织，政府引导的基金公司，个人，其他。

8. 影响力评估框架

备选项包括：针对项目自行设计的评估框架/体系，中国慈展会发布的社企认证体系，民政部门社会组织等级的评估，联合国负责任投资原则（UNPRI），联合国可持续发展目标（SDGs），国际通用的标准框架如影响力报告和投资标准（IRIS）、全球影响力投资评级体系（GIIRS）等，国际共益企业认证体系（BIA），社会投资回报评估（SROI），可持续发展理念的产品认证标志（从摇篮到摇篮设计，C2C），美国绿建筑评分认证系统（领先能源与环境设计，LEED），环境影响力评估中的生命周期评估（LCA），其他。

附录2　部分受访社会投资机构的基础信息

依据自愿信息披露的原则，部分受访社会投资机构的基本信息汇总如下（各类机构按首字母的顺序排列）。

部分受访基金会的基础信息

1. 澳门同济慈善会

→机构所在地：澳门

→投资领域：教育、行业支持

→投资对象的类型：商业企业、社会组织

→目标投资区域：全国

→投资/资助方式：资助

→非资金支持方式：链接社会资源、融资战略

2. 北京合一绿色公益基金会

→机构所在地：北京

→机构性质：受委托资助机构

→投资领域：食品与农业，自然保护，水、环境与卫生，社区发展

→投资对象的类型：商业企业、社会组织

→目标投资区域：全国

→投资/资助方式：资助

→非资金支持方式：链接社会资源、日常管理指导

3. 北京加速公益基金会

→机构所在地：北京

→投资领域：健康、减少贫困、行业支持服务

→投资对象的类型：商业企业（含合作社）、社会组织

→目标投资区域：全国

→投资/资助方式：资助

→非资金支持方式：链接社会资源、组织管理指导、财务管理和（或）会计服务、人力资源管理、市场营销、运作管理、影响力评估、项目产品化设计

4. 北京乐平公益基金会

→机构所在地：北京

→投资领域：教育与培训、普惠金融、食品与农业、住房及居住改善、行业支持服务、信息和通信技术（ICT）、减少贫困

→投资对象的类型：商业企业（含合作社）、社会组织

→目标投资区域：全国

→投资/资助方式：资助、股权投资、提供固定资产

→非资金支持方式：链接社会资源、日常管理指导、财务管理和（或）会计服务、融资战略和收益管理、运作管理、提供设施或设备、影响力评估、IT技术开发与支持

5. 北京联益慈善基金会

→机构所在地：北京

→投资领域：文化与艺术（包括创意产业）、教育与培训、健康与医疗（包括养老服务等）

→投资对象的类型：商业企业（含合作社）

→目标投资区域：全国

→投资/资助方式：股权投资

→非资金支持方式：链接社会资源、日常管理指导、融资战略和收益管理

6. 北京市企业家环保基金会

→机构所在地：北京

→投资领域：教育与培训，食品与农业，自然保护，能源，健康与医疗（包括养老服务等），行业支持服务，水、环境与卫生，社区发展，公平贸易，灾害援助

→投资对象的类型：商业企业（含合作社）、社会组织

→目标投资区域：全国、国际

→投资/资助方式：资助

→非资金支持方式：链接社会资源、日常管理指导、财务管理和（或）会计服务、融资战略和收益管理、人力资源管理、市场营销、提供设施或设备、影响力评估

7. 北京亿方公益基金会

→机构所在地：北京

→投资领域：无特定领域

→投资对象的类型：商业企业

→目标投资区域：全国

→投资/资助方式：股权投资

→非资金支持方式：链接社会资源、日常管理指导、财务管理和（或）会计服务、融资战略和收益管理、人力资源管理、市场营销、运作管理、IT技术开发与支持

8. 佛山市顺德区创新创业公益基金会

→机构所在地：广东省

→投资领域：无特定领域

→投资对象的类型：商业企业

→目标投资区域：机构所在区

→投资/资助方式：资助、股权投资

→非资金支持方式：链接社会资源、提供创业导师资源、对接相关行业产业资源、提供投融资支持、帮助企业战略梳理及日常运营管理支持、人力资源支持

9. 南都公益基金会

→机构所在地：北京

→投资领域：无特定领域

→投资对象的类型：商业企业、社会组织

→目标投资区域：全国

→投资/资助方式：资助、无息贷款、股权投资

→非资金支持方式：链接社会资源、日常管理指导、人力资源管理、运作管理

10. 上海复星公益基金会

→机构所在地：上海

→投资领域：文化与艺术（包括创意产业），教育与培训，普惠金融，金融服务（普惠金融除外），健康与医疗（包括养老服务等），水、环境与卫生，社区发展，减少贫困，公平贸易，灾害援助，其他

→投资对象的类型：商业企业

→目标投资区域：全国

→投资/资助方式：股权投资

→非资金支持方式：链接社会资源、日常管理指导、财务管理和（或）会计服务

11. 上海彤程公益基金会

→机构所在地：上海

→投资领域：文化与艺术（包括创意产业），普惠金融，食品与农业，能源，健康与医疗（包括养老服务等），生产制造，水、环境与卫生

→投资对象的类型：商业企业（含合作社）

→目标投资区域：全国

→投资/资助方式：股权投资

→非资金支持方式：链接社会资源、融资战略和收益管理、影响力评估

12. 深圳市社会公益基金会

→机构所在地：广东省

→投资领域：自然保护、行业支持服务、社区发展、减少贫困、体育事业、科技

→投资对象的类型：商业企业（含合作社）、社会组织

→目标投资区域：全国

→投资/资助方式：资助

→非资金支持方式：链接社会资源、日常管理指导、融资战略和收益管理、人力资源管理、市场营销、提供设施或设备、影响力评估

13. 增爱公益基金会

→机构所在地：上海

→投资领域：文化与艺术（包括创意产业）、教育与培训、健康与医疗（包括养老服务等）、减少贫困

→投资对象的类型：商业企业、社会组织

→目标投资区域：全国

部分受访政府类社会投资机构的基础信息

1. 北京市东城区社会组织服务中心

→机构所在地：北京

→投资领域：教育与培训，健康与医疗（包括养老服务等），社区发展，灾害援助

→投资对象的类型：社会组织，商业企业

→目标投资区域：注册所在区（县）

→投资/资助方式：资助

→非资金支持方式：链接社会资源，日常管理指导，财务管理或会计服务，提供设施或设备

2. 成都市民政局民间组织管理处

→机构所在地：四川省成都市

→投资领域：文化与艺术（包括创意产业），教育与培训，健康与医疗（包括养老服务等），社区发展，减少贫困，灾害援助

→投资对象的类型：社会组织

→目标投资区域：注册所在市

→投资/资助方式：资助

→非资金支持方式：链接社会资源，财务管理或会计服务

3. 江苏省张家港市公益组织培育中心

→机构所在地：江苏省苏州市

→投资领域：行业支持服务，社区发展

→投资对象的类型：社会组织

→目标投资区域：注册所在市

→投资/资助方式：资助

→非资金支持方式：链接社会资源，日常管理指导，财务管理或会计服务，人力资源管理，市场营销，运作管理，提供设施或设备

4. 江西省南昌市民政局社会组织管理处

→机构所在地：江西省南昌市

→投资领域：社区发展

→投资对象的类型：社会组织

→目标投资区域：注册所在市

→投资/资助方式：资助

→非资金支持方式：财务管理或会计服务，人力资源管理，运作管理，提供设施或设备

5. 上海市静安区社会组织服务中心

→机构所在地：上海

→投资对象的类型：社会组织

→目标投资区域：注册所在区（县）

6. 上海市女性社会组织发展中心

→机构所在地：上海

→投资领域：教育与培训，健康与医疗（包括养老服务等），社区发展，妇女儿童家庭类服务及关爱项目

→投资对象的类型：社会组织，商业企业

→非资金支持方式：链接社会资源，日常管理指导，财务管理或会计服务，运作管理，影响力评估

7. 浙江省杭州市社会组织服务中心

→机构所在地：浙江省杭州市

→投资对象的类型：社会组织

→目标投资区域：注册所在市

→非资金支持方式：链接社会资源，日常管理指导，财务管理或会计服务，运作管理，影响力评估

部分受访商业投资机构的基础信息

1. 北京青云创业投资管理有限公司

→机构所在地：北京

→投资领域：食品与农业，能源，健康与医疗，信息和通信技术（ICT），水、环境与卫生，新材料、智能技术，汽车

→投资对象的类型：商业企业

→目标投资区域：全国

→投资/资助方式：股权投资

→非资金支持方式：根据项目需求和项目阶段需要，一般是董事会成员参与公司运营

2. 恩派社会创投基金（宁波恩派股权投资有限公司）

→机构所在地：浙江省宁波市

→投资领域：社区发展，公益支持型

→投资对象的类型：商业企业

→目标投资区域：全国

→投资/资助方式（2017 年）：股权投资

→非资金支持方式：链接社会资源，日常管理指导，财务管理和（或）会计服务，融资战略和收益管理，人力资源管理，市场营销，运作管理，影响力评估

3. 国投基业股权（深圳）有限公司

→机构所在地：上海

→投资领域：教育与培训，健康与医疗（包括养老服务等），区块链、AI 等最新科技

→投资对象的类型：商业企业

→目标投资区域：地域不确定（如互联网）

→投资/资助方式：股权投资

→非资金支持方式：日常管理指导，市场营销

4. SA Capital（SAC）

→机构所在地：香港

→投资领域：教育与培训，包括教育科技等

→投资对象的类型：商业企业

→目标投资区域：国际

→投资/资助方式：股权投资

→非资金支持方式：链接社会资源，日常管理指导，融资战略和收益管理，人力资源管理，市场营销，运作管理

5. 上海晋暂投资管理有限公司

→机构所在地：上海

→投资领域：教育与培训，食品与农业，自然保护，社区发展，减少贫困，公平贸易

→投资对象的类型：商业企业

→目标投资区域：全国

→投资/资助方式：股权投资

→非资金支持方式：链接社会资源，日常管理指导，财务管理和（或）会计服务，市场营销

6. 上海禹闳投资管理有限公司

→机构所在地：上海

→投资领域：文化与艺术（包括创意产业），教育与培训，能源，健康与医疗（包括养老服务等），信息和通信技术（ICT）

→投资对象的类型：商业企业

→目标投资区域：全国

→投资/资助方式：股权投资

→非资金支持方式：链接社会资源，日常管理指导，财务管理和（或）会计服务，融资战略和收益管理，人力资源管理，市场营销，运作管理，提供设施或设备

7. 深圳市达晨创业投资有限公司

→机构所在地：广东省深圳市

→投资领域：无特定领域

→投资对象的类型：商业企业

→目标投资区域：全国

→投资/资助方式：股权投资

→非资金支持方式：根据项目需求

8. 泰迦孔雀基金

→机构所在地：海外

→投资领域：普惠金融，金融服务（普惠金融除外），食品与农业，健康与医疗（包括养老服务等），消费

→投资对象的类型：商业企业

→目标投资区域：国际

→投资/资助方式：股权投资

→非资金支持方式：链接社会资源，日常管理指导，融资战略和收益管理，人力资源管理，市场营销

9. 新湖育公益创投基金

→机构所在地：上海

→投资领域：符合社会和环境要求，关心教育、贫困、有互联网因素

→投资对象的类型：商业企业，社会组织

→目标投资区域：全国

→投资/资助方式：股权投资，债权转股权

→非资金支持方式：链接社会资源，日常管理指导，融资战略和收益管理，运作管理

10. 珠海中引创业投资企业（有限合伙）

→机构所在地：广东省珠海市

→投资领域：能源，可持续交通，智慧农业

→投资对象的类型：商业企业

→目标投资区域：全国，国际

→投资/资助方式：股权投资

→非资金支持方式：链接社会资源，日常管理指导，财务管理和（或）会计服务，融资战略和收益管理，人力资源管理，市场营销，影响力评估

社会企业支持型机构调研报告

一　概述

社会企业支持型机构作为社会企业生态链上的一环，为社会企业在国内的成长与发展提供了良好的支持土壤。本报告以为社会企业提供孵化、空间、融资服务、能力建设、传播、认证中的一种或多种产品/服务的机构为调研对象，盘点了国内现有的社会企业支持型机构的发展现状①，主要研究发现包括：

（1）目前社会企业支持型机构的注册数量少，为30~40家，多集中于一线城市且大多数注册时间不早于2012年；

（2）社会企业支持型机构有66.7%是民非注册，23.8%是公司注册，9.5%则有民非和公司的双重身份；

（3）88.2%的社会企业支持型机构有资金需求，半数的需求在100万~500万元；

（4）社会企业支持型机构现阶段融资渠道较为单一，68.8%的主要渠道为捐款，但71.4%的机构对影响力投资这一新兴投资方式抱有期待；

（5）所有被调查机构都能提供1种以上的支持服务，其中服务内容较为普遍的为传播倡导（18家）、能力建设（18家）和孵化（15家）；

（6）支持型机构的服务对象以企业和民非为主，分别占反馈机构数量的85%和80%，其中约一半机构（52.4%）的主要服务对象仅涵盖B端用

---

① 本报告中的"支持型机构"，专指为社会企业提供专业服务的中介服务机构，而并非泛指社会企业行业生态体系中所有提供支持的机构。

户，另一半（47.6%）则包含 C 端用户。

此外，本报告依据反馈结果分析了现阶段社会企业支持型机构面临的内外挑战。从内部而言，挑战包括：

（1）人力资源不足，这体现在人才短缺及员工专业能力不足两个方面；

（2）融资困难，主要由社企认知度低、融资渠道少、投资机构关注度低等社会企业生态环境导致；

（3）产品/服务研发能力不足与市场推广/传播能力不足，80% 的机构认为该挑战主要由人才不足导致。

从外部而言，社企支持型机构的挑战包括：

（1）整体而言，政府对社企行业的认知和政策支持相对缺乏；

（2）市场认知度低，且服务领域存在与既有的行业协会或商业机构的市场竞争；

（3）支持型机构之间缺乏行业信息交流与合作。

基于调研结果和行业需求，本报告针对社会企业支持型机构提出的发展建议如下：

（1）聚焦人才培养和引进，提升专业能力；

（2）开展行业交流与合作，满足社会企业多元化的专业需求；

（3）开展联合传播、合力倡导，提升社会企业和社会投资的认知度；

（4）积极开展政策倡导。

二　发展背景

自 2014 年《民政部全国工商联关于鼓励支持民营企业积极投身公益慈善事业的意见》发布之后，十八大又正式提出"社会治理"，促进了社会组织治理社会，也促进了社会组织行业自治，枢纽型社会组织及支持型社会组织逐渐兴起。美国波士顿大学教授戴维·布朗和坦顿在 1990 年首次提出支持型社会组织的概念。支持型社会组织除具备社会组织的一般属性外，其特殊性体现在公益或互益服务的间接性，即不直接为社会大众提供公益或互益服务，而是通过为社会组织服务间接提供社会服务①。改革开放所带来的经济加速，国家政策对民营资本进入社会服务领域的放宽，5·12 大地震和红十字会捐赠丑闻等关键性社会事件的发生更进一步促进了中国的第三部门专业化甚至产业化发展。除了政府在社会治理方面所做的一系列支持，市场与第三部门的合作也在逐渐成为中国第三部门发展的新研究热点。在当今中国，社会组织不仅需要借力政府购买、政府创投和政策优惠，也要学会运用市场和资本的力量来促进自身的发展。社会企业、社会投资等对社会服务领域的市场化探索也逐渐兴起。在第三部门产业化、市场化的趋势之下，除专门针对非企业性质的社会组织支持型机构之外，也逐渐出现了为社会企业提供专业性支持服务的机构。社会企业支持服务这一新领域的兴起对支持型机构提出了新的要求，也使之面临新的挑战。

在我国现有的发展背景下，社会企业本身还未发展出完备的行业规范，专业性的社会企业支持体系还未完全搭建起来。在徐宇姗②的研究中，针对不同社会组织的需求，社会组织支持机构可主要分为以下几种：资源型支持机构，主要为社会组织提供资源链接、融资渠道；能力建设机构，主要为社会组织提供专业咨询服务、能力建设培训等相关支持；信息型支持机构，为社会组织提供信息交流、传播渠道的机构；智力型支持机构，为社会组织提供智力支持及调研服务的机构；综合型支持机构，提供多种社会企业支持服务的支持机构；其他细分领域服务机构的转型。虽然支持型机构早已有之，但专门以社会企业为服务对象的支持型机构却是在近 10 年兴起的。现有较为成熟的社会企业支持型机构（以下简称支持型机构）的服务范围可以定位在以下六个维度：孵化、空间、融资服务、能力建设、传播和认证。为社会企业提供以上一种或多种产品/服务的机构可被界定为社会企业的支持型机构。

① Brown, L. D. and Tandon, R., Strengthening the grassroots: Nature and role of support organizations. *New Dehli: The Society for Participatory Research in Asia*, 1990.
② 徐宇姗：《社会组织结构创新：支持型机构的成长》，《社团管理研究》2010 年第 8 期。

在社会企业迅速发展与社会企业支持政策难以跟上的情形下，支持型机构在社会企业的发展中越发举足轻重。支持型机构在国家、区域、行业层面上为社会企业提供专业性服务，从而加深社会企业与政策、市场之间的相互理解，使之更好地融入国家政策及市场之中，获得认可与发展，更有助于整合行业资源，进一步促进社会企业的规范化、规模化发展。

综上所述，支持型机构虽然在我国历史不长，但因其广阔的发展空间与巨大的社会潜能，正日益成为相关研究的重点。本报告对国内支持型机构进行了调研，试图通过对支持型机构发展现状与困境的分析，为现阶段社企支持体系的搭建提出一些建议。

三　研究方法

本次社会企业支持型机构调研主要采用定性研究的方法。本研究对18家社企支持型机构进行了问卷调查，对7家进行了深度访谈，其中部分被访机构与问卷样本有所重合，故总样本为21家。问卷调查部分通过向18家支持型机构定向发放访谈式问卷来了解支持型机构现阶段的发展状况，包括背景信息、生存状况、财务表现、服务内容、发展挑战等。访谈部分则通过对7家支持型机构进行深度半结构式访谈，以了解支持型机构现阶段的需求、发展困境与行业生态。所有信息收集时间截至2018年12月。本次调研样本分布的地域包括北京、上海、广东、云南等十多个省份。样本所存在的共性为：

（1）以国内社会企业为主要服务对象；

（2）提供一种或多种产品/服务（孵化、空间、融资、能力建设、传播倡导和认证六个维度）；

（3）已经实际为至少一家社会企业提供过支持型服务，产品/服务经历过至少一轮市场验证；

（4）产品/服务已产生实际营收。

四 发展现状

通过分析本调研报告所获得的问卷反馈，对现阶段社会企业支持型机构有以下方面的发现。

（一）注册数量与注册时间

根据本调研报告对支持型机构的界定，从调研机构所能收集到的样本来看，国内能够为社会企业提供孵化、空间、融资服务、能力建设、传播和认证中的一种或多种产品/服务的机构数量在国内并不多，为30～40家。从表4-1可以看出，参与调研的支持型机构大多数注册在广东、北京和上海等省份。

表4-1 支持型机构注册区域（N=21）

注册区域	注册机构数（家）
广东	8
北京	3
上海	3
陕西	1
山东	1
浙江	1
福建	1
云南	1
香港*	1
海南	1

* 本调研报告主要关注的是中国内地的社会企业支持型机构发展的现状。在筛选调研样本时，对于注册地点在中国香港，但业务范围大部分在中国内地的机构也予以了采样。

资料来源：社企论坛（CSEIF）。

从图 4 - 1 可以看出，21 家社会企业支持型机构中，11 家都在 2016 ~ 2018 年这三年内进行正式注册。虽然有不少机构在注册前已经通过社团或其他形式进行运营，但 90.5% 的支持型机构（19 家）的正式注册时间截止到 2018 年底都未超过 7 年[①]。

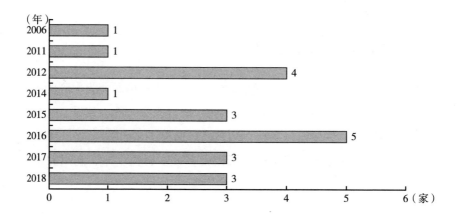

图 4 - 1　社会企业支持型机构的注册时间（N = 21）

资料来源：社企论坛（CSEIF）。

（二）注册形式

社会企业支持型机构的注册形式有民政注册与工商注册两类。从图 4 - 2 可以看出，受访机构中，90.5% 是单一注册形式，其中 66.7% 是民非，23.8% 是公司，9.5% 则是民非和公司的双重形式。

（三）资金需求

图 4 - 3 显示，对资金需求情况进行反馈的 17 家支持型机构中，15 家在 2017 年寻求过资金支持，占进行反馈的机构总数的 88.2%。

---

① 样本中有一家机构是 2006 年注册的，但其社会企业孵化器的服务是从 2016 年才开始的，因此在这里也将其归为"注册不到 10 年"的支持型机构。

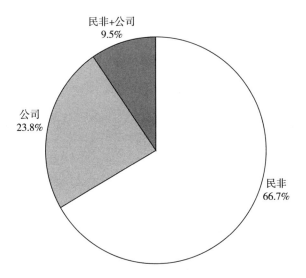

图 4 – 2　社会企业支持型机构的注册形式（N = 21）

资料来源：社企论坛（CSEIF）。

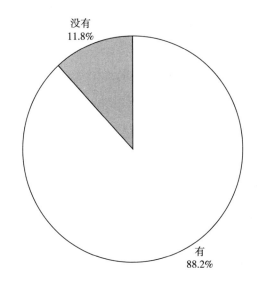

图 4 – 3　社会企业支持型机构 2017 年是否寻求资金支持（N = 17）

资料来源：社企论坛（CSEIF）。

这 17 家机构中有 11 家对寻求资金的频次给出了反馈，如图 4 – 4 显示，72.7% 的机构在 2017 年寻求过 1～5 次的资金支持。

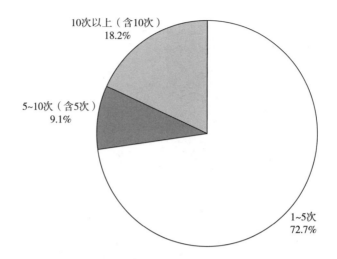

图 4 – 4　社会企业支持型机构 2017 年寻求资金支持的频次（N = 11）

资料来源：社企论坛（CSEIF）。

从图 4 – 5 可以看出，半数样本机构需要的资金支持额度为 100 万～500 万元。

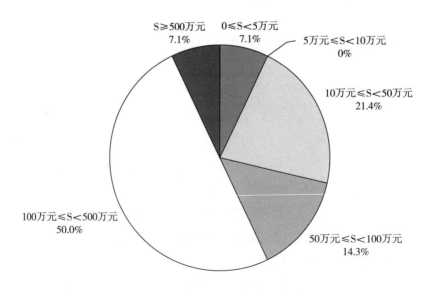

图 4 – 5　社会企业支持型机构需要资金支持（S）的额度范围（N = 14）

资料来源：社企论坛（CSEIF）。

（四）融资

调查结果显示，社企支持型机构现阶段的融资渠道仍较为单一，且偏向低风险、低收益的渠道。这些融资渠道付款流程也较长，不利于支持型机构稳定现金流。从表4-2中"贵机构现在主要的资金支持方式是什么"一栏可以看出，我国支持型机构现有的主要融资渠道为捐款、公益创投和政府/企业购买。支持型机构现有的融资渠道中，捐款渠道占68.8%（11家），公益创投渠道31.3%（5家），政府/企业购买占31.3%（5家），商业贷款仅占6.3%，而影响力投资、商业风投的融资渠道占比均为0，这与前文提及的支持型机构的注册形式相呼应，67.7%的支持型机构为民非身份，本身无股权架构，故无法使用上述融资渠道。

从表4-2中"贵机构希望的资金支持方式是什么"一栏我们可以看到，影响力投资占比高达71.4%，另外，商业风投占21.4%，说明支持型机构对新兴的投资方式期望颇高。同时支持型机构依然还会比较依赖传统的捐赠（28.6%）和公益创投（35.7%）。影响力投资的规模及发展的确值得期待，但国内现有针对支持型机构的影响力投资仍较少，且支持型机构如希望吸引更多新兴的投资，则需要考虑其注册形式、股权架构等法务事宜，因此，预计影响力投资近期依然不会成为支持型机构的主要融资渠道。

表4-2　社会企业支持型机构现在主要的资金支持方式和希望的资金支持方式

贵机构现在主要的资金支持方式是什么

	1. 商业贷款	2. 捐款	3. 公益创投	4. 影响力投资	5. 商业风投	6. 政府/企业购买	7. 其他	总计（家）
机构1		√				√		2
机构2		√	√					2
机构3		√						1
机构4		√	√					2
机构5		√						1
机构6		√					√	2

续表

贵机构现在主要的资金支持方式是什么

	1. 商业贷款	2. 捐款	3. 公益创投	4. 影响力投资	5. 商业风投	6. 政府/企业购买	7. 其他	总计（家）
机构 7			√				√	2
机构 8		√				√		2
机构 9						√		1
机构 10		√					√	2
机构 11		√	√					2
机构 12	√							1
机构 13		√						1
机构 14		√	√					2
机构 15						√		1
机构 16						√		1
总计（家）	1	11	5	0	0	5	3	25
N = 16	6.3%	68.8%	31.3%	0	0	31.3%	18.8%	

贵机构希望的资金支持方式是什么

	1. 商业贷款	2. 捐款	3. 公益创投	4. 影响力投资	5. 商业风投	6. 政府/企业购买	7. 其他	总计（家）
机构 1				√	√			2
机构 2						√		1
机构 3				√				1
机构 4		√				√		2
机构 5		√	√				√	3
机构 6				√			√	2
机构 7			√	√	√			3
机构 8				√				1
机构 9				√				1
机构 10				√	√			2
机构 11	√		√	√				3
机构 12			√	√				2
机构 13		√		√				2
机构 14		√	√					2
总计（家）	1	4	5	10	3	2	2	27
N = 14	7.1%	28.6%	35.7%	71.4%	21.4%	14.3%	14.3%	

资料来源：社企论坛（CSEIF）。

（五）服务内容

从表4-3可以看出，21家机构中有18家机构能够提供传播倡导的服务，有18家能够提供能力建设服务，有15家能够提供孵化服务，能提供空间和融资服务的各有11家，能提供社企认证服务的机构仅有3家。另外，支持型机构能提供的其他服务还包括资源对接、社群运营、论坛等。所有接受调研的21家机构都能够提供1种以上的支持服务。以下为6个维度服务的具体分析。

表4-3　社会企业支持型机构所提供的服务维度（N=21）

服务维度	提供该服务的机构数量(家)
传播倡导	18
能力建设	18
孵化	15
空间	11
融资	11
社会企业认证	3

资料来源：社企论坛（CSEIF）。

1. 能力建设

如图4-6所示，支持型机构在能力建设服务方面，能够提供的前五项服务内容包括营销与品牌管理（86.7%）、利益相关方管理（80%）、战略管理（80%）、人力资源管理（73.3%）和财务管理（66.7%）。

图4-7表明，从被支持机构的角度来看，对支持型机构能力建设的需求主要集中在链接社会资源（100%）、市场营销（66.7%）、品牌定位（53.3%）、财务会计（46.7%）、融资战略和收益管理（46.7%）。支持型机构认为，被支持机构普遍希望其在提供能力建设服务的同时，还能帮助链接社会资源。

依据图4-8，能力建设的服务形式被采纳最多的为主题沙龙及分享（93.3%），其次为多人授课（86.7%）、访学交流（73.3%）、一对一辅导

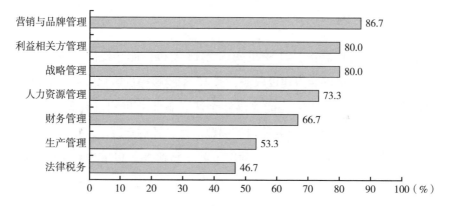

图 4 - 6　社会企业支持型机构能力建设服务分类（N = 15）

资料来源：社企论坛（CSEIF）。

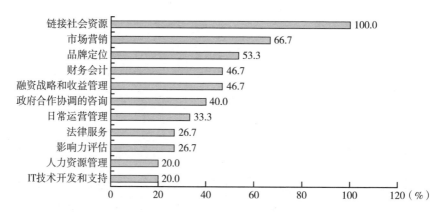

图 4 - 7　社会企业支持型机构能力建设服务的受众需求（N = 15）

资料来源：社企论坛（CSEIF）。

（67.7%）、线上学习（40%）、线下集训（40%），私董会形式的最少（33.3%）。各种服务形式均有涉及，涵盖广泛。

2. 传播倡导

如图 4 - 9 所示，支持型机构提供传播倡导服务的主要线上渠道为微信（100%），其次为参加线下活动（75%）、网站（62.5%）、微博（56.3%）、电视/纸媒（43.8%）以及通过与他人交流（37.5%），不太常

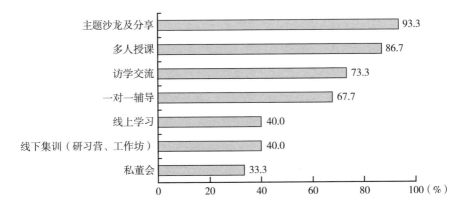

图4-8　社会企业支持型机构能力建设的服务形式（N=15）

资料来源：社企论坛（CSEIF）。

用的方式有公共场合的海报（地铁、公交车站、公交车等）（12.5%）、抖音（6.6%）等。社企的传播倡导服务方式较依赖操作简便、门槛低的微信以及线下活动。对新兴的社交媒体（如抖音），以及投入成本大、门槛高的宣传方式（如公共场合的海报）等采用较少。

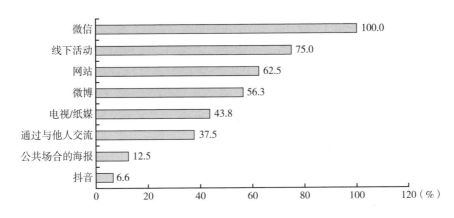

图4-9　社会企业支持型机构的传播倡导服务方式（N=15）

资料来源：社企论坛（CSEIF）。

在访谈中发现，近年来有不少专业的社企传播机构兴起，但大多仍处于初创阶段。访谈中，有支持型机构表示，其传播服务依然很难在主流媒体、社交平台上形成规模化影响，而且也较难覆盖传统社会服务和公益圈之外的受众。

3. 孵化

从问卷分析中可知，在提供孵化服务的15家机构中，有4家机构的孵化聚焦在单一领域，且4家聚焦的单一领域也均不相同，11家不聚焦在单一领域。

如表4-4所示，在调查样本中，为社区发展、环境保护行业提供孵化服务的各有6家，为食品与农业、教育与培训行业提供孵化服务的各有5家，服务对象属于健康与医疗服务行业的有4家，服务对象属于文创产业、行业支持、公平贸易行业的各有2家。为其他行业（助残、科技、减少贫困）提供孵化服务的支持机构共有3家。

表4-4 社会企业支持型机构孵化服务对象的所属行业（N=15）

服务对象所属行业	提供孵化服务的支持型机构数(家)
社区发展	6
环境保护	6
食品与农业	5
教育与培训	5
健康与医疗(包括养老服务等)	4
文化与艺术(包括创意产业)	2
行业支持	2
公平贸易	2
其他(助残、科技、减少贫困)	3

资料来源：社企论坛（CSEIF）。

关于入孵和出孵的标准（见表4-5和表4-6），首先，目前提供孵化服务的支持型机构在入孵标准和出孵标准上，有基础的共识。比如入孵时，创业的出发点是为了解决一个已经存在的社会问题（92.9%）；出孵时，机构形成了自身的核心服务和产品（100%），这些是高度一致的。出发点保证了社会属性，产品化决定了商业化方式。

其次，在此共识之上，不同支持型机构的入孵标准和出孵标准有很大差异。例如，如表 4 - 5 所示，机构 2 把社会企业解决社会问题作为唯一的入孵标准，而机构 3 则对社企的注册形式、可持续性、团队成员等均有考量。又如，同样是在入孵标准上，被调研支持型机构更看重创业团队的创新性和团队成员，而对创业项目是否有盈利模式没有过多要求（仅有 4 家选择了是否有盈利模式这一选项）。

表 4 - 5 支持型机构的入孵标准

	1. 欲解决社会问题	2. 有创业构想	3. 具有商业登记	4. 注册创业项目	5. 创新方式	6. 可持续性经营	7. 全职加入	8. 拥有团队成员	9. 落地城市	10. 是否有盈利模式	总计（家）
机构 1	√	√		√	√	√			√		6
机构 2	√										1
机构 3	√	√	√	√	√	√	√	√	√	√	10
机构 4	√		√								2
机构 5	√	√			√	√		√			5
机构 6						√	√	√		√	5
机构 7			√					√			4
机构 8	√				√		√	√			5
机构 9	√	√			√		√		√	√	8
机构 10	√						√	√			3
机构 11	√	√	√	√	√	√	√	√		√	10
机构 12	√	√						√			3
机构 13	√	√			√						3
机构 14	√	√		√	√			√			5
总计（家）	13	8	6	3	9	6	7	9	5	4	70
N = 14	92.9%	57.1%	42.9%	21.4%	64.3%	42.9%	50.0%	64.3%	35.7%	28.6%	

资料来源：社企论坛（CSEIF）。

表 4 - 6 支持型机构的出孵标准

	1. 形成核心服务/产品	2. 服务或产品创新性	3. 市场与行销可行性	4. 财务规划合理性与永续性	5. 团队成员充足	6. 营业额	7. 其他	总计（家）
机构 1	√	√		√				3
机构 2	√				√			2
机构 3	√	√	√					3

续表

	1. 形成核心服务/产品	2. 服务或产品创新性	3. 市场与行销可行性	4. 财务规划合理性与永续性	5. 团队成员充足	6. 营业额	7. 其他	总计（家）
机构 4	✓			✓				2
机构 5	✓			✓		✓		3
机构 6	✓	✓	✓		✓			4
机构 7	✓			✓				2
机构 8	✓			✓		✓		3
机构 9	✓			✓	✓	✓		4
机构 10	✓		✓	✓				3
机构 11	✓	✓	✓			✓		4
机构 12	✓	✓	✓					3
总计（家）	12	5	5	7	3	4	0	36
N = 12	100.0%	41.7%	41.7%	58.3%	25.0%	33.30%	0	

资料来源：社企论坛（CSEIF）。

4. 空间

根据调研，为社会企业提供空间服务的支持型机构有 11 家，服务内容与非针对社企的联合办公空间基本一致。支持型机构的空间服务通常与孵化服务结合，主要提供工位、独立工作间、会议室，少部分有剧场、电影院、会客室及交流厅。空间运营的主要难点包括场地租赁费用过高、多场地管理困难、引流困难、地点偏僻以及同业竞争。

5. 融资

如图 4-10，在 11 家提供融资服务的机构中，有 8 家给予了反馈，服务内容和一般商业机构的融资服务趋同。主要服务形式有商业计划书撰写指导（87.5%）、路演（87.5%）、股权架构指导（75%）和法务指导（62.5%）。

从图 4-11 可以看出，支持型机构融资服务的主要服务对象为处于创建期（77.8%）和种子期（55.6%）的社会企业。

从表 4-7 可以看出，在支持型机构的融资服务对象所属行业里，社区发展最受青睐，其余行业分布比较平均。

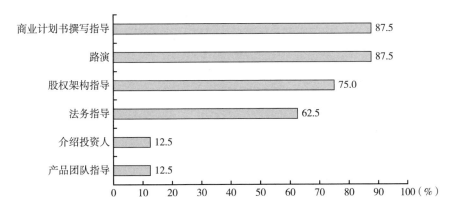

图4-10　社会企业支持型机构提供的投融资服务（N=8）

来源：社企论坛（CSEIF）。

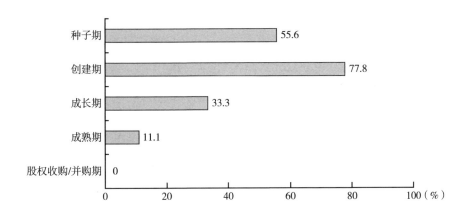

图4-11　社会企业支持型机构的融资服务对象的生命周期（N=9）

注：
种子期：确定待解决的社会问题和清晰的商业理念，但商业模式还未实际运行，未产生收入。
创建期：商业模式已开始运行，测试可行性产品或服务，可产生收入，但还未达到收支平衡。
成长期：改善产品或服务并扩大规模，达到盈亏平衡并快速成长。
成熟期：扩展产品或服务覆盖地，实现规模化运行，利润持续稳定增长。
股权收购/并购期：专注延伸盈利大的产品或服务，实现企业扩大后的融资。
资料来源：社企论坛（CSEIF）。

表 4 - 7 社会企业支持型机构融资服务对象的所属行业 （N = 8）

服务对象所属行业	提供融资服务的支持型机构数（家）
社区发展	6
食品与农业	3
环境保护	3
健康与医疗(包括养老服务等)	3
减少贫困	3
教育与培训	2
文化与艺术(包括创意产业)	2
行业支持	2
公平贸易	2
其他(科技、助残)	2

资料来源：社企论坛（CSEIF）。

6. 社企认证

从问卷中可知，能提供社企认证服务的支持型机构只有 3 家。目前，国内的认证标准维度包括组织目标、收入来源、利润分配、注册信息、社会影响力评估及全职人员等。提供认证服务的支持型机构也和其他机构如社工委、工商局合作以增强认证效力，但由于政府和市场对社企的认知度仍然不高，社企认证本身的效力尚不明显。认证后，社企认证的服务机构会提供配套的空间入驻、传播推广、社群共享以及政府补贴服务，但根据反馈，相关后续支持与服务还相对缺乏。

（六）服务对象

如表 4 - 8 所示，支持型机构的服务对象以企业和民非为主，分别占反馈机构数量的 85%（17 家）和 80%（16 家），表明支持型机构对服务对象的界定不取决于其注册身份是民非还是企业。约一半（52.4%）机构的主要服务对象仅涵盖 B 端用户，包括社会企业、投资机构、媒体、商业企业、小微机构；另一半（47.6%）的服务对象则覆盖 C 端用户，包括大学生、社区居民、关注社会创新的人士、女性、创业者等。这是因为，一方面以传播倡导服务为主的支持型机构将传播受众也界定为服务对象；另一方面不少机构也将被支持机构的创始团队或者个人当作服务对象的延伸。

表4-8 社会企业支持型机构的服务对象及模式

单位：家

主要服务对象			主要服务模式		
N=20			N=21		
民非	3	15.0%	2B	11	52.4%
企业	4	20.0%	2C	2	9.5%
民非+企业	13	65.0%	2B+2C	8	38.1%
总计	20	100.0%	总计	21	100.0%

资料来源：社企论坛（CSEIF）。

五 发展挑战

现阶段的支持型机构面临各种发展困境。本节依据问卷及访谈，从内部挑战和外部挑战进行了分析。

（一）社会企业支持型机构发展的内部挑战

支持型机构起步晚、注册时间短的特点决定了其行业内部可借鉴的成功经验并不多，大部分的机构从产品/服务的研发到机构运营乃至融资方式都还处在摸索状态。在此种现状下，支持型机构的许多挑战其实来源于机构自身。从表4-9可以看出，在支持型机构发展过程中，内部挑战较大的方面为人力资源不足、融资困难、产品/服务研发及市场推广/传播能力不足。

表4-9 社会企业支持型机构发展的内部挑战（N=21）

内部挑战	程度*
人员招募困难	46
员工能力不足	45

续表

内部挑战	程度 *
融资困难	37
产品/服务研发能力不足	31
市场推广/传播能力不足	26
财务服务欠缺	20
IT 技术不足	16
可用场地成本高	15
缺少评估工具	14

* 此处挑战的程度计算在问卷中采取了为不同选项赋值并将所有样本在此问题下的选项赋值求和的方式得出：1 = 挑战小，2 = 挑战较小，3 = 挑战一般，4 = 挑战较大，5 = 挑战大。

资料来源：社企论坛（CSEIF）。

1. 人力资源不足

人力资源不足体现在人才短缺及员工的专业能力不足两个方面。人才短缺是现阶段支持型机构发展最主要的内部挑战。大部分机构在该部分问卷的填答中都表示在人才招募中遇到了困难。其中行业薪资低、缺乏吸引力是主要原因之一。同时，现阶段支持型机构发展速度较快，对人才数量和能力的需求都呈现快速增长趋势。从问卷中可以发现，现阶段我国支持型机构的全职员工（含带薪实习人员）团队既有 10 人以下的小团队，也有超过 200 人的大团队，但大多数机构员工规模不超过 40 人。正式员工之外，兼职工作人员和志愿者也占了支持型机构员工数量的一部分。全职队伍较小也使社企发展所需的多维度支持缺乏专业人才支撑。人才吸引力小、正式员工团队较小使一些支持型机构的服务出现了碎片化、不可持续的问题。

支持型机构也认为员工专业能力尚待提升。社企的空间运营、能力建设、传播倡导、融资服务和认证服务通常都需要对社企及其发展生态有较为深入的了解，而孵化服务更是需要有至少 6 个月的专业跟进，这对员工的专业能力提出了很高的要求。

2. 融资困难

前文已对支持型机构的融资渠道做了分析。而在调查内部挑战时，支持型机构又对融资困难给出了较高的分数。提供的理由包括：社企认知度低，能获得的融资渠道少；国内现有的社会资本投资对象以直接服务型机构为主，对支持型机构关注较少；传统的基金会捐赠一般只面向纯公益项目，不青睐社企的商业模式。对照深度访谈的内容，可以得出支持型机构现阶段融资困难主要是由社企生态发展的大环境导致的，而其融资困难的现状则进一步阻碍了支持型机构的发展。

3. 产品/服务研发能力不足与市场推广/传播能力不足

这两方面的不足与人力资源不足有关。选择了这两个选项中任意一种或两种的 10 家机构中，有 8 家认为服务、产品、传播能力的不足主要是由人才短缺、招人困难导致的；1 家机构认为支持型机构的产品/服务研发及行业理念推广本来就比其他行业更具难度；还有 1 家机构认为社企发展速度快，行业能力培养需要时间。

除此之外，也有少数机构认为支持型机构发展主要的内部挑战在于场地成本高、缺少评估工具及 IT 技术发展不足。选择这三个选项的机构数量总计不足 10 个，且阐述的原因皆为特例，因而不在此过多分析。

（二）社会企业支持型机构发展的外部挑战

从表 4 – 10 可以看出，支持型机构面临的主要外部挑战部分来自市场，部分则来自政策，还有一部分来自行业。

表 4 – 10　社会企业支持型机构发展的外部挑战（N = 21）

外部挑战	程度 *
公众对社会企业认知度不高	52
政府监管/官僚作风/政策不足	34
行业内机构交流与合作不足	23
缺少税收政策,税收压力大	21
社会企业认证 **	19
市场竞争	18
行业信息不足	16

　＊此处挑战的程度计算在问卷中采取了为不同选项赋值并将所有样本在此问题下的选项赋值求和的方式得出：1 = 挑战小，2 = 挑战较小，3 = 挑战一般，4 = 挑战较大，5 = 挑战大。

　＊＊根据反馈，社企认证的挑战包括政府对社企认可度不高、认证的后续服务帮助不够、程序烦琐等。

　资料来源：社企论坛（CSEIF）。

1. 市场挑战与市场竞争

支持型机构起步晚，在现阶段面临许多来自市场的挑战。一方面，公众认知度低，使支持型机构在进行业务拓展和大众传播时难以获得资源和客户；由于目前国内仅有 3 家机构提供认证服务，被认证的社企机构数量有限，这也进一步模糊了支持型机构服务对象的边界。另一方面，从问卷的填答中可知，一些具体的社会企业服务领域可能存在行业协会、专业化的服务机构，如咨询、金融服务等存在既有的商业服务机构。

2. 政策

整体而言，目前政府对社企行业的认知和相应的政策支持相对缺乏，提供政策支持的各地方政府的支持程度和侧重也各有不同。虽然一些地方政府针对社会企业、创新型孵化器、创新产业等出台了相关政策及启动了试点工作，但数量还远远不够，且政策出台皆不久，实施细则或仍在制定，落实情况和执行效果有待跟踪评估①。另外，受访机构提到了在税收制度不完善的情况下面临的两个压力：一是机构自身的财政压力；二是社会企业税收政策的不完善将在一定程度上影响社会企业寻求支持机构服务的付费能力，从而间接影响支持型机构的发展。

3. 行业交流与合作

支持型机构缺乏行业交流，信息不足，因此相应地，支持型机构之间的合作不多。这一方面可能源于行业发展阶段较早，未形成有效的行业交流模式，在经验、困难、需求上未能形成通用的行业信息。不过，近年来，越来越多有关社企的行业交流正在进行，除了慈展会、中国社会企业与影响力投资论坛年会、社会影响力投资峰会等大型活动和一些公益论坛外，一些小型的行业交流活动也悄然兴起。社企发展与科技、创新行业的交流日渐紧密，这有利于支持型机构逐渐发展其支持脉络，增进行业信息流通交互，促进机构间的合作。

---

① 更多内容，可见本书政策环境调研报告。

六　发展建议

根据社会企业支持型机构的现状和面临的各种挑战，结合社会企业行业的需求，本报告对支持型机构的发展提出以下建议。

首先，聚焦人才培养和引进，提升专业能力。一方面，社会企业需要多方面的培训、辅导和孵化；另一方面，投资机构在专业FA（理财顾问）中介服务以外，对社会影响力评估等方面也有需求；同时，开展行业倡导和交流，引导更多商业资本关注并参与影响力投资，对行业发展至关重要。所有这些都需要专业能力和人才的支撑，支持型机构应聚焦人才培养，开展团队培训并鼓励员工从不断发展的行业实践中学习提高，建设学习型机构。此外，还应该根据行业特点，用价值观和影响力吸引跨界人才加盟，搭建多元化的人才和技能结构，提升机构及行业的专业度。

其次，开展行业交流与合作，满足社会企业多元化的专业需求。目前，一些优秀的社会企业已经进入规模化发展阶段，而绝大多数的社会企业仍处于初创阶段，对行业支持的需求是多元化的甚至是个性化的。各家支持型机构的战略方向、能力及专长和资源配置各不相同，如果建立交流合作的机制，能够整合各自优势，形成能力和资源网络，为行业内多元化的需求提供专业支持和服务。

再次，开展联合传播，合力倡导，使社会企业和社会投资的理念和实践能够被更多人认可和接受。自从社会企业的理念被引入中国，其可持续发展的模式便获得了公益圈的认可，然而，社会企业作为一种解决社会问题的有效工具，在主流商业体系和市场中尚未取得足够的认可。这使得许多缺乏自我认知的社会企业无法得到行业的认可，也限制了更多拥有社会价值认同感的资源方进入行业，为社会企业提供支持。支持型机构自身也面临融资困难、资源短缺的挑战。仅靠单个甚至多家支持型机构无法完成行业倡导，还需要和行业生态中的利益相关方共同开展行动，传播社企理念和优秀实践案例，引导更多商业企业和创业团队用商业模式解决社会问题，也吸引更多可以为社会企业提供智力支持和资金支持的资源方进入行业，发挥更大的作用。

最后，积极开展政策倡导。结合本次行业扫描的政策环境研究报告，可以看出，在北京、成都、深圳福田和佛山顺德等推出了社会企业或影响力投资支持政策的地区，地方政府高级官员的认知和认同仍是政策出台的一个有力推动。支持型机构应该深入研究与社会企业相关的行业和地方政策，通过对适合的社企案例的推介，使政府官员有机会深入了解社企及其创新模式，加强对社企理念的认知。此外，有效地对接投融资助力社企规模化发展，并对成功案例进行传播；与专家学者合作开展关于社会企业如何有效地解决社会问题的研究课题，等等，都可能影响行业相关的政府部门，形成政策影响力。

七　附录：受访机构名单

序号	社会企业支持型机构
1	中山市青年社会企业孵化中心
2	中国社会企业与影响力投资论坛
3	Impact Hub
4	好公司
5	广州市越秀区 807 社会服务中心
6	山东省社会创新发展与研究中心
7	社会价值投资联盟（深圳）
8	北京社会企业发展促进会
9	广州市社会创新中心
10	深圳市创新企业社会责任促进中心
11	海南创新促进会
12	绿色创业汇
13	Bottle Dream
14	山寨城市
15	恩派公益组织发展中心

序号	社会企业支持型机构
16	佛山市顺德区社会创新中心
17	社创之星
18	云南连心社区照顾服务中心
19	Enable 社会创新平台
20	福州市青年创业促进会
21	深圳市社创星社会企业发展促进中心

注：排名不分先后。

政策环境调研报告

一 研究背景及方法

政策环境是社会企业与社会投资行业生态系统的重要一环。对政策环境的精准把握和趋势判断是社会企业家和投资人兴业投资的重要依据。然而这方面的研究极为有限。从国家宏观政策来看，由于我国没有社会企业专属的法律身份和政策安排，对社会企业与社会投资有影响的政策法规比较零散，学界和实践界都缺乏系统梳理。从地方微观政策来看，目前有不同层级的4家地方政府开始推动社会企业在当地的发展，亟须总结各自实践特色与经验，供更多的地方政府学习借鉴。为此中国社会企业与影响力投资论坛开展"中国社会企业与社会投资行业扫描"项目并设置了"政策环境"子课题专项研究，旨在通过政策梳理和地方政府调研，形成对行业政策环境的基本认识和初步判断，一方面为社会企业家和社会投资机构提供决策参考，另一方面也为后续课题奠定研究基础。

课题组主要关注中央及地方利好政策和政府鼓励社会企业及社会投资的创新实践，运用文献研究、深度访谈、实地调研等研究方法，共计梳理国家政策法规130项（以2015~2017年为主），地方政府政策文件16项（截至2019年1月）。深度访谈北京、深圳、成都、佛山市顺德区的社会企业与社会投资行业相关政府部门主要负责人5人，访谈养老、教育、科技、文化、助残、公益慈善等行业智库型专家8人，获取了丰富的一手资料。在此基础上形成本报告。

二 行业政策环境

围绕当下我国主要的社会问题与社会企业的适配性，课题组选取了9大领域，聚焦2015～2017年国家出台的法规文件，并提炼出政策影响的关键。整体而言，在推进国家治理体系与治理能力现代化的宏观背景下，以供给侧结构性改革为主线，强调发挥市场配置资源的决定性作用和更好地发挥政府作用，是社会企业政策环境的基调。深入推进简政放权、放管结合、优化服务改革，特别是在推进公共服务和社会领域中放宽市场准入、扩大政府购买、鼓励创新创业等政策，构建起现阶段我国社会企业与社会投资行业政策环境的基本特征。

（一）教育

教育部公布的《2017年全国教育事业发展统计公报》显示，2017年全国共有各级各类学校51.38万所，其中民办学校17.8万所，占比超过1/3；民办学校在校生达5120.5万人，增长6.1%，为全国在校生增长速度的3倍。随着城乡居民收入增加、二胎政策放开以及新的《民办教育促进法》实施，民办教育正在进入政策窗口期，分类管理、规范教学、优胜劣汰将成为行业发展关键词。

一是新修订的《中华人民共和国民办教育促进法》，首次为营利性与非营利性教育机构分类登记管理提供法律依据。早在2002年，我国就颁布了《民办教育促进法》，但由于法人属性不清、产权归属不明，导致学校权利、教师权益、政府服务、市场监管、合理回报、优惠政策等难以落地。2017年底，国务院出台《关于鼓励社会力量兴办教育促进民办教育健康发展的若干意见》（简称《意见》），提出"分类管理、公益导向"的基本原则，即"实行非营利性和营利性分类管理，实施差别化扶持政策，积极引导社会力量举办非营利性民办学校。坚持教育的公益属性，无论是非营利性民办学校还是营利性民办学校都要始终把社会效益放在首位"。2017 年 9 月新修订的《民办教育促进法》正式实施,其核心就是为民办教育分类登记管理及扶持民办教育提供法律依据。

二是营利性民办学校与非营利性民办学校将在审批、扶持、税收、退出等方面享有不同优惠,各地落实政策正在加紧制定。2017 年国务院出台的《关于鼓励社会力量兴办教育促进民办教育健康发展的若干意见》中提出:对民办学校设立应实行负面清单制,"只要是不属于法律法规禁止进入以及不损害第三方利益、社会公共利益、国家安全的领域,政府不得限制";对非营利性民办学校,各级政府"将在政府补贴、政府购买服务、基金奖励、捐资激励、土地划拨、税费减免等方面给予扶持"。营利性民办学校也将通过政府购买服务和税收优惠获得支持;当民办学校终止时,非营利性民办学校清偿后的财产可用于相似的公益目的,营利性民办学校则可按照《中华人民共和国公司法》的有关规定处理。上述规定均已在新修订的《民办教育促进法》中落实。在税收层面,根据 2016 年财政部、国家税务总局发布的《关于加强教育劳务营业税征收管理有关问题的通知》及《营业税改征增值税试点实施办法》,对学历教育服务,托儿所、幼儿园教育服务免征营业税和增值税。同时,《关于进一步明确全面推开营改增试点有关再保险、不动产租赁和非学历教育等政策的通知》中也提出,"一般纳税人提供非学历教育服务,可以选择适用简易计税方法按照 3% 征收率计算应纳税额"。此外,《中华人民共和国民办教育促进法实施条例(修订草案)》及各省市落实《意见》实施细则也在紧锣密鼓地制定之中。

三是在学前教育、成人教育(老年教育)、"互联网 + "教育领域方面,社会企业应把握市场潜力。2017 年国务院发布的《国家教育事业发展"十三五"规划》中提出,将"完善普惠性民办幼儿园扶持政策""发展 0 ~ 3 岁婴幼儿早期教育""鼓励各类社会机构依法开展教育培训活动",同时强调要"支持互联网 + 教育培训的新模式的发展,加快教育大数据建设与开放共享"。

（二）养老

按照《2017 年国民经济和社会发展统计公报》，我国 60 周岁及以上人口超过 2.4 亿元，其中 65 岁及以上人口近 1.6 亿元，占总人口的 11.4%。为应对老龄社会的加速到来，近年我国政府极力地推进养老服务业发展。

一是在顶层设计上，改善民间资本参与养老服务业的市场环境。2013 年 9 月，国务院印发的《关于加快发展养老服务业的若干意见》提出要"充分发挥市场在资源配置中的基础性作用，逐步使社会力量成为发展养老服务业的主体，营造平等参与、公平竞争的市场环境"。2015 年 2 月，民政部等 10 部门委联合发布《关于鼓励民间资本参与养老服务业发展的实施意见》，规定"对于举办者没有捐赠而以租赁形式给予组织使用的固定资产以及以借款方式投入组织运营的流动资金，允许其收取不高于市场公允水平的租金和利息。行业管理部门和登记管理机关应当对其关联交易进行披露并进行必要监管"。这有利于减少社会资本投资的顾虑，进一步推动养老服务业的市场化。

二是在具体扶持政策层面，通过投融资、土地供应、财政补贴等举措调动社会力量参与养老服务的积极性。2015 年《关于鼓励民间资本参与养老服务业发展的实施意见》提出落实"对民办养老机构提供的育养服务免征营业税""对符合条件的民办福利性、非营利性养老机构取得的收入，按规定免征企业所得税""对家政服务企业由员工制家政服务员提供的老人护理等家政服务，在政策有效期内按规定免征营业税[①]"等一系列税费优惠政策，并提出民政部本级彩票公益金和地方各级政府社会福利事业的彩票公益金的 30% 要用于支持民办养老服务发展。2017 年 1 月，民政部等 13 部门联合出台《关于加快推进养老服务业放管服改革的通知》，提出"简化优化养老机构相关审批手续"，鼓励公建民营养老服务设施，鼓励发起设立市场化养老投资基金。同年 3 月，《国务院办公厅关于进一步激发社会领域投资活力的意见》提出要出台养老产业专项债券发行指引、通过划拨方式供应养

---

① 由于税制改革，现已改为免征增值税。

老产业需求土地、明确养老产业税收政策条件、培育和发展养老产业行业协会商会等措施。2017 年 7 月国家发改委社会发展司下发《家政服务提质扩容行动方案（2017 年)》，提出强化养老护理员岗前及在岗培训机制，并按规定给予职业培训补贴。

三是促进医疗卫生与养老服务行业的深度融合。2015 年 11 月，国务院办公厅转发卫生计生委等部门发布的《关于推进医疗卫生与养老服务相结合的指导意见》，提出"通过特许经营、公建民营、民办公助等模式，支持社会力量举办非营利性医养结合机构"。并要求"在制定医疗卫生和养老相关规划时，要给社会力量举办医养结合机构留出空间，对符合条件的医养结合机构按规定给予投融资及财税价格等政策支持"。2017 年 8 月，国家卫生计生委办公厅发布《关于深化"放管服"改革激发医疗领域投资活力的通知》，提出"促进医养产业深度融合"的具体措施，包括取消养老机构内设医疗机构的设置审批并改为备案制、简化该类医疗机构的设置审批、扩大外方投资设立诊所的持股比例等。

四是"智慧养老"成为值得社会企业关注的创新方向。2017 年 2 月，工信部、民政部及卫计委共同发布《智慧健康养老产业发展行动计划（2017—2020 年)》（工信部联电子〔2017〕25 号），提出"要运用互联网、物联网、大数据等信息技术手段，推进智慧健康养老应用系统集成，对接各级医疗机构及养老服务资源，建立老年健康动态监测机制，整合信息资源，为老年人提供智慧健康养老服务"。同时，该计划还提出，要"发起设立智慧健康养老产业投资基金"并"探索政府和社会资本合作（PPP）模式"。

（三）医疗

自 2009 年国务院启动深化医药卫生体制改革以来，我国为社会资本进入医疗行业提供了一系列利好政策。

一是逐步开放医疗行业的准入门槛，鼓励政府、企业开展合作。2015 年 3 月，国务院办公厅发布《全国医疗卫生服务体系规划纲要（2015—2020 年)》（国办发〔2015〕14 号），提出要"坚持政府主导与市场机制相结合"的原则，分级分类地发展医疗机构，强调"放宽举办主体要求，进一步放宽中外合资、合作办医条件，逐步扩大具备条件的境外资本设立独资医疗机构试点。放宽服务领域要求，凡是法律法规没有明令禁入的领域，都要向社会资本开放。优先支持举办非营利性医疗机构。"2017年5月，国务院办公厅就进一步激发医疗领域社会投资活力又出台了《关于支持社会力量提供多层次多样化医疗服务的意见》（国办发〔2017〕44号），明确要"促进社会办医加快发展，凡符合规划条件和准入资质的，不得以任何理由限制"，"要严格按照有关规定全面落实社会办医疗机构各项税收优惠政策，对社会办医疗机构提供的医疗服务按规定免征增值税，进一步落实和完善对社会办非营利性医疗机构企业所得税支持政策"。

二是探索社会办医疗机构与公立医院相结合的可持续发展模式。2017年4月，国务院办公厅出台的《国务院办公厅关于推进医疗联合体建设和发展的指导意见》（国办发〔2017〕32号）中提出，"根据社会办医疗机构意愿，可将其纳入医联体"。这将为社会办医疗机构参与地区医疗资源配置，优化人才、设备，提升服务水平创造条件。

三是结合当下互联网＋、大数据、人工智能发展热潮，拓展医疗健康领域社会企业创新方向。2016年，国务院办公厅出台《关于促进和规范健康医疗大数据应用发展的指导意见》，提出"从财税、投资、创新等方面对健康医疗大数据应用发展给予必要支持。推广运用政府和社会资本合作（PPP）模式，鼓励和引导社会资本参与健康医疗大数据的基础工程、应用开发和运营服务"。2018年4月，国务院办公厅又出台《关于促进"互联网＋医疗健康"发展的意见》，提出"鼓励医疗卫生机构与互联网企业合作，加强区域医疗卫生信息资源整合，探索运用人群流动、气候变化等大数据技术分析手段，预测疾病流行趋势，加强对传染病等疾病的智能监测，提高重大疾病防控和突发公共卫生事件应对能力"。

（四）科技与"互联网＋"

面对全球新一轮科技革命与产业变革的重大机遇与挑战，我国把科技创新摆在国家发展全局的核心位置，出台了一系列法规文件激发创新发展的新动能。

一是加快科技体制改革，为科技类社会企业大量涌现提供了条件。2015年3月，中共中央、国务院出台《关于深化体制机制改革加快实施创新驱动发展战略的若干意见》，从营造公平竞争的市场环境、发挥金融创新的助推作用、完善成果转化激励政策、构建高效科研体系以及完善人才机制和对外开放等方面吹响改革号角。同年8月，全国人大常委会通过《关于修改〈中华人民共和国促进科技成果转化法〉的决定》，以法律形式把科研成果处置权下放科研单位，把对科研人员奖励和报酬的最低标准由现行法律的不低于职务科技成果转让或者许可收入，或者作价投资形成的股份、出资比例的20%提高至50%。2016年2月，国务院印发《实施〈中华人民共和国促进科技成果转化法〉若干规定》，允许科研人员兼职到企业等从事科技成果转化活动。同年，上海、北京的科技创新中心建设方案获得国务院批复。2017年7月，国务院发布《关于强化实施创新驱动发展战略进一步推进大众创业万众创新深入发展的意见》，提出聚焦成果转化、企业融资、人才激励、优化营商环境等问题，明确了工作重点和责任部门。

二是强化科技创新与国民经济和民生需求对接，有望为破解社会和环境问题提供新技术方案。2016年8月，国务院发布《"十三五"国家科技创新规划》，规划名称首次增加"创新"二字，并倡导"负责任的研究和创新"，提出围绕现代农业、智能绿色服务制造、清洁高效能源等十大领域构建现代产业技术体系；围绕生态环保、资源高效循环利用、人口健康、新型城镇化、公共安全与社会治理五大领域构建支撑民生改善和可持续发展的技术体系，并完善支持创新的普惠性政策体系。同时，规划高度重视科技服务业和科技金融发展水平，以及加快政策创制，健全创新全产业链。

三是"互联网＋"潮流引领社会企业创业新风向。2015年7月，国务院出台《关于积极推进"互联网＋"行动的指导意见》，提出"互联网＋"创业创新、现代农业、智慧能源、普惠金融、益民服务、便捷交通、绿色生态等11项具体行动。而后又陆续发布互联网＋流通、互联网＋政务服务、互联网＋医疗健康等专项领域的指导意见。"互联网＋"为社会企业创新性解决社会问题带来无限可能。

（五）文化

在全面深化改革的背景下，文体领域管理体制改革进入加速期，也为社会企业发展带来多重利好。

一是构建政府、市场、社会共同参与的公共文化服务体系，向文体类社会企业开放了众多市场机会。2015年1月，中央办公厅、国务院办公厅下发《关于加快构建现代公共文化服务体系的意见》，明确提出"鼓励和引导社会力量参与"。具体方式包括：政府购买服务、鼓励社会捐赠、公共文化设施社会化运营试点、政府和社会资本合作等。同年5月，国务院转发文化部等部门《关于做好政府向社会力量购买公共文化服务工作的意见》；10月，国务院办公厅出台《关于推进基层综合性文化服务中心建设的指导意见》，预示公共文化体育服务和基层文体中心托管会逐步释放政府购买空间。

二是文化事业单位改革，有望孕育独具特色的文化类社会企业。2016年5月，国务院办公厅转发文化部等单位下发的《关于推动文化文物单位文化创意产品开发的若干意见》，鼓励文化文物单位"采取合作、授权、独立开发等方式开展文化创意产品开发；为社会力量广泛参与研发、生产、经营等活动提供便利条件"，前提是"要始终把社会效益放在首位，实现社会效益和经济效益相统一；其文化创意产品开发取得的事业收入、经营收入和其他收入等按规定纳入本单位预算统一管理，可用于加强公益文化服务、藏品征集、继续投入文化创意产品开发、对符合规定的人员予以绩效奖励等"。目前，文化部、国家文物局已确定或备案了154家试点单位，故宫博物院、中国国家博物馆、中国美术馆等中央和地方文博单位在列。这一改革举措有望催生一批颇具影响力的社会企业。

三是"十三五"时期末文化产业成为国民经济支柱性产业，幸福产业市场前景可观。2016年11月，国务院出台《关于进一步扩大旅游文化体育健康养老教育培训等领域消费的意见》，责成文化、体育、宣传等部门创新发展，促进实体书店、文博、娱乐、体育场馆等消费。按照《全民健身计划（2016～2020 年)》预计，到 2020 年，体育消费总规模达到 1.5 万亿元。2017 年《文化部"十三五"时期文化产业发展规划》以及《国家"十三五"时期文化发展改革规划纲要》也都从壮大市场主体、推动产业升级、开放投资领域、完善金融服务、落实财税政策、深化体制改革等方面做出部署，以实现文化产业成为国民经济支柱性产业的战略目标。

（六）环保

党的十八大将生态文明建设纳入"五位一体"的总体布局，环保能源领域的社会企业发展迎来政策窗口期。

一是构建肯定自然价值、发挥市场机制、强调多元共治的生态文明体制，为社会企业发展营造了良好的外部环境。2015 年 4 月，中共中央、国务院出台《关于加快推进生态文明建设的意见》，同年 9 月发布《生态文明体制改革总体方案》，构建我国生态文明建设的顶层设计。该方案明确提出"树立自然价值和自然资本的理念，自然生态是有价值的，保护自然就是增值自然价值和自然资本的过程，就是保护和发展生产力，就应得到合理回报和经济补偿"。同时提出"坚持正确改革方向，健全市场机制，更好地发挥政府的主导和监管作用，发挥企业的积极性和自我约束作用，发挥社会组织和公众的参与和监督作用"。同年发布的《党政领导干部生态环境损害责任追究办法（试行）》《环境保护督察方案（试行）》首次提出对党政领导干部生态环境损害终身追责，倒逼地方高层领导担起生态建设的责任。

二是社会企业理应成为建立绿色低碳循环发展经济体系的生力军。综合近年来国家的环境生态政策，一方面强化环境硬约束，推动淘汰落后和过剩产能，为旨在追求环境和经济双重效益的社会企业让渡了市场空间；另一方面在绿色发展的理念下，绿色产业大有可为，特别是在资源循环利用、绿色产品、节能环保、清洁生产、清洁能源、生态治理、绿色金融、环境科技的创新方面。

三是政府多措并举培育市场主体，社会企业及影响力投资机构可积极参与。2015年9月，《生态文明体制改革总体方案》提出鼓励各类投资进入环保市场。由政府和社会资本合作开展的环境治理和生态保护事务，都可以吸引社会资本参与建设和运营。政府还会加大对环境污染第三方治理服务的购买力度。2016年4月，环境保护部发布的《关于积极发挥环境保护作用促进供给侧结构性改革的指导意见》指出"国家将在全国范围内组织建立环境保护PPP中央项目储备库，并向社会推介优质项目。中央财政专项资金、国家专项建设基金、开发性金融资金、中央拨付的各类环保资金等将优先支持环境保护PPP项目的实施"。同年11月，国务院发布的《"十三五"生态环境保护规划》也提出"探索环境治理项目与经营开发项目组合开发模式，健全社会资本投资环境治理回报机制"。

（七）助残

以国务院《关于加快推进残疾人小康进程的意见》为标志，我国残疾人事业发展进入快车道，对社会企业发展主要有以下几点政策利好。

一是残疾人就业创业领域有望成为社企创业的沃土。2015年6月，中国残疾人联合会、国家发改委、民政部等八部门共同印发《关于发展残疾人辅助性就业的意见》，提出到2020年所有县（市、旗）应至少建有一所残疾人辅助性就业机构，为重残人群提供非市场竞争性灵活就业岗位，并从用地、资金投入、金融服务、税收优惠、政府购买、奖励表彰、设备补助上给予扶持。2015年《残疾人就业保障金征收使用管理办法》重新设定以上用人单位年在职职工的年平均工资为残保金计算基数，大幅提高了薪酬高于地区平均水平的用人单位的残保金年度缴费额。2016年《关于促进残疾人就业增值税优惠政策的通知》规定，用人单位每雇用1个残疾人可按当地最低工资的4倍即征即退增值税。多重利好政策会激发用人单位雇用残疾人的刚需，此外，政府还通过社会保险补贴、岗前培训补贴等方式鼓励用人单位吸纳残疾人就业。进而在残疾人职业教育与培训，职业康复，特别是残疾人教育机构、就业服务机构和用人单位之间的转衔服务，创新性的就业援助服务以及残疾人创业孵化服务等领域会有更庞大的政府与企业客户带来的广阔市场空间。

二是残疾人基本公共服务领域蕴含多重市场机会。《国务院关于加快推进残疾人小康进程的意见》提出以残疾人康复、托养、护理等服务为重点，加大政府购买力度。既倡导社会力量兴建公益性医疗、康复、特殊教育、托养照料、社会工作服务等机构和设施，又要发挥市场机制作用，壮大残疾人服务产业，形成多元化的残疾人服务供给模式。例如，按照《辅助器具推广和服务"十三五"实施方案》，到 2020 年要为 600 多万有需要的残疾人实现辅具适配服务。该文件明确将辅具适配服务纳入基本公共服务范畴，政府将通过纳入医保、适配补贴、购买服务等方式，支持辅具机构，培育辅具市场。又如，按照《残疾人康复服务"十三五"实施方案》，到 2020 年我国有 800 多万残疾人能够享受基本康复服务，政府购买空间巨大。此外，在无障碍环境建设和设施改造、残疾人托养服务、残疾儿童融合教育支持、残疾人文体活动等领域也有显在的市场需求和不同程度的政策支持。

（八）三农

在实现全面小康的政策背景下，近年来三农领域政策的出台呈现规格高、频率快、创新多的特点。从 2004 年开始中共中央、国务院连续 15 年发布以"三农"为主题的中央一号文件，尤其是 2018 年 2 月出台的《关于实施乡村振兴战略的意见》，成为今后一个时期三农领域的纲领性文件。近三年仅国务院及其办公厅下发的相关文件就达 21 份，适时出台了《关于支持农民工等人员返乡创业的意见》《关于推进农村一二三产业融合发展的指导意见》《关于加快转变农业发展方式的意见》《关于开展农村承包土地的经营权和农民住房财产权抵押贷款试点的指导意见》《关于促进农业产业化联合体发展的指导意见》等，用政策创新激发农业农村发展活力。

我国农业正处在转方式、调结构、育主体的历史性变革中，政策利好频出、产业规模庞大、消费升级，是社会企业大有可为的领域。一是农业现代化与可持续发展值得社会企业深耕。如运用农业及互联网新技术，提高农业发展效益，实现现代信息技术在生产、经营、管理和服务上的应用；依靠现代生态循环农业，严控农业面源污染，保障食品安全；以及对节水农业、耕地重金属污染防治、养殖污染防治、测土配方施肥、农田残膜及秸秆等资源化利用提供解决方案的专业农业服务商的需求会提高。

二是发挥社会企业跨界创新优势，探索一二三产业融合发展。"十二五"期间，我国休闲农业和乡村旅游呈暴发增长态势，预计到2020年全国年接待人数达33亿人次，经营收入达7000亿元，农产品电子商务交易额达到8000亿元。可见农业与旅游、教育、文化、健养等产业的深度融合市场广阔，差异化融入现代科技、人文历史的特色小城镇更具竞争力。"互联网＋现代农业"也是风头正劲。

三是作为新型经营主体的社会企业有望产生规模化影响力。近年来，政府积极培育新型农业经营主体，推进合作社规范发展，提出家庭农场和农业产业化联合体的新思路，并给予产业化经营项目和金融支持等扶持。探索建立具有中国特色的"社会企业＋合作社＋农户/家庭农场"的模式，有助于创新农业产业链组织形式和利益连接机制，有助于构建互利共赢的合作模式，让农民更多地分享产业链增值收益。以社会企业为核心的农业产业化联合体，有潜力赢得政府认可、农户肯定，通过模式推广产生规模化的社会影响力。

（九）扶贫

中国当前仍然有近7000万人的贫困人口，主要集中在相对欠发达的中西部地区，要实现2020年全面建成小康社会，脱贫攻坚刻不容缓。

一是引导民营企业参与精准扶贫开发。2015年12月，中共中央、国务院发布《关于打赢脱贫攻坚战的决定》，提出"鼓励支持民营企业、社会组织、个人参与扶贫开发，进一步引导社会扶贫重心下移"。2016年12月，国务院发布《"十三五"脱贫攻坚规划》（简称《规划》），发起"万企帮万村"精准扶贫行动,同时"推广政府与社会资本合作、政府购买服务、社会组织和企业合作"等多种模式开展扶贫合作开发。

二是以科研为依托,促进产业扶贫转型升级。《规划》提出,要"组织高等学校、科研院所、企业等开展技术攻关,解决贫困地区产业发展和生态建设关键技术问题",同时,"创办、领办、协办企业和农民专业合作社,带动贫困人口脱贫。加强乡村科普工作,为贫困群众提供线上线下、点对点、面对面的培训"。

三是政府将为相关社会企业创设更为宽松、透明的政策、制度环境。如在融资层面,2016年9月,证监会发布的《关于发挥资本市场作用服务国家脱贫攻坚战略的意见》提出,对符合条件的贫困地区企业申请首次公开发行股票并上市,或申请在全国中小企业股份转让系统挂牌或发行公司债、资产支持证券的,将实行"即报即审""审过即发""审过即挂"等相关政策。2017年11月,经证监会批准,全国首单社会责任公司债在上海证券交易所挂牌上市,发行规模5亿元。募集资金将全部用于精准扶贫项目。在信息公开层面,2018年2月26日出台的《国务院办公厅关于推进社会公益事业建设领域政府信息公开的意见》承诺,要"进一步做好精准扶贫、精准脱贫信息公开工作、向特定区域特定群体公开贫困识别、贫困退出、扶贫资金分配和使用情况、帮扶责任人、扶贫成效等信息。"

四是结合贫困地区产业特色,抓住"互联网+"浪潮,闯出精准扶贫的新路。2016年,国务院扶贫办等十六部门联合出台《关于促进电商精准扶贫的指导意见》,明确提出要"加快改善贫困地区电商基础设施、促进贫困地区特色产业发展、加大贫困地区电商人才培训"。2017年国务院扶贫小组发布《关于广泛引导和动员社会组织参与脱贫攻坚的通知》,将"支持有条件的社会组织特别是行业协会商会、农村专业技术协会参与落实贫困地区特色产业发展规划,围绕市场需求踊跃参与贫困地区特色产业发展、培育农民专业合作组织、引进龙头企业、搭建产销平台、推广应用中国社会扶贫网、推进电商扶贫工程、促进休闲农业和乡村旅游开发、支持农民工返乡创业等"。

三　地方政府实践

（一）北京市的主要做法

一是最早在省级市委文件中提出发展社会企业。早在 2011 年的《中共北京市委关于加强和创新社会管理全面推进社会建设的意见》和《北京市"十二五"时期社会建设规划纲要》中就提出"积极扶持社会企业的发展"，使北京成为全国最早在市委市政府文件中提出鼓励社会企业发展的省份。2016 年的《北京市"十三五"时期社会治理规划》更加重视社会企业的作用，将之作为创新社会服务的一支生力军，提出"开展专题调研、研究扶持政策、分类开展试点，大力推动以服务民生和开展公益为重点的社会企业发展"。并提出了开展社会企业家继续教育、建立北京社会企业联盟、加大政府购买服务力度等重点工作。2017 年为贯彻落实《国务院办公厅关于政府向社会力量购买服务的指导意见》，北京市人民政府办公厅出台《关于政府向社会力量购买服务的实施意见》，为政府向社会企业购买服务提供了制度保障。

二是启动社会企业的试点建设，探索北京社会企业的扶持之道。作为扶持社会企业发展的主管部门，北京市社会建设工作委员会（简称社工委）首先依托院校及智库优势，自 2016 年起开展系列社会企业政策研究。2017 年下半年，启动社会企业试点工作，通过自主申报、部门推荐和专家引荐等方式，共有 23 家机构参与评选。经专家初评、社工委审定，最终有 12 家机构入选，涉及养老、社区服务、环保、文化等 10 大领域。依据试点机构社企发展成熟度的不同，划分为社会企业"示范点"和"试点"两个梯队，分别委托两家支持型机构为他们提供有针对性的培育服务。2018 年 3 月，推动成立了北京社会企业发展促进会，社工委书记出席并高度肯定社会企业在促进政府职能转变、参与社会治理、破解社会问题中的巨大潜力。同年 8 月在社工委支持下，北京社会企业发展促进会、北京社启社会组织建设促进中心（即中国社会企业与影响力投资论坛）共同主办中国社会企业论坛北京峰会，并发布《北京市社会企业认证办法（试行）》。该办法从使命任务、注册信息、信用状况、经营管理、社会参与、社会效益、可持续发展能力、创新性、行业影响等 9 个方面确立了北京社会企业的基本标准，并依据商业收入占比、社会影响力的深度和广度 3 个方面对社会企业进行 1～3 星分级认证。

（二）成都市的主要做法

一是市委书记高度重视，将社会企业作为加强和完善城乡社区治理的新抓手。2017 年年中成都市委书记在社区调研时，了解到社会企业并高度重视社会企业理念。随后为落实《中共中央　国务院关于加强和完善城乡社区治理的意见》，成都市委市政府于 2017 年 9 月发布《关于深入推进城乡社区发展治理建设高品质和谐宜居生活社区的意见》，其中首次提出"鼓励社区探索创办服务居民的社会企业"。为落实该意见，成都市委成立城乡社区发展治理工作领导小组、设立市委城乡社区发展治理委员会（简称社治委），作为市委专司城乡社区发展治理工作的职能部门，由市委组织部部长兼任主任。2018 年 4 月，成都市政府办公厅下发《关于培育社会企业促进社区发展治理的意见》，职责分工涉及市工商局、市委组织部、市委社治委、市财政局等八个部门，并要求"各区（市）县政府要把社会企业发展及社会企业项目运行列入重要议事日程，并纳入年度目标管理体系进行绩效考核"，执行力度较大。

二是市工商局牵头构建社会企业政策框架。在社治委统筹下，市工商局负责社会企业培育发展的工作。局领导高度重视，成立研究专班、调整处室职能、新设立社会企业培育发展处，牵头草拟《关于培育社会企业促进社区发展治理的意见》，初步构建成都社会企业政策体系。一是明确概念。二是构建三个体系，即社会企业培育发展体系、社会企业政策支持体系、社会企业监管服务体系；两个平台（系统），即社会企业综合服务平台和社会企业信用公示平台；三项制度，即社会企业评审认定制度、社会企业信息公开披露制度、社会企业退出（摘牌）制度。三是融通现有政策。该意见将符合条件的社会企业纳入现有的支持新经济和小微企业发展政策体系、社区市级示范创建内容、畅通政府及社区购买社会企业服务渠道等。2018 年 6 月，市工商局出台《关于发挥工商行政管理职能培育社会企业发展的实施意见》，首创经认定的社会企业可以在企业名称中使用"社会企业"字样，并拟定了社会企业章程参考范本。同时印发《成都市社会企业评审认定管理工作试行办法》，与中国慈展会社会企业认证办公室等机构合作开展认证工作，首批认证通过 12 家社会企业。

三是区级层面扶持政策力度大。2018 年底，随着成都首届社会企业认证名单的出炉，各区委区政府纷纷出台实质性扶持政策。如《成华区社会企业培育扶持办法（试行）》《武侯区社会企业扶持办法（试行）》《金牛区促进社会企业发展的若干政策（试行）》。内容涉及登记便利、认证奖励、孵化支持、房租补贴、人才支持、活动支持、购买服务、招新引优等近 20 项具体政策，为成都社会企业发展提供了实实在在的支持。比如，登记时放宽住所和经营范围规定；经市工商局认定的及国内外权威机构认证的区级社会企业，给予 2 万~10 万元的一次性奖励；认证社会企业纳入政府购买服务范围；按每月不超过 20 元/平方米给予房租补贴（时间不超过 2 年，面积不超过 100 平方米）；其聘用的全职高层次专业人才，享受资金、户口、住房、子女入学等相关人才政策；对参与市级及以上社会企业赛事获得一、二、三等奖的给予 1 万~10 万元不等的奖励；建立区级层面的培育孵化平台，并给予不超过 50 万元的建设支持；对承办重大活动及论坛的服务机构给予最高 50 万元经费补贴等。

（三）深圳市福田区的主要做法

一是福田区把建设社会影响力投资高地提升到区域发展战略高度，从构建生态体系的宽阔视角服务社会企业发展。福田区委区政府结合区域金融业发展优势，以社会领域供给侧改革为发展机遇，在 2017 年初就将开展社会影响力投资生态圈建设列入《福田区 2017 年改革计划》。同年 5 月举行了福田区启动社会影响力投资生态圈建设新闻发布会，而后通过社会建设专项资金资助的方式，委托国际公益学院开展课题研究。2017 年 12 月，区政府常务会通过了《福田区关于打造社会影响力投资高地的意见》。该意见提出的发展目标是：力争在五年内将福田区打造成初具规模的社会影响力投资高地，充分利用金融市场，引领全国乃至全球社会影响力投资的发展，推动人类命运共同体的建设。这是国内第一份支持社会影响力投资的政府文件，它对实现福田金融产业和社会事业跨界融合、创新发展，助力打造社会影响力投资高地，推动首善之区建设具有里程碑式的意义。福田区将"社会影响力投资生态圈建设"列入 2018 年"60 项攻坚"重大项目。2018 年 3 月，福田区出台《福田区关于打造社会影响力投资高地的扶持办法》。该办法整合区投资推广署产业发展专项资金、政法委社会建设专项资金及相关人才政策等，为社会影响力投资生态体系中的各类主体给予明确的事后资金扶持，并为此增加 1000 万元专项资金与原 2000 万社会建设专项资金融通使用。该扶持办法的实施细则已经出台，相关部门开展了青年交友、普法教育两个试点，探索社会影响力债券，正在筹备的还有 1~3 支社会影响力投资基金和 4 个影响力债券项目。

二是高调宣传政策动向，搭建促进社会企业与影响力投资的跨届平台。首先在 2017 年 5 月举行了福田区启动社会影响力投资生态圈建设新闻发布会。同年 12 月福田区举办首届全球公益金融论坛暨 2017 社会影响力投资峰会，邀请了来自全球公益金融与影响力投资领袖和中国有志于影响力投资的金融机构、公益组织、实业家代表共商公益金融生态圈的构建之道。论坛发布《福田区关于打造社会影响力投资高地的意见》，区委区政府主要领导参会并发表演讲。论坛还发布全球社会影响力投资"香蜜湖共识"，呼吁各国政府与地区广泛开展合作对话，构建全球社会影响力投资合作的网络平台。2018 年 9 月，第二届论坛也在福田区召开，并作为中国慈展会研讨板块重点国际会议，主题为"社会投资·经济向善"。经福田区政府力邀，2018 年 5 月末，中国社会企业与社会投资论坛 2018 年年会在福田区举办，副区长何杰在主论坛做主题发言，介绍福田区社会影响力投资支持政策。区投资推广署、区政法委（社工委）主要领导也参加相关分论坛并发言。

（四）佛山市顺德区的主要做法

一是在国内最早开展社会企业认证。顺德是在大部制改革的背景下，通过调研了解到境外社会企业的创新实践，并积极引入顺德，旨在引导当地企业参与社会治理。2014 年 8 月佛山市顺德区委区政府出台《顺德区深化综合改革规划纲要（2013—2015 年)》，提出"加快社会组织和社会企业的培育发展"。在区社会工作委员会的授权和指导下，法定机构顺德社会创新中心①在课题研究和调研论证的基础上于 2014 年 9 月出台了《顺德社会企业培育孵化支援计划》，明确在企业中开展社会企业认定工作的标准和程序，是国内首次开展社企地方认证的地区。2016 年社会创新中心发布《顺德社会企业培育孵化支援计划》（修订稿），调整了准入门槛，按照资产锁定、利润分配、内部治理等的不同程度给予 A、2A、3A 的分级认证，意在鼓励更多的企业参与。截至 2018 年底共有 20 家企业通过认证，其中 16 家通过慈展会认证，占慈展会 2018 年认证社企的 1/10。社会创新中心根据社会企业的需求，从对社会问题的精准识别与商业运营管理能力等多方面开展能力建设、资源对接等服务。

二是由社会创新中心牵头，构建跨部门扶持工作体系。顺德区已将推动社会企业发展列入区国民经济和社会发展的第十三个五年规划纲要，坚持"政府引导、社会参与、市场导向、择优扶持"原则推动社会企业的发展，引导社会资本参与公共事业，提升顺德公共服务水平。目前已形成由社会创新中心负责统筹社会企业培育孵化工作，区委社工委、区经济和科技促进局、区财税局、区民政和人力资源社会保障局、团区委、区妇联、区工商联等部门联动扶持和规范社会企业发展的工作格局。此外，社会创新中心作为平台型机构，还积极地促进社会组织、商业企业、高校智库等单位与社会企业的资源对接与沟通协作。

---

① 该中心是依照顺德区人大常委会通过的规范性文件设立的法定机构。于 2012 年 7 月正式运营，以现代法人的治理结构、市场化的运作效率、社会的充分参与，独立、专业、开放地执行政府部分社会政策，履行社会管理和公共服务的创新职能。

四　结论

理解和把握社会企业与社会投资政策环境，不能离开我国国情。当前中国特色社会主义进入新时代，我国社会主要矛盾已经转化为人民日益增长的美好生活需要和不平衡不充分的发展之间的矛盾。这一历史性变化体现在国家宏观政策上，则是高度重视发展的质量和效益，补短板、惠民生，着力解决不平衡不充分问题。社会企业与社会投资回应时代呼唤，符合政策趋势，有望成为我国经济社会高质量发展的一支生力军。其政策环境主要取决于各层级、各领域政府官员的认知，以及全面深化改革所重塑的政府、市场、社会的关系。

（一）宏观政策环境向好，但国家出台"社会企业"专项法规政策的条件还不成熟

多数受访者特别是四地政府官员对社会企业与社会投资的发展持积极乐观态度。2013年国务院办公厅出台《关于政府向社会力量购买服务的指导意见》，明确要求在公共服务领域更多地利用社会力量，加大政府购买服务力度。2015年国务院办公厅转发财政部、发改委、人民银行《关于在公共服务领域推广政府和社会资本合作模式的指导意见》，提出进一步激发市场活力，增加公共产品和公共服务供给。2017年国务院办公厅下发《关于进一步激发社会领域投资活力的意见》，提出深化社会领域供给侧结构性改革，培育经济发展新动能。加之国务院关于创新创业和"放管服"改革的一系列政策，鲜明地体现出国家正在积极转变政府职能，开放公共服务市场，发挥市场在资源配置中的决定性作用，注重调动社会力量，降低制度性交易成本，吸引各类投资进入社会领域。这些都为社会企业和社会投资的发展提供了重要的制度保障。

同时也要看到，尽管有受访专家和地方官员主张推动社会企业立法和制度上的顶层设计，但更多的受访者认为国家出台"社会企业"专项法规政策条件还不成熟。首先，社会企业概念本身的模糊性、管理上的复杂性，以

及与我国现有政策的衔接性等问题，影响着高层政府官员对社会企业的认知和态度。至今国家政策文件中"社会企业"还从未以专有名词出现。其次，从全国来看，我国尚处于市场经济初级阶段且区域差异性极大，社会企业在经济发展水平高、社会服务购买力强的发达地区有较好的发展前景，在欠发达地区则步履维艰。最后，社会企业和社会投资所带来的社会和经济效益还有待进一步评估。现有法规政策体系对社会企业和社会投资的影响也还需要在实践中进一步厘清。

（二）行业政策对广义社会企业类创新实践有不同程度的支持，但政策普遍落实尚需时日

虽然我国没有针对社会企业的法律规制及专项政策，但在与社会企业高度契合的社会、文化、生态等领域改革政策频出，有望对各行业社会企业及社会投资产生积极影响。教育领域，新修订的《民办教育促进法》规定民办教育按照营利性与非营利性分类登记管理，并实施差异化税收、用地等扶持政策。这是我国首次为教育类社会企业发展提供法律依据。养老领域，完善民间资本参与养老服务业的市场环境，通过投融资、土地供应、财政补贴、产业专项债券等举措调动社会力量参与养老服务的积极性。文化领域，政府、市场、社会共同参与的公共文化服务体系逐步建立，政府让渡空间，事业单位改革、幸福产业扬帆，文体类社会企业前景喜人。生态领域，构建肯定自然价值、发挥市场机制、强调多元共治的生态文明体制，政府通过购买服务、PPP 等多种方式培育绿色产业市场主体。助残领域，辅助性就业、残保金调整等多重利好政策助力残疾人就业创业。残疾人教育、康复、辅具等公共服务蕴含广阔市场前景。科技、双创、农业、扶贫等领域也都是政府大力发展的领域，扶持资金、优惠政策逐年增加。

同时也要看到，国家法规、中央政策的落实也存在"最后一公里"问题。社会企业要享受到各项扶持政策，还需要一个地方政府结合实际情况出台细则、执行落实的过程。有些政策本身就存在概念边界不清、责任部门不明、配套政策不全等问题，再加之各地政府重视程度和财政有限等原因，落

实情况参差不齐。由于部门管理局限，有利于社会企业发展的整体性社会政策尚难以出台。

（三）地方政府创制社会企业政策的主要动因是领导支持、顺势而为、认知共识

四地政府支持社会企业发展的动因，首先来源于高层领导的支持。成都是市委书记高度支持社会企业发展，责成工商局研究出台社会企业登记管理扶持政策体系。深圳是主管金融的副区长全力推进社会影响力投资高地的建设，统筹投资推广署、政法委的资金和政策予以支持。由于社会企业跨界创新、品类多样的特征，只有地方高层领导推动，才能实现跨部门协同、寻求政策突破。

其次来源于各地将社会企业作为创造性地落实区域发展战略、顺应经济社会发展的一个新动力。顺德是结合社会体制综合改革和大部制改革，将社会企业引入当地。成都是为落实《中共中央　国务院关于加强和完善城乡社区治理的意见》，从促进社区发展治理的角度力推社会企业发展。北京是落实《北京市"十三五"时期社会治理规划》，将社会企业作为引入市场机制、创新公共服务供给的新生力量。福田是结合《深圳市国家可持续发展议程创新示范区建设方案（2017－2020年）》，把打造社会影响力投资高地作为区域发展的战略亮点。只有顺应地区发展战略，社会企业才能得到政府的重视。

最后是主管部门负责人对社会企业理念与实践的认同，继而在行动上予以支持。社会企业是一个新事物，且在理论与实践、认证与监管、支持与评价等多方面存在争论。四地的创新实践，均以主责部门骨干参访学习开始，借助专家智慧，形成认知共识。只有直接政策制定者认同社会企业，才能支持社会企业。有受访官员直言："外出考察学习给我的冲击很大！以前不了解还有为了社会目标运行的企业。现在真的看到了、了解了，也会更有激情地推动社会企业政策制定和相关支持的落实。"

四地的创新实践对国内其他省市具有示范意义。地方政府支持社会企业和社会投资发展的势头有望进一步加强。

（四）政策执行效果有待关注，政府、市场、社会之间的合作伙伴关系是影响政策效果的首要因素

从四地实践来看，社会企业主管机构已经突破社会领域，拓展到经济管理部门。这显示社会企业与社会投资渐入市场主流，更体现了政府对社会企业跨界发展的积极回应。2018 年四地政府加紧出台认证、管理与扶持政策，使业内人士欢欣鼓舞，更有学者认为 2018 年可称为"社企元年"。但目前来看，各地政策出台不久，实施细则仍在制定，政策落实情况和执行效果有待跟踪评估。

从走访调研来看，政策执行存在以下三大挑战。一是政府、市场、社会的关系，决定社会企业政策环境和执行效果。尽管宏观政策坚持"放管服"改革，坚持发挥市场在资源配置中的决定性作用、更好地发挥政府作用、激发社会活力，但在基层实践中，要打破行政惯性，真正构建起三方合作伙伴关系尚需时日。二是社会企业管理服务还不明确是哪个政府机构的法定职责。政策制定与执行会因主要领导变更、机构职能调整等产生不稳定性。三是社会企业政策环境需要跨部门协同创新，这对牵头部门责任处室干部的学习力、创新力、协同力提出了更大的挑战。有受访官员坦言，希望推动社会企业的发展却在操作中找不准路径和切入点，跨部门协调更是困难重重。有官员表示，基层公务员的能力还难以达到制定社会企业与社会投资政策的专业性要求，从而影响政策制定与执行水平。

附录1　国家政策法规列表

行业	序号	发文时间	发文单位	文件名称
教育	1	2010/07/29	国家中长期教育改革和发展规划办公室	《国家中长期教育改革和发展规划纲要（2010－2020年）》
	2	2011/10/25	教育部、国家发展和改革委员会、科学技术部、财政部、人力资源和社会保障部、水利部、农业部、国家林业局、国家粮食局	《关于加快发展面向农村的职业教育的意见》
	3	2012/06/18	教育部	《关于鼓励和引导民间资金进入教育领域促进民办教育健康发展的实施意见》
	4	2014/06/22	国务院	《关于加快发展现代职业教育的决定》
	5	2016/06/15	国务院办公厅	《关于加快中西部教育发展的指导意见》
	6	2016/12/30	教育部、人力资源和社会保障部、民政部、中央编办、工商总局	《民办学校分类登记实施细则》
	7	2016/11/07	全国人大常委会修订	《民办教育促进法》
	8	2017/01/18	国务院	《关于鼓励社会力量兴办教育促进民办教育健康发展的若干意见》
	9	2016/12/30	教育部、人力资源和社会保障部、工商总局	《营利性民办学校监督管理实施细则》
	10	2017/04/06	教育部、国家发展改革委员会、财政部、人力资源和社会保障部	《关于实施第三期学前教育行动计划的意见》
	11	2017/07/17	教育部、国家发展改革委员会、民政部、财政部、人力资源和社会保障部、卫生计生委、中国残联	《第二期特殊教育提升计划（2017－2020年）》
	12	2017/01/10	国务院	《国家教育事业发展"十三五"规划》
	13	2017/09/24	中共中央办公厅、国务院办公厅	《关于深化教育体制机制改革的意见》
	14	2004/02/05	财政部、国家税务总局	《财政部、国家税务总局关于教育税收政策的通知》
	15	2006/01/12	财政部、国家税务总局	《关于加强教育劳务营业税征收管理有关问题的通知》
	16	2016/03/23	财政部、国家税务总局	《营业税改征增值税试点实施办法》

行业	序号	发文时间	发文单位	文件名称
教育	17	2016/06/18	财政部、国家税务总局	《关于进一步明确全面推开营改增试点有关再保险、不动产租赁和非学历教育等政策的通知》
	18	2018/02/07	财政部、税务总局	《关于非营利组织免税资格认定管理有关问题的通知》
养老	19	2013/9/6	国务院	《国务院关于加快发展养老服务业的若干意见》
	20	2014/9/12	国家发展和改革委员会、民政部、财政部、国土资源部、住房和城乡建设部、国家卫生和计划生育委员会、中国人民银行、国家税务总局、国家体育总局、中国银行业监督管理委员会	《关于加快推进健康与养老服务工程建设的通知》
	21	2014/11/1	财政部、国家发展和改革委员会	《关于减免养老和医疗机构行政事业性收费有关问题的通知》
	22	2015/2/3	民政部、国家发展和改革委员会、教育部、财政部、人力资源和社会保障部、国土资源部、住房城乡建设部、卫生计生委、银监会、保监会	《关于鼓励民间资本参与养老服务业发展的实施意见》
	23	2015/11/18	国务院办公厅	《关于推进医疗卫生与养老服务相结合的指导意见》
	24	2016/7/13	民政部、财政部	《关于中央财政支持开展居家和社区养老服务改革试点工作的通知》
	25	2016/12/23	国务院办公厅	《国务院办公厅关于全面放开养老服务市场提升养老服务质量的若干意见》
	26	2017/1/23	民政部、国家发展和改革委员会、公安部、财政部、国土资源部、环境保护部、住房城乡建设部、卫生计生委、中国人民银行、工商总局、食品药品监管总局、银监会、全国老龄办	《关于加快推进养老服务业放管服改革的通知》
	27	2017/2/6	工业和信息化部、民政部、国家卫生计生委	《智慧健康养老产业发展行动计划（2017－2020 年)》

续表

行业	序号	发文时间	发文单位	文件名称
养老	28	2017/2/28	国务院	《"十三五"国家老龄事业发展和养老体系建设规划》
	30	2017/3/7	国务院办公厅	《国务院办公厅关于进一步激发社会领域投资活力的意见》
	31	2017/3/9	国家卫生计生委、国家发展和改革委员会、教育部、工业和信息化部、民政部、财政部、人力资源社会保障部、国土资源部、住房城乡建设部、国家体育总局、国家中医药局、中国残联、全国老龄办	《"十三五"健康老龄化规划》
	32	2017/3/13	国家中医药管理局	《关于促进中医药健康养老服务发展的实施意见》
	33	2017/8/8	国家卫生计生委	《关于深化"放管服"改革激发医疗领域投资活力的通知》
	34	2017/8/14	财政部、民政部、人力资源和社会保障部	《关于运用政府和社会资本合作模式支持养老服务业发展的实施意见》
	35	2017/11/8	国家卫生计生委办公厅	《国家卫生计生委办公厅关于养老机构内部设置医疗机构取消行政审批实行备案管理的通知》
医疗	36	2010/11/26	国务院办公厅	《国务院办公厅转发发展改革委卫生部等部门〈关于进一步鼓励和引导社会资本举办医疗机构意见〉的通知》
	37	2012/4/13	国家卫生计生委	《卫生部关于社会资本举办医疗机构经营性质的通知》
	38	2014/11/1	财政部、国家发展和改革委员会	《关于减免养老和医疗机构行政事业性收费有关问题的通知》
	39	2015/3/6	国务院办公厅	《国务院办公厅关于印发〈全国医疗卫生服务体系规划纲要(2015—2020年)〉的通知》
	40	2015/6/15	国务院办公厅	《国务院办公厅印发〈关于促进社会办医加快发展的若干政策措施〉的通知》

行业	序号	发文时间	发文单位	文件名称
医疗	41	2015/11/18	国务院办公厅	《国务院办公厅转发卫生计生委等部门〈关于推进医疗卫生与养老服务相结合指导意见〉的通知》
	42	2016/6/24	国务院办公厅	《国务院办公厅关于促进和规范健康医疗大数据应用发展的指导意见》
	43	2017/3/7	国务院办公厅	《国务院办公厅关于进一步激发社会领域投资活力的意见》
	44	2017/3/9	国家卫生计生委、国家发展和改革委员会、教育部、工业和信息化部、民政部、财政部、人力资源和社会保障部、国土资源部、住房城乡建设部、国家体育总局、国家中医药局、中国残联、全国老龄办	《"十三五"健康老龄化规划》
	45	2017/3/13	国家中医药管理局	《关于促进中医药健康养老服务发展的实施意见》
	46	2017/4/26	国务院办公厅	《国务院办公厅关于推进医疗联合体建设和发展的指导意见》
	47	2017/5/23	国务院办公厅	《国务院办公厅关于支持社会力量提供多层次多样化医疗服务的意见》
	48	2017/8/8	国家卫生计生委	《关于深化"放管服"改革激发医疗领域投资活力的通知》
	49	2017/11/8	国家卫生计生委办公厅	《国家卫生计生委办公厅关于养老机构内部设置医疗机构取消行政审批实行备案管理的通知》
	50	2018/4/28	国务院办公厅	《国务院办公厅关于促进"互联网＋医疗健康"发展的意见》
科技与互联网＋	51	2015/3/13	中共中央、国务院	《关于深化体制机制改革加快实施创新驱动发展战略的若干意见》
	52	2015/7/4	国务院	《关于积极推进"互联网＋"行动的指导意见》
	53	2015/8/29	全国人民代表大会常务委员会	《中华人民共和国促进科技成果转化法》

续表

行业	序号	发文时间	发文单位	文件名称
科技与互联网+	54	2016/2/26	国务院	《实施〈中华人民共和国促进科技成果转化法〉若干规定》
	55	2016/4/21	国务院办公厅	《促进科技成果转移转化行动方案》
	56	2016/5/19	国务院办公厅	《关于深入推行科技特派员制度的若干意见》
	57	2016/8/8	国务院	《"十三五"国家科技创新规划》
	58	2017/7/27	国务院	《关于强化实施创新驱动发展战略进一步推进大众创业万众创新深入发展的意见》
文化体育	59	2015/1/14	中共中央办公厅、国务院办公厅	《关于加快构建现代公共文化服务体系的意见》
	60	2015/5/5	国务院办公厅转发,文化部、财政部、新闻出版广电总局、体育总局	《关于做好政府向社会力量购买公共文化服务工作的意见》
	61	2015/10/20	国务院办公厅	《关于推进基层综合性文化服务中心建设的指导意见》
	62	2016/5/16	国务院办公厅转发,文化部、国家发展改革委、财政部、国家文物局联合发文	《关于推动文化文物单位文化创意产品开发的若干意见》
	63	2016/6/23	国务院	《全民健身计划(2016—2020年)》
	64	2016/11/28	国务院办公厅	《关于进一步扩大旅游文化体育健康养老教育培训等领域消费的意见》
	65	2017/2/23	文化部	《"十三五"时期文化发展改革规划》
	66	2017/3/12	国务院办公厅转发文化部、工业和信息化部、财政部	《中国传统工艺振兴计划》
	67	2017/4/11	文化部	《"十三五"时期文化产业发展规划》
	68	2017/5/7	中共中央办公厅、国务院办公厅	《国家"十三五"时期文化发展改革规划纲要》
环保	69	2015/4/25	中共中央、国务院	《关于加快推进生态文明建设的意见》
	70	2015/9/	中共中央、国务院	《生态文明体制改革总体方案》
	71	2016/4/15	环境保护部	《关于积极发挥环境保护作用促进供给侧结构性改革的指导意见》
	72	2016/5/13	国务院办公厅	《国务院办公厅关于健全生态保护补偿机制的意见》

行业	序号	发文时间	发文单位	文件名称
环保	73	2016/11/24	国务院	《"十三五"生态环境保护规划》
	74	2017/10/18	中共中央	《十九大报告》
助残	75	2015/2/05	国务院	《国务院关于加快推进残疾人小康进程的意见》
	76	2015/9/9	财政部、国家税务总局、中国残疾人联合会	《残疾人就业保障金征收使用管理办法》
	77	2015/6/29	中残联、国家发展改革委、民政部、财政部、人力资源社会保障部、国土资源部、中国人民银行、国家税务总局	《关于发展残疾人辅助性就业的意见》
	78	2016/5/5	财政部、国家税务总局	《关于促进残疾人就业增值税优惠政策的通知》
	79	2016/8/3	国务院	《"十三五"加快残疾人小康进程规划纲要》
	80	2016/9/21	中国残联、住房和城乡建设部、教育部、公安部、民政部、交通运输部、工业和信息化部、国家新闻出版广电总局、国家互联网信息办公室、中国铁路总公司、国家旅游局、中国民航局、全国老龄工作委员会办公室	《无障碍环境建设"十三五"实施方案》
	81	2016/10/8	中国残联、国家发展改革委、民政部、人力资源社会保障部、国家卫生计生委、国家税务总局、国家中医药管理局	《残疾人就业促进"十三五"实施方案》
	82	2016/10/9	中国残联、国家卫生计生委、民政部、教育部、人力资源社会保障部、国家质检总局	《辅助器具推广和服务"十三五"实施方案》
	83	2016/10/12	中国残联、国家卫生计生委、民政部、教育部、人力资源社会保障部	《残疾人康复服务"十三五"实施方案》
	84	2016/10/12	中国残联、国家发展改革委、民政部、教育部、人力资源和社会保障部、国家卫生计生委、司法部	《基层残疾人综合服务能力建设"十三五"实施方案》
	85	2016/11/3	中残联	《"十三五"残疾人托养服务工作计划》
	86	2017/5/1	国务院修订	《残疾人教育条例》
	87	2017/7/1	国务院	《残疾预防和残疾人康复条例》

续表

行业	序号	发文时间	发文单位	文件名称
助残	88	2017/8/22	财政部、民政部、中国残疾人联合会	《关于促进残疾人就业政府采购政策的通知》
	89	2017/12/13	中国残联、工业和信息化部	《关于支持视力、听力、言语残疾人信息消费的指导意见》
三农	90	2015/10/1	全国人大常委会	《食品安全法》
	91	2015/4/10	农业部	《关于打好农业面源污染防治攻坚战的实施意见》
	92	2015/6/21	国务院办公厅	《关于支持农民工等人员返乡创业的意见》
	93	2015/6/30	国家农业综合开发办公室	《关于调整和完善农业综合开发扶持农业产业化发展相关政策的通知》
	94	2015/7/30	中共中央办公厅国务院办公厅	《关于加快转变农业发展方式的意见》
	95	2015/11/2	中共中央办公厅国务院办公厅	《深化农村改革综合性实施方案》
	96	2016/01/04	国务院办公厅	《国务院办公厅关于推进农村一二三产业融合发展的指导意见》
	97	2015/12/31	中共中央、国务院	《关于落实发展新理念加快农业现代化实现全面小康目标的若干意见》
	98	2016/1/1	全国人大常委会	《中华人民共和国种子法(2016)》
	99	2016/7/2	全国人民代表大会	《中华人民共和国野生动物保护法(2016年修订本)》
	100	2016/11/14	农业部	《全国农产品加工业与农村一二三产业融合发展规划(2016-2020年)》
	101	2016/12/30	农业部	《农业资源与生态环境保护工程规划(2016-2020年)》
	102	2016/12/31	中共中央、国务院	《关于深入推进农业供给侧结构性改革加快培育农业农村发展新动能的若干意见》
	103	2017/4/28	财政部、农业部	《农业生产发展资金管理办法》
	104	2017/10/13	农业部、国家发展改革委、财政部、国土资源部、人民银行、税务总局	《关于促进农业产业化联合体发展的指导意见》
	105	2018/1/2	中共中央、国务院	《关于实施乡村振兴战略的意见》

行业	序号	发文时间	发文单位	文件名称
扶贫	106	2011/7/14	中共中央、国务院	《中国农村扶贫开发纲要（2011－2020年）》
	107	2015/12/07	全国妇联	《全国妇联关于在脱贫攻坚战中开展"巾帼脱贫行动"的意见》
	108	2015/11/29	中共中央、国务院	《中共中央国务院关于打赢脱贫攻坚战的决定》
	109	2015/12/24	国家能源局	《关于加快贫困地区能源开发建设推进脱贫攻坚实施意见的通知》
	110	2015/9/10	中共中央、国务院办公厅	《关于加大脱贫攻坚力度支持革命老区开发建设的指导意见》
	111	2016/02/17	国土资源部	《关于用好用活增减挂钩政策积极支持扶贫开发及易地扶贫搬迁工作的通知》
	112	2016/02/17	国务院	《关于进一步健全特困人员救助供养制度的意见》
	113	2016/03/23	国家发展改革委员会、国务院扶贫办、国家能源局、国家开发银行、中国农业发展银行	《关于实施光伏发电扶贫工作的意见》
	114	2016/04/20	中共中央组织部、人力资源社会保障部、教育部、财政部、水利部、农业部、国家卫生计生委、国务院扶贫办、共青团中央	《关于实施第三轮高校毕业生"三支一扶"计划的通知》
	115	2016/04/29	中共中央办公厅、国务院办公厅	《关于建立贫困退出机制的意见》
	116	2016/06/29	中国残联、财政部、中国人民银行、国务院扶贫办	《关于加强康复扶贫贷款、扶贫小额信贷和财政贴息工作的通知》
	117	2016/07/26	人力资源社会保障部、国务院扶贫办	《关于开展技能脱贫千校行动的通知》
	118	2016/08/11	国家旅游局、国家发展改革委、国土资源部、环境保护部、住房城乡建设部、交通运输部、水利部、农业部、国家林业局、国务院扶贫办、国家开发银行、中国农业发展银行	《乡村旅游扶贫工程行动方案》
	119	2016/09/08	中国证监会	《关于发挥资本市场作用服务国家脱贫攻坚战略的意见》

续表

行业	序号	发文时间	发文单位	文件名称
	120	2016/10/27	中央网信办、国家发展改革委、国务院扶贫办	《网络扶贫行动计划》
	121	2016/11/23	国务院扶贫办、国家发展改革委、中央网信办、商务部、工业和信息化部、交通运输部、人力资源社会保障部、财政部、农业部、人民银行、银监会、共青团中央、全国妇联、中国残联、供销合作总社、中国邮政	《关于促进电商精准扶贫的指导意见》
	122	2016/12/02	国务院	《"十三五"脱贫攻坚规划》
	123	2016/12/07	中共中央办公厅、国务院办公厅	《关于进一步加强东西部扶贫协作工作的指导意见》
扶贫	124	2017/03/01	中国残联、中央组织部、中央宣传部、国家发展改革委、教育部、国家民委、民政部、财政部、人力资源社会保障部、住房城乡建设部、农业部、商务部、文化部、国家卫计委、中国人民银行、新闻出版广电总局、国家统计局、国家林业局、国家旅游局、中国银监会、中国保监会、国家能源局、国务院扶贫办、中央军委政治工作部、共青团中央、全国妇联	《贫困残疾人脱贫攻坚行动计划（2016－2020年）》
	125	2017/08/08	民政部、财政部、国务院扶贫办	《关于支持社会工作专业力量参与脱贫的指导意见》
	126	2017/08/08	人力资源社会保障部、财政部、国务院扶贫办	《关于切实做好社会保险扶贫工作的意见》
	127	2017/09/07	教育部办公厅	《职业教育东西协作行动计划滇西实施方案(2017－2020年)》
	128	2017/9/25	中共中央办公厅、国务院办公厅	《关于支持深度贫困地区脱贫攻坚的实施意见》
	129	2017/12/5	国务院扶贫开发领导小组	《关于广泛引导和动员社会组织参与脱贫攻坚的通知》
	130	2018/01/18	国家发展改革委、国家林业局、财政部、水利部、农业部、国务院扶贫办	《生态扶贫工作方案》

附录2 地方政策列表

区域	序号	发文时间	发文单位	文件名称
北京	1	2011/6/3	中共北京市委	《中共北京市委关于加强和创新社会管理全面推进社会建设的意见》
	2	2011/11	北京市委社工委	《北京市"十二五"时期社会建设规划纲要》
	3	2016/11/21	中共北京市委办公厅、北京市人民政府办公厅	《北京市"十三五"时期社会治理规划》
成都	4	2017/9	中共成都市委市政府	《关于深入推进城乡社区发展治理建设高品质和谐宜居生活社区的意见》
	5	2018/4/9	成都市政府办公厅	《成都市人民政府办公厅关于培育社会企业促进社区发展治理的意见》
	6	2018/6/5	成都市工商局	《关于发挥工商行政管理职能培育社会企业发展的实施意见》
	7	2018/6	成都市工商局	《成都市社会企业评审认定管理工作试行办法》
	8	2018/12/12	成都市金牛区政府	《金牛区促进社会企业发展的若干政策(试行)》
	9	2018/12/28	成都市成华区政府办	《成华区社会企业培育扶持办法(试行)》
	10	2019/1/16	成都市武侯区委区政府	《成都市武侯区社会企业扶持办法(试行)》
深圳福田	11	2017/2	中共深圳市福田区委	《福田区2017年改革计划》
	12	2017/12/3	中共深圳市福田区委	《福田区关于打造社会影响力投资高地的意见》
	13	2018/3/28	深圳市福田区政府办	《关于打造社会影响力投资高地的扶持办法》
佛山顺德	14	2014/8	中共佛山市顺德区委区政府	《顺德区深化综合改革规划纲要(2013——2015年)》
	15	2014/9	顺德社会创新中心	《顺德社会企业培育孵化支援计划》
	16	2016/6/2	顺德社会创新中心	《顺德社会企业培育孵化支援计划(修订稿)》

图书在版编目（CIP）数据

中国社会企业与社会投资行业调研报告 . No. 1 / 北
京社启社会组织建设促进中心，南都公益基金会编 . --
北京：社会科学文献出版社，2019. 10
　　ISBN 978 - 7 - 5201 - 5567 - 0

　　Ⅰ. ①中… 　Ⅱ. ①北… ②南… 　Ⅲ. ①投资 - 研究报
告 - 中国 - 2019 　Ⅳ. ①F832. 48

　　中国版本图书馆 CIP 数据核字（2019）第 205426 号

中国社会企业与社会投资行业调研报告 No. 1

编　　　者 / 北京社启社会组织建设促进中心　南都公益基金会

出 版 人 / 谢寿光
责任编辑 / 易　卉
文稿编辑 / 易　卉　刘靖悦

出　　　版 / 社会科学文献出版社 · 群学出版分社 （010）59366453
　　　　　　地址：北京市北三环中路甲 29 号院华龙大厦　邮编：100029
　　　　　　网址：www. ssap. com. cn
发　　　行 / 市场营销中心（010）59367081　59367083
印　　　装 / 三河市龙林印务有限公司

规　　　格 / 开　本：787mm × 1092mm　1/16
　　　　　　印　张：17. 5　字　数：266 千字
版　　　次 / 2019 年 10 月第 1 版　2019 年 10 月第 1 次印刷
书　　　号 / ISBN 978 - 7 - 5201 - 5567 - 0
定　　　价 / 98. 00 元

本书如有印装质量问题，请与读者服务中心（010 - 59367028）联系